Mythes et faits musicaux,

Volume 1

Carl Engel

Writat

Cette édition parue en 2024

ISBN : 9789359943831

Publié par
Writat
email : info@writat.com

Contenu

PRÉFACE.

Un portrait idéalisé de Beethoven, le représentant tel qu'il devait être, de l'avis de beaucoup de ses admirateurs, dans ses moments d'inspiration, aurait sans doute fait un plus beau frontispice à ce petit ouvrage que sa figure grossièrement esquissée par un artiste qui J'ai vu par hasard le compositeur se promener dans les champs aux alentours de Vienne.

Mais l'esquisse fidèle d'après nature indique précisément l'objet principal de la présente contribution à la littérature musicale, qui est simplement d'exposer la vérité.

Quels que soient les défauts de ces essais, ils seront d'une certaine utilité s'ils font comprendre aux pédants musicaux la vérité du dicton de Göthe :

"Grau, theurer Freund, ist alle Theorie,
Und grün des Lebens goldner Baum."

Par souci d'exactitude, une ou deux affirmations figurant dans ce volume nécessitent un mot d'explication.

À la page 5 , la très complète « Encyclopædia of Music », de JW Moore, Boston, États-Unis, 1854, n'aurait peut-être pas dû passer inaperçue ; il s'agit cependant d'une compilation trop superficielle pour être d'une utilité essentielle à titre de référence. Le « Dictionnaire des termes musicaux » du Dr Stainer n'a été publié que lorsque la feuille contenant la page 5 a été publiée sous presse.

Le poème, à la page 175 , attribué à Shakespeare, « Si la musique et la douce poésie s'accordent », est revendiqué par certains chercheurs récents pour Richard Barnfield, un contemporain de Shakespeare.

À la page 218 , *Sovter Liedekens* , le titre d'un livre néerlandais publié en 1556, est mal traduit. *Sovter* , un mot néerlandais obsolète, signifie « Psautier », tout comme le *Sauter anglais* mentionné dans le « Dictionnaire des mots archaïques et provinciaux » de Halliwell. *Liedekens* aurait dû être rendu par « Petites chansons ».

Dans le tome II. , les compositions d'Henry Purcell remarquées page 202 ne constituent qu'une petite partie des œuvres de cet éminent musicien anglais. Le Prospectus publié par la « Purcell Society », qui a été récemment fondée dans le but de publier toutes ses œuvres, énumère quarante-cinq opéras et drames, outre de nombreuses odes, hymnes, hymnes et autres musiques sacrées, pièces instrumentales, etc. , dont la plupart n'existent que sous forme manuscrite, et qui auraient dû être depuis longtemps entre les mains des amateurs de musique.

Si le lecteur désapprouve le ton facile avec lequel les mythes sont racontés, il tirera peut-être une certaine satisfaction du soin avec lequel je me suis efforcé d'exposer les faits.

CARL ENGEL.

Kensington.

UNE BIBLIOTHÈQUE MUSICALE.

Si l'on jette un regard rétrospectif sur la culture de la musique en Angleterre au cours des vingt ou trente dernières années, on ne peut qu'être frappé des progrès extraordinaires qui, pendant cette courte période, ont été réalisés dans la diffusion des connaissances musicales. La prospérité de l'Angleterre facilite les interprétations grandioses et coûteuses des meilleures œuvres musicales et attire continuellement dans ce pays les artistes les plus accomplis de toutes les régions du monde. Les musiciens étrangers, alliés à quelques talents indigènes distingués, ont accompli tant de choses qu'il y a peut-être maintenant plus d'excellentes interprétations d'excellente musique que l'on peut entendre en Angleterre que dans tout autre pays.

Compte tenu de ces faits, il semble surprenant que l'Angleterre ne possède pas encore une bibliothèque musicale adéquate à la richesse et à l'amour pour la musique de la nation. Il est vrai qu'il existe au British Museum une bibliothèque musicale dont le catalogue comprend plus de cent gros volumes in-folio ; mais quiconque s'attend à trouver dans cette bibliothèque les aides nécessaires à l'étude d'une branche particulière de la musique sera presque sûr d'être déçu. Le plan observé dans la construction du catalogue est le même que celui du nouveau catalogue général de la bibliothèque du British Museum. Les titres des ouvrages sont écrits sur des bouts de papier fin et fixés, à une distance considérable les uns des autres, le long des pages, de manière à réserver un espace pour les entrées futures. Le catalogue musical ne contient que deux entrées d'un côté d'un feuillet et trois de l'autre. Chaque volume compte environ cent dix feuillets. L'ensemble du catalogue contient environ 60 000 titres de compositions musicales et d'œuvres littéraires sur le thème de la musique. Le British Museum possède en outre une collection de compositions musicales et de traités manuscrits, dont un petit catalogue a été imprimé en 1842. Il contient environ 250 ouvrages différents, dont quelques-uns sont précieux.

Même une inspection hâtive du catalogue écrit doit convaincre l'étudiant qu'il contient principalement des entrées de compositions n'ayant aucune valeur. Chaque quadrille, ballade et polka qui a été publié en Angleterre au cours des cinquante dernières années semble avoir sa place ici et occupe une place tout aussi vaste que « l'Alceste » de Gluck ou « l'Histoire de la musique » de Burney. C'est peut-être inévitable. Si seules les œuvres méritoires étaient admises, qui serait compétent pour tracer la ligne de démarcation entre celles-ci et celles qui devraient être rejetées ? Dans aucun autre art, peut-être, les opinions des connaisseurs sur le mérite d'une œuvre ne diffèrent autant que dans la musique. Puisque la musique s'adresse plus directement et plus exclusivement au cœur que les autres arts, ses beautés sont moins susceptibles de démonstration et, en fait, n'existent pas pour ceux qui n'ont aucun sentiment pour elles. Il y a même aujourd'hui des musiciens qui ne peuvent apprécier les compositions de J. Sebastian Bach. Forkel, l'historien de la musique bien connu , a écrit une longue dissertation dans laquelle il s'efforce de prouver que les opéras de Gluck sont exécrables. [1] Encore une fois, parmi les adeptes d'une certaine école moderne méprisant la distinction de forme et de mélodie, on peut trouver des hommes qui parlent avec enthousiasme des œuvres de Haendel, Gluck, Mozart et d'autres compositeurs classiques, bien que ces œuvres soient particulièrement caractérisées par la clarté. de forme et d'expression mélodieuse. Il faut d'ailleurs considérer que même nos compositeurs classiques ont produit de temps en temps des œuvres de moindre valeur, mais néanmoins intéressantes, dans la mesure où elles nous donnent un aperçu du développement progressif de leurs capacités.

Bref, dans une bibliothèque musicale à l'usage d'une nation, chaque composition musicale publiée doit nécessairement être incluse. Malheureusement, il manque à la bibliothèque musicale du British Museum un grand nombre d'œuvres dont l'importance est presque universellement reconnue. En effet, il faudrait bien moins de place pour énumérer les ouvrages de ce genre qu'il contient que ceux qu'il ne contient pas, mais qu'il devrait contenir.

Encore une fois, l'étudiant doit se préparer à la déception s'il doit consulter l'un de nos traités scientifiques sur la musique. Cependant, il se peut qu'il y ait plus d'œuvres liées à la science de la musique dans la bibliothèque du British Museum que ne le laisserait penser le catalogue de la musique. Plusieurs ont évidemment été inscrites dans le nouveau Catalogue Général. Ne serait-il pas opportun d'inscrire tous les livres relatifs à la musique au catalogue musical ? Même les thèses les plus importantes sur des sujets musicaux qui se trouvent dans divers ouvrages scientifiques pourraient être avantageusement remarquées dans ce catalogue. Prenez, par exemple, les essais dans les « Recherches asiatiques », dans les travaux de Sir W. Jones et Sir W. Ouseley, dans la « Description de l'Egypte », dans les « Transactions philosophiques ».

Voilà donc beaucoup de respect pour la bibliothèque musicale du British Museum. Voyons maintenant comment devrait être constituée une bibliothèque musicale nationale. En partant du principe qu'il est destiné autant aux musiciens qui y ont recours à titre de référence, qu'à ceux qui sont engagés dans une étude continue d'une branche particulière de l'art, les types d'œuvres suivants devraient former, semble-t-il. , la base de sa constitution.

1. *Les partitions des opéras classiques, des oratorios et des compositions vocales similaires, avec accompagnements d'orchestre.* —Beaucoup de ces partitions n'ont pas été

publiées sous forme imprimée, mais peuvent être obtenues sous forme de copies manuscrites soigneusement révisées.

2. *Les partitions des symphonies, ouvertures et compositions orchestrales similaires.* — Les éditions révisées par les compositeurs eux-mêmes sont les plus désirables. La même remarque s'applique aux partitions d'opéras, d'oratorios, etc.

3. *Musique vocale dans la partition.* — Les compositions sacrées *Alla Cappella* et les madrigaux des anciennes écoles flamande, italienne et autres écoles continentales, ainsi que ceux des vieux compositeurs anglais célèbres. Les chœurs de l'Église grecque en Russie, etc.

4. *Quatuors, quintettes et compositions similaires en partition.* — L'étude de ces œuvres de nos grands maîtres est si essentielle au musicien, qu'il faut prendre un soin particulier à s'en assurer les meilleures éditions. Les trios classiques pour pianoforte, violon et violoncelle, ainsi que quelques autres compositions de ce genre, initialement publiées en parties, ont été plus récemment publiées sous forme de partition. Ces dernières éditions sont de loin préférables à celles dans lesquelles la partie de chaque instrument n'est imprimée que séparément. La même remarque s'applique aux concertos de Mozart, de Beethoven et d'autres maîtres, qui ont été publiés avec l'accompagnement orchestral en partition, ainsi qu'avec l'accompagnement orchestral arrangé pour le piano ou pour quelques autres instruments.

5. *Sonates, Fantaisie, Fugues, etc.* — De toutes les œuvres classiques composées pour un seul instrument, les éditions originales, généralement révisées par les compositeurs eux-mêmes, sont indispensables. En outre, les éditions ultérieures les plus importantes des mêmes œuvres seraient nécessaires. Les sonates pour pianoforte de Beethoven, par exemple, ont été rééditées par plusieurs pianistes éminents. Il est instructif d'examiner les lectures de ces musiciens, qui diffèrent sur de nombreux points les unes des autres.

6. *Dispositions.* — Ceux des opéras, oratorios, messes et autres compositions élaborées avec accompagnement orchestral doivent nécessairement être bornés à la partie instrumentale, sinon ils sont inutiles ni pour l'étude ni pour la référence. Les arrangements qui ont été faits par les compositeurs eux-mêmes ou sous leur direction sont de loin préférables.

7. *Musique nationale.* —Tous les recueils de chants et de danses nationaux qui ont été publiés dans les différents pays. L'avantage que le musicien pourrait tirer d'une étude attentive de ces œuvres n'est pas encore aussi pleinement apprécié qu'il le mérite ; mais cela serait probablement bientôt mieux compris si ces trésors étaient rendus plus facilement accessibles.

8. *Livres d'enseignement pour la pratique vocale et instrumentale.* —Les meilleurs livres pour chaque instrument, ainsi que pour la voix, publiés dans différents pays et langues.

9. *Travaux sur la théorie et l'histoire de la musique.* — Tous les ouvrages standards doivent se trouver dans la bibliothèque, non seulement dans les langues dans lesquelles ils ont été rédigés à l'origine, mais aussi dans les traductions, s'il en existe. Beaucoup de ces derniers sont précieux, en raison des explications et autres ajouts des traducteurs. C'est par exemple le cas de certains livres anglais qui ont été traduits en allemand ; comme la « Dissertation de Brown sur l'essor, l'union et le pouvoir de la musique », traduite par Eschenburg ; « La vie de Haendel », de Mainwaring, traduit par Mattheson, etc. Il est à peine besoin d'ajouter que les biographies de musiciens célèbres devraient également être incluses parmi les conditions souhaitables.

10. *Ouvrages sur les sciences intimement liées à la théorie de la musique.* —Traités d'acoustique, de construction des instruments de musique, d'esthétique, etc.

11. *Journaux musicaux.* —Tous les principaux publiés dans différents pays et langues. A celles-ci pourraient avantageusement être ajoutées les revues littéraires les plus importantes contenant des dissertations critiques et autres sur la musique.

12. *Dictionnaires, catalogues, etc.* — La langue anglaise ne possède aucun dictionnaire musical, technique, biographique ou bibliographique, semblable aux ouvrages français et allemands de Fétis, Schilling, Gerber, Koch, Rousseau et autres, indispensables pour le bibliothèque. Parmi ceux-ci peuvent être classés les ouvrages utiles sur la littérature musicale compilés par Forkel, Lichtenthal et Becker, ainsi que le très complet « Handbuch der musikalischen Literatur » de Hofmeister. La collection de catalogues devrait comprendre tous ceux des principales bibliothèques musicales publiques du continent et d'Angleterre ; ceux de grandes et précieuses bibliothèques privées, dont plusieurs ont paru sous forme imprimée, comme, par exemple, la « Sammlung alter Musik » de Kiesewetter, la « Tonwerke des XVI » de Becker. et XVII. Jahrhunderts' et autres; ceux des principaux éditeurs de musique et ceux des bibliothèques musicales importantes qui ont été cédées aux enchères publiques.

Il n'est pas nécessaire d'étendre davantage cette liste, car il suffira d'indiquer le plan qui, à mon avis, devrait être poursuivi dans la constitution d'une bibliothèque musicale nationale. Je ferai donc seulement observer en outre qu'il existe, outre celles mentionnées ci-dessus, plusieurs sortes d'œuvres qui ne peuvent guère être considérées comme d'importance secondaire, telles que les voyages musicaux, les romans et les essais musicaux divertissants et instructifs ; livrets d'opéras et poésie d'autres compositions vocales élaborées ; des dessins illustrant la construction des instruments de musique, comme par exemple les orgues les plus célèbres, les diverses améliorations apportées au pianoforte, etc. ; des gravures des meilleurs portraits de musiciens célèbres ; des croquis fidèles de sculptures et de peintures de nations de l'Antiquité dans lesquelles sont représentés des instruments de musique et des performances, etc.

Il reste encore un autre point qui mérite qu'on s'y attarde un instant : c'est la difficulté chaque jour croissante de constituer une bibliothèque comme celle qui vient d'être projetée. L'intérêt pour l'étude des œuvres classiques liées à la musique n'est plus réservé aux musiciens professionnels, mais s'étend parmi les amateurs et les hommes de science. Leurs bibliothèques absorbent désormais une grande partie des œuvres anciennes et rares qui étaient autrefois presque exclusivement entre les mains des musiciens. De plus, les colonies anglaises ont déjà puisé dans notre offre limitée d'anciens ouvrages standards, et il y a tout lieu de supposer que la demande continuera à augmenter. Beaucoup de ces ouvrages ont évidemment été publiés dans une édition tirée à un petit nombre d'exemplaires. Il est toutefois peu probable qu'ils soient réédités. Dans quelques cas où une nouvelle édition a été réalisée, elle n'a apparemment pas affecté le prix de l'édition originale, car cette dernière est à juste titre considérée comme préférable. Notons un exemple : la nouvelle édition de « History of Music » de Hawkins n'a pas diminué la valeur de la première édition, dont le prix est toujours, comme autrefois, au même niveau que celui de « History of Music » de Burney. dont aucune nouvelle édition n'a été publiée. Il y a une dizaine d'années, il était possible de se procurer les partitions originales de nos vieux opéras classiques et d'autres œuvres de ce genre à la moitié du prix qu'elles se vendent aujourd'hui, et il est probable qu'elles deviendront chaque année plus chères. En effet, quelle que soit la valeur intrinsèque d'une telle œuvre, le fait qu'elle soit ancienne et rare semble suffisante, du moins en Angleterre, pour lui assurer un prix élevé.

Si donc l'acquisition d'une bibliothèque musicale nationale telle que celle que j'ai essayé d'esquisser est jugée souhaitable, il ne faut pas perdre de temps pour commencer sa constitution.

ELSASS-LOTHRINGEN.

Quoi qu'on puisse penser de la valeur de l'aphorisme bien connu : « *Laissez-moi faire les ballades d'une nation ; qui voudra fera ses lois ?* » — on ne peut guère nier que, grâce aux chants populaires d'un pays, nous constatons dans une large mesure la vues et sentiments caractéristiques des habitants.

Les villageois d'Alsace n'étaient peut-être pas d'humeur ces derniers temps à chanter leurs vieilles chansons chéries ; sinon les soldats allemands auraient dû être frappés en reconnaissant parmi les chansons de vieux amis familiers légèrement déguisés par le dialecte particulier du quartier. Prenez, par exemple, les chants de berceau, ou les leçons initiatiques, comme on pourrait les appeler. En voici une chantée par les paysannes d'Alsace :

"Schlof, Kindele, schlof!
Dien Vadder a hied die Schof,Dien Muedder a hied die Lämmele,Drum schlof du guldi's Engele;Schlof, Kindele, schlof!"

(Dors, chérie, dors !
Ton père soigne les moutons, Ta mère soigne les agneaux, chérie, Dors donc, mon précieux ange, ici ; Dors, chérie, dors !)

Et un autre:-

"Aie Bubbaie était rasselt im Stroh ?
D'Gänsle gehn baarfuesz, sie han Keen Schueh;Der Schuester het's Leder, Keen Leiste derzue."

(Chut-a-bye bébé, qu'est-ce qui fait bruisser la paille ?
Les pauvres oisons vont pieds nus, ils n'ont pas de chaussure ; le sourer a du cuir, pas de dernier qui fera l'affaire.)

Si l'on tient compte de la prononciation des mots, qui semble étrange à l'oreille nord-allemande, ce sont les mêmes berceuses avec lesquelles les mères des villages proches de Hanovre chantent leurs bébés pour dormir. Quelques-unes des vieilles ballades, légendes, contes de fées et proverbes, populaires en Alsace, sont courantes dans presque toute l'Allemagne. Ensuite, nous avons l'invitation à l'ancienne mode au festin de noces, rigide et formelle, comme on l'observe surtout en Basse-Alsace, ainsi que dans les villages de Hanovre et d'autres régions de l'Allemagne du Nord. En Alsace les mariages ont lieu un mardi, car, dit-on, on lit dans la Bible : « Et le troisième jour il y eut des noces à Cana de Galilée ». Dans la poésie sacrée, l'Alsace peut se targuer d'avoir produit quelques-uns des écrivains allemands les plus distingués. Le plus ancien d'entre eux est Ottfried von Weissenburg, qui vécut vers le milieu du IXe siècle. Gottfried von Strassburg, au début du

XIIIe siècle, était réputé comme auteur d'hymnes ainsi que de *Minnelieder* . Les premiers chants sacrés à caractère populaire enregistrés en Alsace datent du milieu du XIVe siècle environ. Mais c'est surtout depuis la Réforme que cette branche de la poésie sacrée a été beaucoup cultivée ici comme dans d'autres parties de l'Allemagne. Les auteurs de poésie sacrée étaient généralement soit des théologiens, soit des musiciens. Ce dernier composait souvent les paroles aussi bien que les airs. La musique et la poésie n'étaient pas cultivées aussi séparément que c'est le cas aujourd'hui. Parmi les musiciens, il convient de mentionner Wolfgang Dachstein, qui, au début du XVIe siècle, fut organiste à Strasbourg, d'abord à la cathédrale, puis, lorsqu'il devint protestant, à l'église Saint-Thomas. Son hymne *An Wasserflüssen Babylon* se retrouve encore dans la plupart des livres de choral des protestants allemands.

Les chants profanes des villageois ne sont pas tous dans le dialecte particulier de la province. Certains sont en haut allemand, et il y en a plusieurs dans lesquels le haut allemand est mélangé au dialecte. On rencontre parfois un mot devenu obsolète dans d'autres régions allemandes ; par exemple, *Pfiffholder* pour « Schmetterling », le bas allemand « Buttervogel », l'anglais « papillon » ; *Irten* (ancien allemand *Urt* , *Uirthe*) pour « Zeche », anglais « score ». Parmi les poètes lyriques du siècle actuel, Hebel est peut-être le plus populaire en Alsace. Son "Allemannische Gedichte" était surtout chanté dans la région sud, qui formait jusqu'à récemment le département français du Haut-Rhin. Les habitants de ce quartier ont une prononciation moins douce que ceux du Bas-Rhin.

Quant aux chansons populaires de Lorraine, celles qui ont été rassemblées et publiées proviennent presque toutes des districts français de la province.

La Société d'Archéologie Lorraine a publié un recueil intitulé « Poésies populaires de la Lorraine, Nancy, 1854 » ; et R. Grosjean, organiste de la cathédrale de Saint-Dié-des-Vosges, a édité de nombreux chants de Noël anciens, arrangés pour orgue ou harmonium, et publiés sous le titre d'Air des Noëls Lorrains, Saint-Dié, 1862.' Dans les villages allemands, nous rencontrons des chants dans un dialecte particulier, souvent entrecoupés de paroles françaises. L'exemple suivant provient du quartier de Saarlouis : -

"De Bam senge de Viglen bei Daa ond Naat,
D'Männtcher peife hibsch on rufe : ti-ti-pi-pi,On d'Weibcher saan : pi-pi-zi-
zi.Se senge luschtig on peife *du haut en bas* .
Berjer , Buwe
on
Baure d'iwrall her
, Die plassire *sich* recht à *leur aise* .
passionné de Dram.

(Sur l'arbre chantent les oiseaux jour et nuit,
Ils sifflent et appellent, ti-ti-pi-pi; Leurs compagnons répondent, pi-pi-zi-zi.
Ils gazouillent joyeusement *du haut en bas* ,
Haute vie et basse vie , de partout, se
placent tout *à leur aise* .
Ils chantent *ensemble* doucement et finement.
Aucun plus grand *plaisir que* la terre ne peut donner
que la vue d'un arbre vert ; c'est la vérité, pas de rêve vain.)

Voilà pour les paroles des chansons populaires. Quant aux airs, ceux qui ont été traditionnellement conservés par les villageois d'Alsace présentent les caractéristiques de la musique nationale allemande. Que la construction des airs n'ait pas beaucoup changé au cours d'un siècle, cela ressort des échantillons de chants et d'airs de danse que Laborde donne dans son Essai sur la Musique, publié en 1780. Plus tôt encore, environ deux il y a cent ans, les compositeurs français ont adopté d'Alsace un air allemand d'une construction particulière, l' *Allemande* . Cela s'est produit à l'époque de l'invention de la *Suite* , une composition qui consiste en une série de courtes pièces écrites dans le style d'airs populaires de divers pays. L'Allemande, qui formait généralement le mouvement d'introduction à la série, est plus digne que les enjouées Courante, Gavotte et Bourrée, originaires de différentes provinces de France.

La musique du paysan du Kochersberg est particulièrement intéressante. La montagne appelée Kochersberg est située à proximité de la ville de Zabern en Haute Alsace. Le quartier entourant immédiatement la montagne est également appelé Kochersberg. Les villageois de ce quartier sont considérés par les Français comme plutôt grossiers, mais honnêtes, directs et dignes de confiance. Ils ont plusieurs vieilles danses préférées, comme par exemple *Der Scharrer* ("Le Grattoir"), *Der Zäuner* ("La Danse de la Clôture"), *Der Morisken* (évidemment la "Morrice" ou Danse maure, autrefois également populaire en Angleterre, et à l'origine dérivé des Maures d'Espagne), *Der Hahnentanz* ("La Danse du Coq"). Cette dernière danse, également populaire dans d'autres régions d'Alsace et, avec quelques modifications, dans la Forêt-Noire d'Allemagne, est généralement exécutée dans une grande grange. Sur une traverse est apposé un plat, dans lequel est placé un beau et gros coq (appelé *Guller*). Le coq est orné de rubans de différentes couleurs. Près du plat est suspendue une bougie de suif à travers laquelle une ficelle est tirée horizontalement. À une extrémité de la corde est attachée une boule de plomb. Les danseurs se disposent par paires, les uns derrière les autres. Dès que les musiciens se mettent en route, la bougie est allumée et les premiers couples reçoivent un bouquet qu'ils doivent tenir tant qu'ils continuent de danser. Lorsqu'ils sont fatigués et s'arrêtent pour se reposer, ils doivent donner le bouquet au couple suivant, et ainsi de suite. Le couple qui possède le bouquet au moment où la bougie brûle la ficelle et où la boule tombe dans le plat, remporte le coq. Le *Hammeltanz* des paysans du Kochersberg est également connu à Bade. Dans cette danse, un gros morceau est le prix du couple chanceux qui danse par hasard lorsqu'un verre suspendu à une corde d'allumette enflammée se détache et tombe à terre. Certains danseurs sont accompagnés de chants ; par exemple, le *Bloue Storken* , dans lequel la chanson commence par les mots :

"Hon err de bloue Storken nit g'sähn?"
(Vous n'avez pas vu les cigognes bleues ?)

Le *Bloue Cigogne* est l'une des plus anciennes danses nationales des paysans alsaciens. Il est dansé par une seule personne. Au début, son exécution ressemble à celle du menuet lent et grave ; au bout d'un moment, cela devient plus animé.

Cependant, d'un point de vue musical, la plus intéressante de ces danses est le *Kochersberger Tanz* , mentionné par Reicha et d'autres théoriciens de la musique en raison de son rythme particulier. D'après la notation de Reicha, c'est en temps 5/8. Peut-être aurait-il été écrit aussi correctement en 3/8 et 2/8 alternativement, comme *Der Zwiefache* , ou *Gerad und Ungerad* ("Pair et Inégal"), des villageois du Haut-Palatinat de Bavière, auxquels il porte tout à fait un lien forte ressemblance. Les orchestres musicaux qui accompagnent les villageois aux danses et autres passe-temps ruraux sont, comme on pouvait s'y attendre, très simples : une clarionette et un ou deux cuivres constituant généralement l'orchestre entier.

On trouve encore en Alsace un certain instrument de musique qui, il y a environ trois siècles, était populaire en Allemagne. Certains ouvrages sur la musique publiés au début du XVIIe siècle en contiennent des dessins. Son nom allemand est *Scheidholt* et son nom français est *bûche* . Il consiste en une boîte carrée oblongue en bois sur laquelle sont tendues environ une demi-douzaine de ficelles métalliques. Certaines cordes passent sur une touche munie de frettes en fer. Ces cordes sont utilisées pour jouer la mélodie. Les autres sont à côté de la touche et servent à l'accompagnement. Les cordes sont actionnées par un plectre. Le *Scheidholt* peut être considéré comme le prototype de la cithare horizontale qui, au siècle présent, est devenue très en vogue en Bavière et en Autriche, et qui a récemment été introduite également en Angleterre.

Autrefois, les musiciens professionnels d'Alsace formaient une corporation dont l'origine remonte à l'époque des *Minnesänger* , lorsque des joueurs d'instruments de musique déambulaient de château en château pour divertir les chevaliers avec leur ménestrel. En 1400, un diplôme impérial romain fut accordé au comte Rappoltstein, le constituant protecteur de la guilde. Les musiciens s'appelaient *Pfeiffer* , et le comte Rappoltstein et ses successeurs portaient le titre de *Pfeiffer-König* (« Roi des joueurs de cornemuse »). Au XVIIe siècle, les *Pfeiffer* organisaient chaque année un festival musical à Bischweiler, une petite ville proche de Strasbourg. Tombée peu à peu en décadence, cette ancienne corporation s'éteignit en 1789.

Considérant l'influence qu'exerce habituellement la principale ville d'un pays sur le goût de la population rurale, quelques remarques relatives à la culture de la musique à Strasbourg peuvent trouver ici leur place. Strasbourg possède en effet de précieux vestiges illustrant l'histoire de la musique ainsi que celle des autres beaux-arts. Malheureusement, plusieurs de ces trésors ont été endommagés lors du récent bombardement. La bibliothèque municipale, incendiée, contenait de précieux manuscrits musicaux ; par exemple, le *Gesellschaftsbuch der Meistersänger* de 1490 à 1768, et un traité historique sur la musique et les *Meistersänger* de Strasbourg écrit en 1598 par M. Cyriacus Spangenberg. Pour les antiquaires qui déplorent la perte de ces reliques, il peut être rassurant de savoir que la bibliothèque municipale de Colmar, en Alsace, possède un fonds manuscrit de plus de 1 000 chansons anciennes de Minne et de Meister, qui appartenaient à l'origine à la corporation des cordonniers. de Colmar. Il faut se rappeler qu'au début du XIVe siècle, après que les *Minnesänger* du Moyen Âge, comme la vieille chevalerie à laquelle ils étaient associés, furent devenus obsolètes, surgit en Allemagne une corporation de poètes et de chanteurs constituée de citoyens, et connu sous le nom de Meistersänger. Strasbourg fut l'une des premières villes allemandes où les Meistersänger prospérèrent. Une ancienne sculpture d'un Meistersänger, grandeur nature, placée sous le célèbre orgue de la cathédrale, témoigne de l'estime populaire dont jouissait cette corporation. La bibliothèque municipale possédait deux curieuses peintures à l'huile sur panneau, datant d'environ 1600, qui appartenaient aux Meistersänger de Strasbourg, qui les plaçaient une de chaque côté de l'entrée de leur salle de réunion. Une collection d'instruments de musique anciens, qui appartenaient probablement à l'origine aux Meistersänger, se trouvait autrefois dans un bâtiment public appelé Pfenningthurm, d'où, en 1745, elle fut transférée à la bibliothèque municipale, où elle fut réduite en cendres.

Mais l'instrument de musique le plus intéressant de Strasbourg est l'orgue de la cathédrale réalisé par Andreas Silbermann. Malgré les soins déployés par les assiégés pour éviter d'endommager la cathédrale, un obus s'est frayé un chemin jusqu'au centre de l'orgue et a dû gravement blesser cette œuvre d'art. Andreas Silbermann n'était pas un simple artisan, mais un artiste comme Amati ou Stradivari. Il est né en Saxe, s'est installé à Strasbourg en 1701 et a construit l'orgue de la cathédrale en 1715. Son frère, Gottfried Silbermann de Saxe, était également un facteur distingué, non seulement d'orgues, mais aussi de clavicordes, et un améliorateur du pianoforte peu après son invention, au début du XVIIIe siècle. Presque tous les orgues construits au

XVIIIe siècle pour les églises de Strasbourg sont l'œuvre d'Andreas Silbermann et de ses fils. Parmi ces derniers, Johann Andreas se distingue par ses activités d'antiquaire. Il écrivit, entre autres ouvrages, une « Histoire de la ville de Strasbourg », qui fut publiée in-folio, avec gravures, en 1775. Sa collection de croquis dessinés par lui-même des paysages les plus remarquables, et de vieux châteaux et autres d'intéressants bâtiments d'Alsace, ainsi que sa collection d'anciennes monnaies de Strasbourg, ont été conservés dans la bibliothèque municipale et sont, il est à craindre, aujourd'hui perdus. Comme même le catalogue de la bibliothèque a, dit-on, été brûlé, il vaut peut-être la peine de constater certaines pertes. Avec les irréparables doit être enregistrée une copie du premier livre de cantiques de l'Église protestante, dont aucune autre copie n'est connue. Il fut publié à Erfurt en 1524 et contient vingt-cinq chants, dont dix-huit de Luther. Son titre est *Enchiridion, oder eyn Handbuchlein eynem yetzlichen Christen fast nutzlich bey sich zu haben, zur stetter vbung vnd trachtung geystlicher gesenge und Psalmen, Rechtschaffen vnd Kunstlich vertheutscht* . ("Enchiridion, ou un petit manuel, très utile à un chrétien d'aujourd'hui pour la pratique et la contemplation constantes des chants et des psaumes spirituels, judicieusement et soigneusement mis en allemand.") La notation musicale est donnée avec les mots. On pense que Luther a remis le manuscrit de ses propres chants, et très probablement aussi des autres chants, ainsi que de la notation musicale, entre les mains de l'éditeur ; qu'en fait, l'« Enchiridion » émanait directement de Luther. Un *fac-similé* de ce livre a été publié à Erfurt en 1848. Seuls trois chorals sont connus avec certitude comme étant de la composition de Luther.

Parmi les reliques musicales des temps anciens conservées à Strasbourg, il faut classer l'horloge dite astronomique. Cette curieuse pièce de mécanisme, qui se trouve dans la cathédrale, fut, en 1570, substituée à une autre qui datait de l'année 1354. Ayant été hors de réparation depuis l'année 1789, elle fut restaurée il y a une trentaine d'années. Les cylindres de l'ancien mécanisme de 1354, qui agissent sur un carillon de dix cloches, ont été conservés. L'ancien système tonal exposé dans la disposition des cylindres, qui produisent des airs d'hymnes, ne peut qu'intéresser les antiquaires musicaux. Aussi, le merveilleux coq mécanique qui, à la fin d'un air, battait des ailes, étendait le cou et chantait deux fois, vestige de l'œuvre de 1354, existe encore ; mais je ne peux pas dire s'il continue à remplir ses fonctions.

Parlons maintenant un instant des représentations théâtrales fréquentées par les bourgeois. Quelques documents intéressants relatifs à l'histoire de l'opéra à Strasbourg ont été publiés par GF Lobstein, dans son 'Beiträge zur Geschichte der Musik im Elsass, Strassburg, 1840'. Les plus anciennes représentations théâtrales de Strasbourg datent du XVIe siècle. Il s'agissait de pièces sacrées et historiques, ainsi que de drames classiques grecs et latins. Les acteurs étaient des érudits ou des académiciens, et les représentations étaient appelées *Dramata theatralia* , *Actiones comicae* ou *tragicae* , *Comoediae Academicae* . Vers 1600, les Meistersänger se livraient également occasionnellement à des représentations dramatiques ou, comme ils les appelaient, à *Comödien von Glück und Unglück* (« Comédies traitant du bonheur et du malheur ») et ils continuèrent à jouer de telles pièces en public jusqu'à la fin de l'année. le XVIIe siècle. En 1601, on trouve pour la première fois mention des comédiens anglais qui, comme les Meistersänger, introduisirent évidemment la musique dans leurs représentations dramatiques. Concernant les compagnies de comédiens anglais qui ont visité l'Allemagne à l'époque de Shakespeare, de nombreux érudits shakespeariens ont écrit ; mais ils n'ont cependant accordé que peu d'attention aux réalisations musicales de ces promeneurs. Les documents anciens récemment mis au jour en Allemagne, relatifs à l'histoire des théâtres des principales villes allemandes, contiennent quelques mentions intéressantes d'« instrumentistes anglais » qui faisaient partie des compagnies de comédiens anglais. En effet, la plupart des soi-disant comédiens anglais semblent avoir été des musiciens et des danseurs (ou plutôt des tumblers) ainsi que des acteurs. C'était probablement plus la nouveauté de leurs performances que la supériorité de leurs compétences qui rendaient ces étranges étrangers temporairement attrayants en Allemagne. Pourtant, pour l'historien de la musique, ils sont intéressants.

L'invention de l'opéra, il faut le rappeler, date de l'année 1580, lorsque, à Florence, le comte de Vernio créa dans son palais une société pour la renaissance de l'ancienne déclamation musicale grecque dans le drame. Cet effort a abouti à la production des opéras « Dafne » et « Orfeo ed Euridice », composés par Peri et Caccini. Le premier opéra allemand fut représenté à Dresde, en 1627. C'était le livret de « Dafné », dont nous venons de parler, écrit par Rinuccini, qui fut traduit en allemand et mis à nouveau en musique par Heinrich von Schütz, maître de chapelle de l'électeur. de Saxe. En France, le premier compositeur d'opéra fut Robert Cambert, en 1647. Il intitula sa production « La Pastorale, première comédie française en musique ». Cette composition n'était cependant jouée qu'à la Cour. La première représentation publique d'un opéra en France eut lieu au plus tôt en 1671. [2] Cependant, avant l'invention de l'opéra, les acteurs ambulants, comme les comédiens anglais et les compagnies italiennes, populaires à Strasbourg, utilisaient à entrecouper leurs interprétations de chants, accompagnés d'instruments de musique tels que le luth, le théorbe, la viole, etc. Les premières représentations d'opéra proprement dites à Strasbourg eurent lieu en 1701, et les opéras étaient allemands, interprétés par des allemands. entreprises. Plus tard, des entreprises italiennes firent leur apparition, et plus tard encore des entreprises françaises. En 1750, l'opéra-comique français « Le Devin du Village », de JJ Rousseau, était très admiré. Cependant, même au XVIIIe siècle, les opéras et drames allemands jouissaient à Strasbourg d'une plus grande popularité que les théâtres français, malgré la protection que les compagnies françaises recevaient des fonctionnaires du gouvernement de la ville. En fait, le goût théâtral des bourgeois n'est jamais devenu complètement français, si l'on peut se fier à GF Lobstein, qui dit : « Le moindre intérêt manifesté par les habitants de Strasbourg à l'heure actuelle » [vers 1840] « pour les représentations théâtrales. date de l'époque où firent leur apparition les mélodrames et les vaudevilles français. Les hideuses expositions mélodramatiques et les sujets frivoles, inadaptés à notre ville et souvent incompréhensibles pour nous, décrivant les événements et les habitudes quotidiennes parisiennes, sont souvent très indécents. introduction sur notre scène, a fait fuir les familles qui autrefois fréquentaient régulièrement le théâtre. Elles n'y viennent plus qu'occasionnellement, lorsqu'on leur propose quelque chose de mieux.

En ce qui concerne les institutions musicales et les concerts périodiques de Strasbourg, il suffit de constater que le gouvernement local a toujours encouragé la culture de la musique ; il n'est donc pas surprenant, compte tenu de l'amour que manifestent les Alsaciens pour la musique, que Strasbourg ait été, au cours des trois derniers siècles, l'un des principaux berceaux de cet art sur le continent. Jusqu'en 1681, date à laquelle Strasbourg fut cédée à la France, elle possédait une institution appelée Collegium Musicum, qui bénéficiait du patronage spécial du gouvernement local. Une Académie de Musique, instituée en 1731 par le gouverneur français de la ville, fut dissoute, après vingt ans d'existence, en 1751. Aujourd'hui les sociétés musicales ne sont pas moins nombreuses à Strasbourg que dans la plupart des grandes villes d'Allemagne. . Une énumération des différents genres de concerts n'intéresserait peut-être que quelques musiciens.

Mais l'Hymne républicain de Pleyel de l'année 1792 est trop caractéristique du goût français à l'époque des grands événements qu'il était destiné à célébrer pour passer inaperçu. Ignaz Pleyel, musicien bien connu, est né dans un village près de Vienne, en 1757. En visitant Strasbourg, après un séjour en Italie, en 1789, il fut nommé maître de chapelle de la cathédrale. Malheureusement pour lui, ses opinions politiques furent bientôt considérées avec suspicion par l'Assemblée nationale, surtout parce qu'il était originaire d'Autriche. Il risquait de perdre sa liberté, voire sa vie. Soucieux de se sauver, il eut l'heureuse idée d'écrire une brillante composition musicale glorifiant la Révolution. Il fit part de son intention à l'Assemblée nationale ; elle trouva l'approbation, et on lui ordonna d'écrire, sous la surveillance d'un gendarme, une grande pièce vocale et orchestrale, intitulée « La Révolution du 10 Août (1792) ou le Tocsin allégorique ». La partition manuscrite de cette composition singulière était, jusqu'à récemment, conservée à Strasbourg, mais elle a probablement péri aujourd'hui. Une brève analyse de sa construction convaincra le lecteur que l'orchestre monstre qu'Hector Berlioz a prévu pour la musique du futur, et dont il dit avec des ravissements prophétiques : « Son repos serait majestueux comme le sommeil de l'océan ; son agitation rappellerait la tempête des tropiques ; ses explosions, les éruptions des volcans », prévoyait déjà Pleyel il y a près de cent ans. Pleyel avait besoin pour son orchestre non seulement de gros canons de campagne, mais aussi de plusieurs sonnettes d'alarme. La situation financière de la France à cette époque et l'abolition du culte divin portèrent l'Assemblée nationale à décréter la livraison de toutes les cloches des églises d'Alsace. Environ 900 cloches furent ainsi envoyées à Strasbourg. Pleyel en choisit sept pour l'exécution de son œuvre ; et tous les autres étaient soit convertis en canons, soit frappés en monnaie, pour la plupart des pièces d'un ou de deux sols.

L' *Introduzione* de la composition de Pleyel est destinée à dépeindre le soulèvement du peuple. Les instruments à cordes commencent *le piano* . Au bout d'un moment, un faible murmure se mêle aux notes douces, sonnant d'abord comme s'il venait de très loin, et se rapprochant progressivement de plus en plus. Maintenant les instruments à vent entrent en action, et bientôt le souffle est aussi furieux que s'il était destiné à représenter la plus terrible tempête. Il est cependant censé représenter la prise des Tuileries. Heureusement, le bruit épouvantable passe bientôt et on n'entend que quelques escarmouches vives de temps en temps. Après une centaine de mesures de ce violon et de ces souffles descriptifs, les sonnettes d'alarme retentissent, d'abord l'une, puis l'autre, et maintenant toutes en succession rapide. Soudain, ils sont réduits au silence par un fort signal de trompette, auquel répondent un certain nombre de tambours et de fifres. La fanfare entraîne une nouvelle confusion, à travers laquelle on perçoit à peine la mélodie de quelque vieille marche militaire française. L'excitation s'apaise peu à peu, et au bout d'un moment les instruments à cordes seuls se mettent en marche, exprimant doucement les soupirs des blessés et des mourants. Actuellement les royalistes se font entendre avec la chanson " *O Richard, ô mon roi* " (de " Richard Cœur de Lion ") qui, après encore plus de confusion, est suivie de l'air " *Où peut-on être mieux ?* " à fin de laquelle commencent les décharges de canon. Encore une confusion générale, représentée par tout l'orchestre avec en plus des canons et des sonnettes d'alarme. Soudain, un coup de trompettes et de timbales annonce la victoire et forme l'introduction d'un chœur jubilatoire avec un accompagnement orchestral complet : « *La victoire est à nous, le peuple est sauvé !* » Ceci encore, après quelques intermèdes plus instrumentaux, est suivi d'un chœur avec accompagnement orchestral fondé sur l'air « *Ça ira, ça ira* », chant patriotique qui fut, à l'époque de la Révolution, très apprécié des soldats français. La partie restante de la composition se compose de quelques chansons pour voix simples alternées avec des chœurs. Comme les paroles sont intéressantes non seulement musicalement mais aussi historiquement, elles pourraient trouver leur place ici.

" *Refrain.*

"Nous t'offrons les débris d'un trône,
Sur ces autels, ô Sainte Liberté ! De l'éternelle vérité. Ce jour enfin,
qui nous environne, Rend tout ce peuple à la félicité ; Par sa vertu,
par sa fierté, Il conquiert l'égalité.Parmis nos héros la foudre qui
tonneL'annonce au loin à l'humanité.

" *Une femme. (Solo.)*

"Mon fils vient d'expirer,
Mais je n'ai plus de rois !

" *Romance.*

"Il fut à son pays avant que d'être à moi,
Et j'étais citoyenne avant que d'être mère. Mon fils! par tes vertus
j'honore ta poussière.

" *Refrain.*

"Nous t'offrons les débris d'un trône, etc., etc.

" *Solo. (Soprano.)*

"Ah! périsse l'idolatrie

Qu'on voue à la royauté.Terre ne sois qu'une patrie,Qu'un seul	*Répété*
temple à l'humanité,Que l'homme venge son injureBrise, en	*par*
bravant, le faux devoir,Et le piédestal du pouvoirEt les autels de	*le*
l'imposture,	{ *Chœur.*

Rois, pontifs ! ô ligue impure	
Dans ton impuissant désespoirContemple aux pieds de la nature	*Répété*
Le diadème et l'encensoir!	*par*
Versailles et la fourbe Rome Ont perdu leurs adulateurs. Les	*le*
vertus seront les grandeurs, Les palais sont les toits de chaume.	{ *Chœur.*

- 17 -

" *Solo. (Ténore.)*

"Les Français qu'on forme à la guerre
Appelant contre les tyransLes représailles de la terre,Du haut des   *Répété*
palais fumans.Des bords du Gange à ceux du TibreDieu! rends   *par*
bientôt selon nos vœuxTout homme un citoyen heureux,Le genre   *le*
humain un peuple libre .   { *Chœur.*

" *Récit solo. (Basso.)*

"Nous finirons son esclavage
Ce grand jour en est le présage !

" *Chœur (concluant par une brillante Coda orchestrale).*

"Nous t'offrons les débris d'un trône", etc., etc.

Cette curieuse composition fut exécutée dans la cathédrale de Strasbourg et fit grande sensation. Tout le monde affirmait que seul un ardent patriote aurait pu réaliser une œuvre aussi émouvante. Néanmoins Pleyel, après avoir été libéré, jugea opportun de quitter Strasbourg pour Londres le plus tôt possible.

Outre ceux déjà mentionnés, on pourrait citer plusieurs autres musiciens distingués, nés ou ayant vécu à Strasbourg. Ottomarus Luscinius, un prêtre dont le nom propre en allemand était Nachtigall, publia en 1536 à Strasbourg sa Musurgia, seu Praxis Musicæ, ouvrage très convoité par les antiquaires musicaux. Sébastien Brossard, qui, vers 1700, était maître de chapelle à la cathédrale de Strasbourg, est l'auteur d'un dictionnaire musical bien connu. Sébastien Erard, l'inventeur de la répétition et d'autres améliorations du pianoforte, ainsi que de la double action de la harpe, est né à Strasbourg en 1752.

Bref, Elsass-Lothringen a été le berceau de nombreux hommes distingués dans les arts et les sciences. Le trait saillant du caractère national des habitants, révélé par leurs chants et leurs usages populaires, est une rigueur qui ne brille pas parmi les qualités agréables des Français. Cette solidité innée explique la réticence qu'ils ont récemment manifestée à se séparer de la France, tout comme elle explique leur ancienne réticence à devenir sujets français. De plus, maintenant qu'ils seront réunis à leurs parents, cela fera probablement d'eux des Allemands aussi patriotes qu'ils l'étaient à l'origine. Qu'il leur faut du temps pour transférer leur attachement à leur honneur.

MUSIQUE ET ETHNOLOGIE.

Le système suivant, conçu pour obtenir des informations précises sur la musique de différentes nations, est probablement sans précédent.

En 1874, l'Association britannique pour l'avancement de la science résolut de publier un livre d'instructions pour guider les voyageurs et les résidents des pays non civilisés, afin de leur permettre de recueillir des informations susceptibles d'être utiles à ceux qui étudient spécialement la science. divers sujets énumérés dans le livre. [3] Les sujets se rapportent aux mœurs et coutumes, aux arts, aux sciences, à la religion, à la guerre, à la vie sociale, enfin à tout ce qui éclaire le degré de civilisation atteint par le peuple, et que l'ethnologue peut désirer connaître. Le livre est à cet effet divisé en un certain nombre de sections, chacune traitant d'un certain sujet, sur lequel il contient un certain nombre de questions. Celles-ci sont précédées d'une courte note explicative du sujet. Afin de rendre les questions aussi efficaces que possible, un soin particulier a été apporté à ce qu'elles contiennent tous les détails nécessaires. [4]

Ayant été chargé d'entreprendre la section intitulée « Musique » et de dresser une liste de questions numérotées conformément au plan adopté par la commission, je me suis efforcé d'attirer l'attention de ceux à qui le livre est destiné sur les recherches musicales. qui, à mon avis, sont particulièrement souhaitables ; et j'ai parfois intercalé parmi les questions un indice qui peut aider l'enquêteur. Il m'a paru inutile de donner des définitions des termes musicaux utilisés dans les questions — tels que *intervalle* , *mélodie* , *harmonie* , etc. — que l'on retrouve dans tous les dictionnaires de la langue anglaise. Certains termes nécessitaient cependant une explication pour les rendre pleinement intelligibles aux voyageurs peu familiarisés avec la musique. De ce genre sont, par exemple, les noms des différentes gammes musicales. Les missionnaires, commerçants, marchands, consuls et autres résidents anglais dans les pays étrangers possèdent rarement la moindre connaissance de la musique. Pourtant, parmi les questions qui leur sont soumises ici, il y en a beaucoup auxquelles ils pourront peut-être répondre de manière satisfaisante ; tandis que, d'un autre côté, il faut l'admettre, seuls des hommes ayant une éducation et une expérience musicales peuvent répondre correctement à quelques-unes de ces questions. Cependant, ce qu'une personne est incapable d'enquêter, une autre peut le faire ; et peut-être pouvons-nous ainsi espérer, au fil du temps, recevoir des réponses fiables et instructives à la plupart des questions émanant des différentes parties du monde.

Certaines de ces questions peuvent paraître, à première vue, sans grande importance ; cependant, ce sont justement les faits auxquels ils se réfèrent qui doivent être clairement établis avant que nous puissions espérer discerner exactement les caractéristiques de la musique d'une nation ou d'une tribu.

On remarquera que certaines questions présupposent un état de civilisation quelque peu avancé, comme par exemple celles qui concernent la notation musicale, l'enseignement, la littérature, etc. Il existe plusieurs nations extra-européennes, comme les Japonais, les Chinois, les Hindous, etc. — qui ont tellement avancé dans la culture de la musique qu'ils rendent ces questions nécessaires ; et il serait très désirable de posséder des informations plus détaillées sur la méthode suivie par ces nations dans la culture de cet art que celles dont on dispose actuellement.

Le présent schéma est tout aussi intéressant, voire plus, pour le musicien que pour l'ethnologue. Il est toutefois peu probable que les musiciens professionnels en général prennent connaissance des instructions relatives aux recherches musicales publiées conjointement avec diverses autres enquêtes scientifiques par la British Association. C'est pour cette raison qu'ils sont insérés ici, puisque le présent ouvrage a plus de chances de tomber entre les mains de musiciens professionnels que la publication anthropologique. Cependant, il faudra des années avant que cela aboutisse à un résultat pratique. L'auteur des questions ne bénéficiera peut-être jamais de l'avantage de recevoir les réponses ; mais il a, au moins, le plaisir de préparer le terrain à une accumulation de faits bien connus que les musiciens intelligents de la génération future sauront mettre à profit.

"(*Section LXVIII.*) *Musique.*

"La musique de chaque nation a certaines caractéristiques qui lui sont propres. Les progressions d'intervalles, les modulations, les embellissements, les effets rythmiques, etc., qui se produisent dans la musique des nations extra-européennes, sont souvent trop particulières pour être indiquées avec précision par des moyens de notre notation musicale. Une explication supplémentaire est donc nécessaire avec la notation. En écrivant les airs populaires des pays étrangers, en les entendant chantés ou joués par les indigènes, il ne faut pas tenter de rectifier tout ce qui peut paraître incorrect à nos yeux. l'oreille européenne. Plus les défauts apparents sont fidèlement conservés, plus la notation est précieuse. Les recueils d'airs populaires (avec les paroles des airs) sont très souhaitables. De même, les dessins d'instruments de musique avec des explications sur la construction, les dimensions, les capacités. , et l'emploi des instruments représentés.

" *Musique vocale:* -

« 1. Les gens aiment-ils la musique ?

"2. Leur oreille est-elle fine pour discerner de petits intervalles musicaux ?

"3. Peuvent-ils facilement frapper un ton qui leur est chanté ou joué ?

« 4. Leur voix est-elle flexible ?

« 5. Quelle est la qualité de la voix ? est-elle forte ou douce, claire ou rauque, ferme ou tremblante ?

« 6. Quelle est la portée habituelle de la voix ?

"7. Quelle est la voix masculine dominante : ténor, baryton ou basse ?

"8. Quelle est la voix féminine dominante : soprano ou alto ?

« 9. Les gens chantent-ils généralement sans accompagnement instrumental ?

« 10. Est-ce que ces chants sont interprétés en chœur par des hommes seulement, ou par des femmes seulement, ou par les deux sexes ensemble ?

"11. Lorsqu'ils chantent ensemble, chantent-ils à l'unisson, ou en harmonie, ou avec l'introduction occasionnelle d'un accompagnement de voix bourdonnant ?

« 12. Leur chant est-il en temps régulier, ou participe-t-il du caractère du récitatif ?

« 13. Ont-ils des chansons pour solo et chœur, ou avec un air pour une seule voix et un fardeau (ou un refrain) pour plusieurs voix ?

"14. Décrivez les différents types de chants qu'ils ont (tels que chants sacrés, chants de guerre, chants d'amour, chants de crèche, etc.), avec des remarques sur la poésie.

" Instruments: -

« 15. Quels sont leurs instruments de percussion (tels que tambours, castagnettes, hochets, cymbales, gongs, cloches, etc.) ?

" 16. Disposent-ils d'instruments de percussion contenant des plaques sonores de bois, de verre, de pierre, de métal, etc., sur lesquels on peut jouer des airs ? et, s'il en est, noter en notation ou en lettres les sons émis par les plaques.

"17. Ont-ils des tambours avec des cordes, ou quelque autre appareil au moyen duquel le parchemin peut être tendu ou détendu à volonté ?

"18. Ont-ils des tambours avec des sons définis (comme nos timbales) ? et, si oui, quels sont les sons dans lesquels ils sont accordés lorsque deux ou plusieurs sont joués ensemble ?

"19. Des tambours à main ouverts avec un seul parchemin (comme notre tambourin) ?

« 20. Les tambours sont-ils battus avec des bâtons ou avec les mains ?

"21. De quels instruments à vent (trompettes, flûtes, etc.) disposent-ils ?

"22. Des trompettes à tubes coulissants (comme le trombone) ?

"23. Comment sonnent les flûtes ? y a-t-il un bouchon dans l'orifice de la bouche ?

"24. Des flûtes nasales ?

"25. Quel est le nombre et la position des trous pour les doigts sur les flûtes ?

"26. Quels sons produisent les flûtes si les trous des doigts sont fermés successivement vers le haut ou vers le bas ?

"27. Si les gens possèdent la syrinx (ou pipe pandéenne), vérifiez la série d'intervalles musicaux produits par ses tubes.

« 28. Les gens construisent-ils des instruments à vent avec une anche vibrante, ou un dispositif similaire, insérée dans l'orifice de la bouche ?

"29. S'ils ont un instrument à vent à anche, observez si l'anche est *simple* (comme celle de la clarionette) ou *double* (comme celle du hautbois.)

« 30. Ont-ils une sorte de cornemuse ?

"31. De quels instruments de musique disposent-ils qui ne soient pas utilisés dans des représentations musicales, mais simplement pour transmettre des signaux et à des fins similaires ?

" 32. Ont-ils des instruments à cordes dont les cordes sonnent en frappant avec les doigts ?

"33. Des instruments à cordes tintés avec un plectre ?

"34. Des instruments à cordes battus avec des bâtons ou des marteaux (comme le dulcimer) ?

"35. Des instruments à cordes joués avec un archet ?

"36. S'il y a des instruments à cordes avec des frettes sur le manche (comme c'est le cas de notre guitare), notez les intervalles produits par les frettes en succession régulière.

« 37. De quelles substances sont faites les cordes ?

" 38. Y a-t-il une disposition particulière sur certains instruments dans la disposition et la situation des cordes ?

"39. Existe-t-il des instruments à cordes dotés de cordes sympathiques (*c'est-à-dire* des cordes placées sous les cordes sur lesquelles on joue. Les cordes sympathiques servent simplement à augmenter la sonorité) ?

« 40. Quels sont les intervalles musicaux dans lesquels les instruments à cordes sont accordés ?

" 41. Le peuple possède-t-il un instrument de musique d'une construction très particulière ? Si oui, décrivez-le minutieusement.

« 42. Donner le nom de chaque instrument dans la langue du pays.

"43. Décrivez chaque instrument et donnez des illustrations, si possible.

"44. Donnez quelques informations sur les facteurs d'instruments de musique ; sur les bois, les métaux, les peaux, les boyaux, les cheveux et autres matériaux qu'ils utilisent ; sur leurs outils, etc.

« 45. Quels sont les ornements et appendices habituels des instruments de musique ?

" *Compositions :* —

"46. Sur quel ordre d'intervalles est fondée la musique du peuple ? Est-ce la gamme diatonique majeure (comme *c* , *d* , *e* , *f* , *g* , *a* , *b* , *c*) ? Ou la gamme diatonique mineure (dans laquelle le le troisième est plat ; comme *c* , *d* , *e flat* , *f* , *g* , *a* , *b* , *c*) ? Ou l'échelle pentatonique (dans laquelle le quatrième et le septième sont omis, donc *c* , *d* , *e* , *g* , *a* , *c)*) Ou un autre ordre d'intervalles ?

"47. Le septième est-il utilisé dièse (*c* - *b*) ou bémol (*c* - *b flat*) ?

« 48. La seconde superflue apparaît-elle dans la gamme ?

(Dans l'exemple *c* , *d* , *e flat* , *f dièse* , *g* , *a flat* , *b* , *c* ,

les pas du troisième au quatrième et du sixième au septième sont des secondes superflues.)

« 49. La musique contient-elle des progressions en demi-tons ou en intervalles chromatiques ?

"50. Existe-t-il des intervalles plus petits que les demi-tons, comme 1/3 de ton, 1/4 de ton ?

"51. Y a-t-il des progressions particulières dans certains intervalles qui sont fréquentes dans les airs ? Si oui, lesquelles sont-elles ?

« 52. Les airs se terminent-ils habituellement sur la tonique (la note clé ou le premier intervalle de la gamme), ou, sinon, sur quel autre intervalle ?

"53. Les airs contiennent-ils des modulations d'une tonalité à une autre ? Si oui, décrivez les modulations habituelles.

« 54. Existe-t-il certaines particularités rythmiques prédominantes dans la musique ? Si oui, lesquelles ?

« 55. Le temps de la musique est-il généralement un temps commun, un temps triple ou irrégulier ?

"56. Y a-t-il des phrases ou des passages dans les mélodies qui reviennent fréquemment ?

« 57. Les airs des chansons contiennent-ils des réapparitions de phrases musicales qui peuvent être attribuées à la forme de la poésie ?

« 58. Le peuple possède-t-il des compositions musicales qu'il considère comme très anciennes ? et ces compositions présentent-elles les mêmes caractéristiques que l'on retrouve dans les compositions modernes ?

« 59. Les compositions sont-elles généralement vives ou graves ?

"60. Décrire la forme des différents genres de compositions musicales.

" *Les performances:* -

"61. Le peuple a-t-il des groupes musicaux ou des orchestres ?

« 62. Quels sont les instruments généralement utilisés en combinaison ?

« 63. Quels sont les instruments couramment utilisés isolément ?

« 64. Quel est le nombre d'interprètes d'un orchestre régulièrement constitué ?

"65. Y a-t-il un chef de groupe ? Comment dirige-t-il les interprètes ?

"66. Le groupe joue-t-il à l'unisson ou en harmonie ?

"67. Si la musique vocale est combinée avec la musique instrumentale interprétée par l'orchestre, l'accompagnement instrumental est-il à l'unisson (ou en octaves) avec la voix, ou a-t-il quelque chose qui lui est propre ?

« 68. Le *tempo est-il* généralement rapide ou lent ?

"69. Y a-t-il des changements soudains ou progressifs dans le *tempo* ?

« 70. Y a-t-il des changements dans le degré d'intensité sonore ?

« 71. Les musiciens, en répétant un morceau, introduisent-ils des altérations ou des variations dans le thème ?

"72. Introduisent-ils des embellissements *ad libitum* ?

« 73. Mentionner les occasions (cérémonies religieuses, divertissements sociaux et publics, célébrations, processions, etc.) dans lesquelles ont lieu des représentations musicales.

« 74. Existe-t-il des fanfares militaires ? et comment sont-elles constituées ?

"75. La musique est-elle utilisée pour faciliter le travail manuel ?

« 76. Existe-t-il des chants ou des compositions instrumentales appartenant à des occupations ou à des métiers particuliers ?

« 77. Le peuple possède-t-il un hymne national ou une composition instrumentale qu'il interprète en l'honneur de son souverain ou en commémoration de quelque événement politique ?

« 78. Décrivez minutieusement les représentations musicales du culte religieux, s'il y en a.

« 79. Ont-ils des danses sacrées exécutées lors de cérémonies religieuses, lors de funérailles, etc. ?

"80. Des danses de guerre, des danses de défi, etc. ?

« 81. Existe-t-il des danses dans lesquelles ils imitent les mouvements et les habitudes particulières de certains animaux ?

« 82. Existe-t-il des danses accompagnées d'instruments de musique, de chants, ou simplement de sons rythmés tels que des battements de mains, des claquements de doigts, des vociférations réitérées, etc. ?

"83. Donnez une liste de toutes les danses.

"84. S'efforcer de vérifier si le rythme de la musique accompagnant la danse est suggéré par les pas des danseurs, ou *vice versa* .

" *Culture :* —

"85. Les gens apprennent-ils facilement une mélodie à l'oreille ?

"86. Ont-ils une bonne mémoire musicale ?

"87. Est-ce qu'on apprend aux enfants la musique ? et si oui, comment cela se fait-il ?

« 88. Existe-t-il des musiciens professionnels ?

"89. Des artistes qui font preuve de beaucoup de talent ?

"90. Des ménestrels, des bardes, des récitateurs de vieilles ballades ?

"91. Des improvisateurs professionnels ?

« 92. Existe-t-il des musiciens professionnels de différents niveaux ?

"93. Qui compose la musique ?

« 94. Les musiciens exercent-ils d'autres professions que la musique ?

« 95. Les ministres du culte sont-ils aussi des musiciens et des médecins ?

"96. Les gens ont-ils une sorte de notation musicale ?

"97. Ont-ils écrit des signes pour élever ou baisser la voix en chantant, pour mettre l'accent sur certains mots ou phrases, ou à des fins similaires ? Si oui, décrivez ces signes.

"98. Possèdent-ils des traités sur l'histoire, la théorie, etc. de la musique, des manuels d'instruction pour le chant et pour jouer des instruments de musique, etc. ? Si oui, donnez un compte rendu détaillé de leur littérature musicale.

« 99. Ont-ils des institutions musicales ? Rends-en compte.

"100. Comment les gens apprécient-ils leur propre musique ?

« 101. Quelle impression la musique des nations étrangères produit-elle sur eux ?

" Traditions: -

« 102. Existe-t-il des traditions populaires concernant l'origine de la musique ?

" 103. Y a-t-il des mythes sur une divinité musicale ou un musicien surhumain ?

"104. Existe-t-il des légendes ou des contes de fées faisant allusion à la musique ? Si oui, quels sont-ils ?

"105. Existe-t-il une tradition concernant l'invention de certains instruments de musique préférés ?

"106. Existe-t-il une tradition ou un document historique respectant l'antiquité des instruments à cordes joués avec un archet ?

" 107. Des disques concernant leur musique sacrée ?

« 108. La musique possède-t-elle le pouvoir de guérir certaines maladies ?

"109. Le pouvoir d'attirer et d'apprivoiser les animaux sauvages ?

"110. Y a-t-il des airs populaires, ou certaines figures rythmiques dans les airs, qui, selon la tradition, ont été suggérées par les chants des oiseaux ?

"111. S'il y a quelque chose de remarquable dans la musique qui n'a pas été évoqué dans les questions précédentes, remarquez-le."

COLLECTIONS D'INSTRUMENTS DE MUSIQUE.

Au Thibet et dans d'autres pays asiatiques où la religion bouddhiste est établie, des instruments de musique de constructions diverses sont généralement déposés dans une certaine partie du temple, pour être à la disposition des prêtres lorsqu'ils en ont besoin lors des cérémonies et des processions. En examinant les bas-reliefs assyriens du British Museum, nous sommes amenés à supposer qu'une coutume similaire prévalait en Asie occidentale avant l'ère chrétienne. En tout cas, il paraît probable que les différents instruments représentés entre les mains des musiciens qui assistaient aux rites religieux observés par le roi étaient habituellement déposés dans une salle appropriée à leur réception. La même chose semble avoir été le cas dans le Temple de Jérusalem. Le roi David possédait, raconte-t-on, des instruments de musique faits d'un bois appelé *berosh*, qui plus tard, sous le règne de Salomon, furent faits d' *algum*, ou *almug*, un bois plus précieux importé de régions étrangères. Le roi Salomon, possédant des instruments supérieurs, conserva probablement les instruments inférieurs de son père comme monuments vénérés ; et le *kinnor* sur lequel jouait David devant Saül était peut-être aussi soigneusement gardé par le roi Salomon que l'empereur d'Allemagne garde dans son cabinet de curiosités la flûte de Frédéric le Grand.

Cependant, Josèphe rapporte que Salomon avait fabriqué, pour les représentations musicales lors de la dédicace du Temple, un grand nombre d'instruments à cordes et de trompettes, qui étaient tous conservés ensemble dans le Temple avec les trésors. Il est peu probable qu'à une époque aussi ancienne, des collections d'instruments désuets aient été constituées à des fins scientifiques ; l'art de la musique en était trop à ses balbutiements pour suggérer la préservation de preuves élucidant son développement progressif.

Les collections d'instruments de musique anciens et rares qui, à l'époque moderne, ont été constituées dans plusieurs pays européens sont très intéressantes pour l'amateur de musique, même si, dans la plupart des cas, elles ont évidemment été constituées moins dans le but d'illustrer l'histoire de la musique. l'art de la musique que dans le but de conserver des reliques curieuses et de bon goût du temps passé, ou d'exposer des artifices caractéristiques des nations étrangères.

En Italie, certains conservatoires de musique possèdent des instruments vétustes et d'une grande rareté. On dit que de curieuses vieilles épinettes, luths, mandolines et guitares sont dispersées parmi les familles privées et dans les couvents, notamment à Naples et dans ses environs. Au Liceo Comunale di Musica, à Bologne, sont déposés plus de cinquante instruments, parmi lesquels un cithare italien (*cetera*) du début du seizième siècle ; un archiluth de « Hieronymus Brensius, Bonon » (Bologne) ; un chitarrone, de « Matteo Selles, alla Corona in Venetia, 1639 » ; un chitarrone inscrit « In Padova Uvendelio Veneto, 1609 ; » un théorbe de « Hans Frei à Bologne, 1597 » ; un luth de "Magno Stegher in Venetia". Un luth, "Magno Dieffopruchar a Venetia, 1612". Ce luth comporte quatorze cordes disposées en sept paires, chaque paire étant accordée à l'unisson. Plusieurs trompettes de marine, dont l'une porte l'inscription « Pieter Rombouts, Amsterdam, 17 ». Une viole de gambe, inscrite "Antonius Bononiensis". Un sordino, ou pochette, de « Baptista Bressano », censé dater de la fin du XVe siècle. Sa forme est particulière, ressemblant un peu à celle de la *machette portugaise* , représentant un poisson. Une viole d'amour, avec l'inscription « Mattias Grieser, Lauten et Geigenmacher à Insbrugg, Anno 1727 ; » deux vieilles harpes curieuses ; une vieille flûte ténor, mesurant environ trois pieds de longueur ; quelques curieuses doubles flûtes ; cornetti, ou zinken, de différentes dimensions. Un archicembal. Il s'agit d'une sorte de clavecin à quatre rangées de touches, fabriqué d'après l'invention de Nicolo Vicentino et décrit dans son ouvrage "L'Antica Musica ridotta alla moderna prattica. Rome, 1555". L'étendue de cet archicembalo ne comprend que quatre octaves ; mais chaque octave est divisée en trente et un intervalles, formant en tout cent vingt-cinq tonalités. Il fut réalisé par Vito Trasuntino, un Vénitien qui vécut vers la fin du XVIe siècle, et qui y ajouta un *tétracordo* pour faciliter l'accord de ses intervalles minuscules. Cependant, l'archicembalo n'était probablement pas le premier instrument du type clavecin à contenir un arrangement enharmonique d'intervalles. Le clavicymbalum perfectum, ou clavicymbel universel, que Prætorius dit avoir vu à Prague, et qui fut également fabriqué au seizième siècle, était d'une construction similaire. L'un des instruments les plus singuliers de la collection du Liceo Comunale di Musica de Bologne est la *cornamusa* , qui se compose de cinq tuyaux insérés dans un tube transversal, à travers lequel ils sonnent. Quatre des tuyaux servent de drones ; et le cinquième, qui est le plus grand, est muni de trous pour les doigts, comme le chant d'une cornemuse. L'instrument n'a cependant pas de sac, bien qu'il soit probablement le prédécesseur de l'espèce de cornemuse appelée *cornamusa* .

Les instruments joués avec un archet par les célèbres facteurs de Crémone sont aujourd'hui plus susceptibles de se rencontrer en Angleterre qu'en Italie. Au début du siècle présent, Luigi Tarisio, italien de naissance, grand connaisseur et collectionneur de violons anciens, cherchait des violons anciens dans toute l'Italie et dans d'autres pays européens. Pour éviter les droits de douane élevés qu'il aurait dû payer sur les vieux instruments, il les démontait tous en morceaux, aussi petits que possible, et les portait sur lui dans ses poches et dans un sac sous le bras. Il connaissait si bien ses acquisitions que, arrivé au lieu de sa destination, il les remit bientôt dans leur état antérieur, assignant à chaque fragment sa position originelle. Tarisio fit sa première apparition à Paris, en 1827, avec un sac plein de *débris précieux* venus d'Italie ; et il poursuivit ses recherches pendant près de trente ans. Pendant ce temps, il importait en France la plupart des beaux violons d'Antonius Stradiuarius, Joseph Guarnerius, Bergonzi, Montagnana et Ruggeri, qui sont les plus réputés, et dont la plupart ont ensuite trouvé leur chemin en Angleterre.

En Allemagne, nous rencontrons plusieurs collections intéressantes. Le Musée des Antiquités de Berlin contient, entre autres curiosités musicales, des lyres bien conservées qui ont été trouvées dans les tombeaux des anciens Egyptiens. La Gesellschaft der Musikfreunde (« Société des amateurs de musique »), à Vienne, possède une collection d'instruments vétustes, parmi lesquels se distinguent : une viole de bardone de Jacobus Stainer, 1660 ; une viole de bardone de Magnus Feldlen, Vienne, 1556 ; une viole de bardone de H. Kramer, Vienne, 1717 ; une viole d'amour de Weigert, Linz, 1721 ; une viole d'amour de Joannes Schorn, Salzbourg, 1699 ; une tromba marina (trompette marine) de J. Fischer, Landshut, 1722 ; un luth de Leonardo Tieffenbrucker, Padoue, 1587 ; un théorbe de Wenger, Padoue, 1622 ; un théorbe de Bassiano, Rome, 1666 ; un cithare polonais de J. Schorn, Salzbourg, 1696 ; une grande flûte fabriquée en 1501 ; un vieux schalmey allemand (anglais *shalm* ou *shawm*) de Sebastian Koch ; une vieille trompette allemande de Schnitzer, Nuremberg, 1598 ; un hautbois d'amour, fabriqué vers 1770, etc.

Un curieux assemblage de rares reliques de ce genre se trouve également au Musée de la Société germanique de Nuremberg. Les spécimens les plus remarquables de cette collection sont : deux trompettes de marine, XVe siècle ; une cithare allemande à double col (bijuga-cither) du XVIe siècle ; un dulcimer allemand (*hackbret*), XVIe siècle ; un luth de Michael Harton, Padoue, 1602 ; une viole de gambe de Paul Hiltz, Nuremberg, 1656 ; une viole d'amour, à cinq cordes en boyau de chat et huit cordes sympathiques, XVIIe siècle ; une arpanetta (*harpanetta* , *spitzharfe* allemand) montée d'un côté avec du fil de laiton, et de l'autre côté avec du fil d'acier, XVIe siècle ; un clavecin au couvercle finement peint, de Martinus van der Biest, Anvers, 1580 ; deux zinken (*cornetti*) allemands du XVIe siècle ; deux spécimens du bombardo, à savoir un alt-pommer et un ténor-pommer allemands, par JC Denner, XVIIe siècle ; quelques spécimens de cormorne (*krummhorn allemand*) des XVIe et XVIIe siècles ; une trompette fabriquée par JC Kodisch, Nuremberg, année 1690 ; un splendide trombone en laiton (basse-posaune allemande) orné de l'aigle allemand et de la couronne impériale, fabriqué par Friedrich Ehe, à Nuremberg, année 1612 ; une cornemuse polonaise, XVIIe siècle ; une syrinx de roseaux recouverte de cuir noir, XVIe siècle ; huit pipes militaires, fabriquées par HF Kynsker, à Nuremberg, XVIIe siècle ; un petit orgue portatif (*royal*) à deux rangées de touches, XVIe siècle. Le royal est devenu très rare. Il n'existe que quelques spécimens connus; l'une, du seizième siècle, est en possession des Chanoinesses de Berlaimont, à Bruxelles ; un autre, fait vers le milieu du dix-septième siècle, appartient au duc d'Athol, et se trouve à Blair Athol, en Écosse ; un autre, qui appartient à M. Wyndham S. Portal, Malshanger, Basingstoke, a la forme d'un livre, et ses tuyaux ont des anches ou des langues vibrantes de métal. Ce royal, qui date probablement du XVIe siècle, est du genre de celui qu'on appelait en allemand *Bibelregal*, parce qu'il ressemble en apparence à une Bible.

Les instruments de musique anciens sont généralement si fragiles, et on y pensait si peu lorsqu'ils cessaient d'être utilisés, qu'il n'est peut-être pas surprenant de trouver très peu de spécimens de ceux datant d'une période antérieure au XVIe siècle, et ceux-ci ont généralement été modifiés et il est rare qu'ils aient été correctement restaurés dans leur état d'origine. Comme exemple de la raréfaction croissante des spécimens de valeur, on peut citer l'intéressante collection de harpes, cornemuses et trompettes allemandes obsolètes, datant d'une période antérieure à l'an 1600, qui a été conservée à la Bibliothèque municipale de Strasbourg, et qui, lors du récent bombardement de la ville, fut réduite en cendres. Il contenait, entre autres curiosités : un cornetto curvo ; quelques spécimens du cornetto dritto ; un flûte dolce. Plusieurs spécimens du bombardone, prédécesseur du basson ; un fagot de dulcinum ; deux spécimens de cormorne, un instrument à vent de forme étrange appartenant à la famille du shalm ou du hautbois. Une arpanette. Cet instrument, appelé en allemand *spitzharfe* ou *drathharfe*, est particulièrement intéressant, dans la mesure où il ressemble à la vieille harpe irlandaise appelée *keirnine*, qui avait une forme similaire et qui était également enfilée avec du fil de fer au lieu du boyau de chat. Il existe une telle harpe au musée de la Société des Amateurs de Musique, à Vienne, mentionné plus haut.

Si les débarras des anciens châteaux et demeures d'Allemagne étaient saccagés à cet effet, d'intéressantes reliques de ce genre seraient probablement mises au jour. En 1872, le Dr E. Schebeck, de Prague, fut chargé par le prince Moriz Lobkowitz d'examiner les instruments de musique conservés à Eisenberg, un château du prince, situé au pied de l'Erzgebirge, en Bohême. La plupart d'entre eux étaient autrefois utilisés dans l'orchestre privé tenu par le prince Joseph Franz Maximilian Lobkowitz, le célèbre mécène de Beethoven, à qui le compositeur a dédié certaines de ses grandes œuvres. L'actuel prince Lobkowitz, qui semble avoir hérité de l'amour de ses parents pour la musique, souhaitait faire examiner les instruments, dans le but de faire une sélection des plus intéressants pour la grande exposition de Vienne en 1873. Le Dr Schebeck trouva : entre autres raretés, les violons de Gaspar di Salo, Amati, Grancino, Techler, Stainer et Albani ; un violoncelle d'Andreas Guarnerius ; un rare spécimen de contrebasse de Jacobus Stainer

; deux précieux luths anciens de Laux Maler, qui vécut à Bologne pendant la première moitié du XVe siècle ; un luth, très fini, et apparemment aussi vieux que ceux de Laux Maler, avec l'inscription à l'intérieur : « Marx Unverdorben a Venetia » ; un luth, avec l'inscription "Magno Dieffoprukhar a Venetia, 1607". Il ne fait aucun doute qu'il s'agit ici du nom Italianisé de l'Allemand Magnus Tieffenbrucker, qui vivait en Italie. [5]

Heureusement pour les antiquaires musicaux, la collection d'instruments rares du Conservatoire de Musique de Paris a été préservée intacte lors des récentes catastrophes survenues dans cette ville. Parmi les instruments, on remarque une petite et belle musette à drones d'ivoire et d'or, qui appartenait à Louis XIII ; un orgue royal ou portable allemand, XVIe siècle ; une pochette Stradiuarius ; un *courtaud*, une ancienne sorte de basson, datant du XVe siècle ; plusieurs flûtes basses et autres rares instruments à vent anciens ; le pianoforte de Boïeldieu ; le clavicorde de Grétry ; une "Trompette d'Honneur", qui fut fabriquée par ordre de Napoléon Ier, et qui porte le nom de "T. Harper" gravé sur son bord d'argent. M. Victor Schœlcher a présenté au Conservatoire de Musique une vingtaine d'instruments assez primitifs de nations non civilisées, obtenus par lui au cours de ses voyages en Afrique occidentale et en Amérique du Sud, parmi lesquels on peut noter plusieurs appareils nègres du genre harpe et guitare.

Un intéressant catalogue des instruments du Musée du Conservatoire National de Musique a été récemment publié par Gustave Chouquet, le conservateur du musée. Il comprend 630 instruments, ou portions d'instruments, chaque archet de violon, sourdine, etc., étant numéroté séparément. Dans l'ensemble, la collection parisienne, bien que vaste, est bien moins précieuse que celle du South Kensington Museum.

L'une des collections privées les plus précieuses jamais constituées d'instruments de musique anciens fut celle de M. Louis Clapisson à Paris. Pendant plus de vingt ans, M. Louis Clapisson réussit à se procurer un nombre considérable de spécimens rares et très décorés d'instruments du Moyen Âge et de la Renaissance. La collection a été dispersée depuis le décès de son propriétaire ; une grande partie est désormais incorporée à la collection du Conservatoire de Musique de Paris, et certains de ses spécimens les plus précieux ont été conservés pour le South Kensington Museum. Il était cependant si unique que le bref aperçu suivant de son contenu sera probablement le bienvenu pour le musicien archéologue.

La collection de Clapisson comprenait (d'après le catalogue de son contenu publié en français et aujourd'hui rare) 167 instruments. Parmi eux, on retiendra particulièrement : — Un clavecin (ou clavecin) à deux rangées de touches, daté de 1612 ; agrémenté de peintures datant de l'époque de Louis XIV. Devant se trouve un tableau de Teniers et à l'intérieur quelques beaux tableaux de Paul Brill. Épinette italienne du temps de Louis XIV, ornée de peintures de guirlandes de fleurs, d'amours, etc., attribuées à Poussin. La fine ciselure et l'ornementation d'ambre gravé sur cette épinette lui confèrent un cachet d'originalité. Une épinette italienne, portant l'inscription « Francisci di Portalvpis Veronen opus, 1523 », en ébène incrustée d'ivoire. Épinette italienne du XVIe siècle, ornée de marqueterie de bois de diverses couleurs. Les angles du clavier sont ornés de cariatides finement sculptées en buis. Épinette de voyage en forme de malle postale datant de l'époque d'Henri II. Elle est signée "Marins", qui est le nom d'un célèbre fabricant de cette époque. Un clavecin fabriqué en France en l'an 1657, orné de peintures et de marqueterie d'ivoire, aux armes de la famille de Pierre de Dreux (dit Mauclère), duc de Bretagne, qui vécut vers l'an 1250. Un dulcimer italien en bois sculpté et doré, datant du XVIIe siècle. Il est incrusté avec goût de lames de verre argenté. Un dulcimer français du temps de Louis XIV, à colonnes torses en bois sculpté et doré, et à peintures de fleurs et d'oiseaux. Un dulcimer ou timpanon français, du temps de Louis XIII, orné de roses soigneusement sculptées dans du bois. L'instrument est dans un étui orné de peintures et de lames de verre argenté incrustées. Un dulcimer français en bois sculpté, orné de lames de verre vénitien gravé, de turquoises et de peintures sur *Vernis Martin*. Une pierre sonore provenant de Chine, en forme de poisson. Une harpe française, du temps de Louis XV, dorée et sculptée de fleurs et de peintures en relief. Une harpe du temps de Louis XVI ayant appartenu à la princesse de Lamballe, dont le nom y est gravé. Il est finement peint de médaillons au *Vernis Martin*. Théorbe du temps de Louis XIII, incrusté de dessins en ivoire. Les armoiries de la maison d'Autriche y sont gravées ; aussi un portrait, et le dispositif *Non omnes*. Guitare française fabriquée, selon une inscription, par Voboam, célèbre luthier de la cour de Louis XIV. Il est réalisé en forme de tortue, le corps étant en écaille de tortue et la tête, les pieds et la queue en émail coloré. Une guitare française du temps de Louis XIII, incrustée d'ivoire, sur laquelle sont gravés des sujets de chasse. Guitare française du temps de Louis XIII, incrustée d'ivoire gravé de sujets mythologiques. Mandoline italienne en bois de citronnier incrustée de nacre, gravée de chiffres. Une mandoline italienne, ornée de marqueterie, de nacre et de sculptures ; attribué à Stradiuarius. Une mandoline française du temps de Louis XVI, avec les armes du Dauphin incrustées de nacre. Une petite mandoline italienne à trois cordes. Mandora du temps de Henri II, incrustée de larges bandes d'ivoire et de *fleurs de lys* en ébène. Une vielle (ou *vielle*) française du temps de Louis XIV, en buis et citronnier, sculptée et ornée de médaillons de nacre et de turquoises ; anciennement propriété de Madame Adélaïde. Une vielle à roue française de Louvet, datée de 1750 ; décoré avec goût. Une petite vielle à roue à usage de dames, fabriquée en France à l'époque de Louis XVI. Cette *vielle*, de forme élégante et incrustée d'ivoire avec goût, porte l'inscription « Delaunay ». Un violon hongrois, fabriqué à

Presbourg, incrusté de marqueterie de bois de différentes couleurs. Un petit violon de Jacobus Stainer, incrusté d' ornements en argent, dont les armoiries de France ; avec une tête de faune finement sculptée. Un *quinton* français , ou viole à cinq cordes, fabriqué par Guersan, en 1755. Une viole de gambe, à tête finement sculptée représentant un ange bandant les yeux d'une femelle. Une petite viole de gambe du genre sur laquelle jouaient les dames françaises du temps de Louis XIII. Une pochette Stradiuarius, connue pour être authentique. Une pochette du XVIe siècle, en ivoire gravé et en ébène, incrustée de pierres précieuses. Une pochette en ivoire et bois colorés, datant de l'époque de Louis XIII, et portant l'inscription "Marins". Une flûte en cristal, invention de Laurent ; clés en argent enrichies d'améthystes. Une petite flûte double italienne en ivoire, fabriquée par Anciuti à Milan, année 1722. Un hautbois en ivoire, sculpté par Anciuti à Milan, début du XVIIIe siècle. Un hautbois français en ébène, incrusté d'ivoire, d'écaille de tortue et enrichi d'or et de pierres précieuses ; du temps de Louis XIII. Un petit hautbois français du temps de Louis XIV, en ivoire, à trois clés en argent. Une *musette* française (une espèce de cornemuse à soufflet) ; les pipes en ivoire ; vingt et une clés en argent ; le sac orné de broderies en or. Cette fine *musette* date de l'époque Louis XV. Une petite *musette française* en ivoire, à clés en argent, ayant appartenu au peintre Vanloo. Une *cornemuse bretonne* (cornemuse de Bretagne) du temps de Louis XIII. Une trompette du temps d'Henri IV., ornée de *fleurs de lys en relief* et du portrait d'Henri IV., entouré de papillons. Un serpent du XVIe siècle, en bois, avec une tête de démon sculptée finement exécutée.

En ce qui concerne la Belgique, nous retrouvons quelques collections intéressantes. M. Fétis, musicien bien connu, fit faire venir d'Egypte un certain nombre d'instruments orientaux, pour lui permettre de se familiariser avec le système tonal arabe, qui diffère essentiellement du nôtre, mais qui est sans doute d'une antiquité beaucoup plus élevée, et par conséquent d'un intérêt particulier pour l'historien de la musique. Après la mort de Fétis, sa collection fut achetée par le gouvernement belge. Le Dr Burney, qui visita Anvers en 1772, rapporte dans son journal qu'il vit dans un édifice public de la ville, appelé Oosters Huys, un grand nombre d'instruments à vent d'une construction particulière. « Il y a, dit-il, entre trente et quarante flûtes du genre commun, mais différentes sur certains points, ayant, à mesure qu'elles augmentent en longueur, des touches et des crosses, comme les hautbois et les bassons. Elles ont été fabriquées à Hambourg, et toutes d'une sorte de bois, et par un fabricant, « Casper Ravchs Scratenbach », a été gravé sur un anneau ou une plaque de laiton, qui entourait la plupart de ces instruments. Les plus grands ont des plaques de laiton percées, et certains avec des figures humaines bien gravées dessus. Ces derniers sont plus longs qu'un basson déplié. Les habitants disent qu'il y a plus de cent ans que ces instruments n'ont pas été utilisés, et qu'il n'y a actuellement aucun musicien dans la ville qui sache en jouer. eux, car ils sont très différents de ceux d'usage courant [en 1772] À l'époque où le commerce était florissant dans cette ville, ces instruments étaient joués tous les jours par une bande de musiciens qui accompagnaient les marchands faisant leurs courses. Les villes hanséatiques en procession vers la Bourse."

Il existe sans doute encore quelques curieux clavecins et luths anciens en Belgique et aux Pays-Bas, pays autrefois distingués par la culture de l'art musical. En outre, les relations des Pays-Bas avec l'Asie ont facilité l'acquisition de curieux instruments venus d'Orient, dont un certain nombre sont déposés au Musée de La Haye.

Un coup d'œil sur une collection constituée par un amateur de musique, au XVIIe siècle, intéressera certainement l'antiquaire musical. Le collectionneur Jean-Baptiste Dandeleu, homme de position et de fortune à Bruxelles, est décédé en 1667. Parmi ses effets se trouvaient les instruments suivants, dont la liste est ici littéralement transcrite telle qu'elle était rédigée au moment de son décès : — "Une orgue, que l'on dit avoir appertenu à feu l'archiduq (de glorieuse mémoire), et couste trois milles florins.—Une espinette organisée.—Un coffre dans lequel il y a neuf violes de gambes d'accord.— Encor une vieille viole de gambes.—Six corps de luths ou thiorbes dans des vieilles caisses.—Une mandore aussy dans sa caisse.—Une autre petit instrument en forme de poire avec le col rompu, ou décollé.—Une caisse doublée de baye rouge , dans la quelle ya six flûtes rares d'accord, qui sont de bouys, avec leurs escortes et noeuds.—Une cornette noire de musique.— Encore une flûte de bouys de la longueur d'environ un pied dans une caisse noire.— Trois caisses avec diverses flûtes de bouys grandes et petites d'accord, entre les quelles aucunes manquent.—Encor six flûtes semblables, que l'on croid estre celles qui manquent cy-dessus.—Encor une grande flûte, ou pippe noire.— Un violon dans sa caisse.—Un cistre aussy dans sa caisse.—Un instrument rare pour sa structure à mètre les livres des musiciens dessus pour un concert de musique.—Cincq petits lesseniers."

La plupart des instruments de cette collection ont sans doute été fabriqués à peu près à l'époque à laquelle ils sont mentionnés. Cependant, en ce qui concerne les luths et les violes, on donnait déjà au XVIIe siècle la préférence aux anciens, s'ils étaient l'œuvre de bons facteurs. Ainsi, les luths de Laux Maler, datant du début du XVe siècle – des « choses pitoyables, vieilles, battues, fissurées », comme les appelle Thomas Mace dans son « Musick's Monument », Londres, 1676 – se vendaient autant comme cent livres chacun. "J'ai souvent vu", remarque Mace, "des luths de trois ou quatre livres de prix bien plus illustres et attrayants pour un œil commun... Sachez d'abord qu'un vieux luth vaut mieux qu'un neuf." Ainsi aussi pour les violes : « Nous valorisons avant tout les instruments anciens avant les nouveaux, car l'expérience nous révèle qu'ils sont de loin les meilleurs. » Il attribue raisonnablement l'amélioration due à l'âge au fait que « les pores du bois ont une liberté plus grande et plus libre de se mouvoir, de s'agiter ou de vibrer secrètement ; par ce moyen l'air, qui est la vie de toutes choses, animées et inanimées ». - a un recours plus libre et plus facile pour passer et repasser.

Une intéressante collection d'instruments de musique anciens a été constituée par M. César Snoeck, de Renaix, en Belgique. Il comprend entre autres raretés : — Un petit virginal portant l'inscription : « Paulus Steinicke me fecit, Anno 1657 ». Une harpanetta, XVIIe siècle. Un *cetera* ou cither italien, XVIIe siècle. Le sommet se termine par une figure finement sculptée et le corps est aplati vers l'extrémité inférieure. Cet instrument intéressant est du genre de celui que les *improvisateurs italiens* utilisaient pour accompagner la voix. Un assemblage de spécimens, de taille variable, de zinken allemand, ou peut-être hollandais. Ces trompettes-flûtes d'aspect pittoresque, bien que soufflées à travers un tube buccal quelque peu similaire à celui de la trompette, ont des trous pour les doigts comme une flûte. Elles ont probablement été fabriquées vers 1700. Une flûte ténor et trois flûtes basses, probablement du XVIIe siècle.

La commune de Gand, en Belgique, possède des trompettes en argent fabriquées au XVe siècle. On se souviendra des récits bibliques (Nombres, X., 2) que Moïse a construit deux trompettes entièrement en argent. L'utilisation de la trompette à des fins stratégiques n'était pas non plus inconnue des Hébreux, comme en témoigne l'emploi de l'instrument par Gédéon (Juges, VII.). Il existe un vieux traité allemand, étrangement intitulé « Versuch einer Anleitung zur heroisch-musikalischen Trompeter-und Pauker-Kunst » (« Tentative de guide de l'art musical héroïque du trompettiste et du batteur de bouilloire »), écrit par Johann Ernst Altenburg, Halle, 1795, qui contient quelques récits intéressants sur les diverses occasions où la trompette était autrefois utilisée dans différents pays européens, lors des cérémonies de cour et des festivités publiques, ainsi que pendant la guerre. Altenburg, qui était lui-même un trompettiste militaire distingué et, sans aucun doute, aussi un brave guerrier, remarque : « Terrible et terrible est le son de la trompette lorsqu'elle annonce l'approche prochaine de l'ennemi ; ou lorsque l'ennemi demande en trompette. signalez la reddition d'une ville assiégée ; ou lorsqu'il prend d'assaut et entre dans la ville avec le retentissement de la trompette de guerre ! De même, le signal d'alarme produit une impression d'inquiétude sur un corps plus faible lorsqu'il est surpris et entouré par un corps plus fort ! Grâce à cette musique peu commune, qui a été utilisée par beaucoup comme stratagème dans les temps anciens et aujourd'hui, des conquêtes souvent importantes ont également eu lieu. Au cours de la guerre de Sept Ans, à laquelle j'ai pris part, cela s'est produit pendant. une nuit sombre qu'un grand corps des troupes ennemies réussit presque à surprendre et à couper un de nos corps qui était beaucoup plus petit et plus faible ; mais nous, modifiant les signaux de nos trompettes de manière à les faire paraître venir de différents côtés ; sur de longues distances, a réussi à intimider l'ennemi, de sorte qu'il s'est soudainement retourné et s'est enfui, croyant que nous recevions du secours.

C'est peut-être l'endroit pour remarquer une belle collection de trompettes anciennes appartenant au prince Charles de Hohenzollern-Sigmaringen. Ils ont été réalisés par Johann Leonard Ehe, à Nuremberg ; Hieronymus Stark, à Nuremberg, année 1669 ; Christopher Frank, Magnus Wolf, Wilhelm Haas, année 1688.

En passant par le Musée royal des antiquités du Nord de Copenhague, qui contient des spécimens très curieux de l'ancienne trompette scandinave en laiton appelée *leurre* - particulièrement intéressant si on les compare aux trompettes en bronze de l'époque médiévale extraites des tourbières ou des mousses d'Irlande et maintenant conservées au Musée. de la Royal Irish Academy de Dublin, nous passons maintenant à un aperçu rapide des antiquités musicales conservées dans les musées de Londres.

Le British Museum possède plusieurs instruments, ou fragments d'instruments, des anciens Égyptiens, Grecs et Romains, ainsi que de vieilles trompettes celtiques qui ont été trouvées en Irlande. Dans le département d'ethnologie du British Museum sont particulièrement remarquables : — Les spécimens d'instruments chinois apportés en Angleterre par M. Tradescant Lay ; ceux du Siam, obtenus par Sir John Bowring ; ceux de Java, obtenus par Sir Stamford Raffles ; un nombre considérable de flûtes, y compris des flûtes à nez, et des trompettes, d'Otaheite, de Tongataboo et de Nouvelle-Zélande ; des tambours bien conservés des îles polynésiennes ; les tambours à tête de serpent des indigènes de Nouvelle-Guinée ; Instruments nègres d'Afrique de l'Ouest, etc.

Le Musée de l'East India House, à Londres, contient plus de 120 instruments de musique, provenant pour la plupart de l'Hindoustan et de Birmanie, dont certains sont très beaux, mais beaucoup sont en mauvais état. Un assemblage de curieux cornemuses, trompettes et tambours des Polynésiens, ainsi que des violons des Hottentots et des Kafirs d'Afrique australe, peut être vu au Musée de la London Missionary Society. En outre, le Musée Botanique de Kew possède plusieurs aménagements intéressants de ce genre, fabriqués à partir d'espèces de bois particulières par les tribus indiennes de l'Amérique du Sud.

La collection d'instruments de musique appartenant au South Kensington Museum est aujourd'hui, à notre connaissance, la plus complète qui existe. La dernière édition de son catalogue, publiée en 1874, décrit 353 instruments, dont 246 appartiennent au Musée et 107 sont en prêt. Le catalogue contient 143 gravures sur bois et six photographies d'instruments, et est précédé d'un essai sur l'histoire des instruments de musique. Un coup d'œil à son index complet donnera peut-être au lecteur l'impression qu'il connaît presque tous les instruments de musique du monde. Or, ce n'est en aucun cas le cas. Même un compte rendu de tous nos propres instruments utilisés aujourd'hui remplirait un volume considérable. Mais des efforts ont été faits pour rendre le catalogue aussi complet que compatible avec son objet, et le lecteur y trouvera des illustrations et des descriptions de la plupart des instruments mentionnés dans le présent essai.

Il existe de curieuses listes conservées d'instruments de musique ayant appartenu à des musiciens amateurs anglais et qui furent vendus, après la mort du propriétaire, aux enchères publiques.

La collection d'instruments de musique ayant appartenu au roi Henri VIII. semble avoir été remarquablement complet et précieux. Un inventaire de son contenu fut dressé par Philip van Wilder, joueur de luth hollandais au service du roi. Le manuscrit de cet inventaire est conservé au British Museum. Parmi les instruments inscrits figurent :—Deux payeurs de clavicordes.—Un payre de nouveaux longs virginalls faits à la manière d'une harpe, de Cipres, avec des clés d'ivoire, ayant les armes du roi couronnées et soutenues par les bêtes de Sa Grâce dans une jarretière dorée, debout au-dessus. les touches.— Gitterons qu'on appelle vialles espagnoles.—Flûtes appelées bâtons de pèlerins.—Une flûte à bec de grande base. Deux flûtes à bec en noyer. Pipes en ivoire ou en bois, appelées cornets.

Dans « The History and Antiquities of Hengrave, Suffolk, by John Gage, London, 1822 », sont enregistrés parmi les effets de Sir Thomas Kytson de Hengrave Hall, vers 1600 : — Six violes dans un coffre. Six violons dans un coffre. Luths. Citronnes. Bandoras. Sept flûtes à bec dans un étui. Hautboys. Un raccourci. Cornets. Un lézard. Une paire de petits virginaux. Une paire de doubles virginales. Un instrument à vent comme un virginal. Une paire d'orgues doubles.

Le "curtall" était probablement le *courtaud français* mentionné précédemment, page 37 ; et le "lezarden" était probablement semblable au *serpent* , un vieil instrument à vent mentionné à la page 41 .

Parmi les collections privées anglaises, il y a environ deux siècles, mérite d'être signalée celle qui fut constituée par Thomas Britton, l'homme au petit charbon. Cet extraordinaire amateur de musique, né en 1656 de parents pauvres dans le Northamptonshire, partit pour Londres alors qu'il était encore un garçon pour gagner sa vie. Après diverses vicissitudes il réussit son projet en devenant vendeur de petit charbon. Pendant la journée, il errait dans les rues, portant un sac de charbon sur le dos et le réclamant pour le vendre. Le soir, il pratiquait sa viole et étudiait le solfège. De plus, il aimait autant étudier la chimie que faire de la musique. La bibliothèque de livres et de compositions musicales qu'il avait rassemblés dans des stands de livres d'occasion, au cours de ses pérégrinations dans les rues pendant trente-six ans, était vaste, compte tenu de sa position. Une liste de ses livres de musique est donnée dans « History of Music » de Hawkins. Thomas Britton vivait dans Aylesbury Street, Clerkenwell, dans une écurie louée transformée en maison d'habitation. Le rez-de-chaussée lui servait de dépôt pour son petit charbon ; et la pièce au-dessus – un espace long et étroit, avec un plafond si bas qu'un homme de grande taille pouvait à peine s'y tenir debout – était sa salle de concert. Ici, les meilleurs musiciens de Londres, parmi lesquels le Dr Pepusch, le violoniste Matthew Dubourg, qui était alors un petit garçon, et Haendel, au cours des quatre dernières années de la vie de Thomas Britton, étaient heureux de se produire. Les beaux concerts et le caractère estimable de Thomas Britton furent bientôt plus généralement appréciés ; ses concerts, donnés gratuitement, attiraient un public distingué, parmi lequel on pouvait voir des ducs, des seigneurs et d'autres personnes de rang et de richesse. Les instruments de musique de ce grand homme aux petits charbons, qui furent vendus aux enchères publiques après sa mort en 1714, sont inscrits au catalogue de la vente comme suit : — « Une belle guitare dans un étui. Un bon dulcimer. Cinq instruments dans en forme de poisson. Un curieux Kitt en ivoire et un archet. Un bon violon de Ditton Un autre très bon, dit-on, Un Rayman extraordinaire. Un très beau de Claud Pieray. aussi bon qu'un Crémona. Un autre très bon idem. Un autre idem pour un violon aigu. Un autre idem de M. Lewis. Une belle viole de Baker d'Oxford. un, ventru par M. Norman. Un autre, considéré comme le plus soigné et le meilleur que Jay ait jamais fabriqué. Un beau violon basse, avec un nouveau manche et un ventre par M. Norman. Un autre bon et rare par M. Lewis. clavecin de Philip Jones. Un virginal de Rucker, considéré comme le meilleur d'Europe. Un orgue de cinq jeux, exactement au diapason consort, adapté à une pièce, et avec quelques ornements peut servir à n'importe quelle chapelle, étant un très bon.

Les « cinq instruments en forme de poisson » étaient probablement des spécimens de *machette* , une petite sorte de guitare fabriquée au Portugal et à Madère, et occasionnellement apportée en Angleterre comme curiosité. Cependant, la *pochette* avait aussi parfois la forme d'un poisson. En ce qui concerne les facteurs d'instruments mentionnés dans la liste de Britton, il suffit de dire que Jacob Rayman, qui vivait à Southwark vers 1640, jouissait d'une réputation surtout comme facteur d'altos de qualité, et qu'Edward Lewis, qui vivait à Londres vers 1640. année 1700, était un luthier distingué. Barak Norman à Londres, Henry Jay à Southwark et John Baker à Oxford étaient d'éminents facteurs de violes du XVIIe siècle.

Certaines belles collections constituées au siècle présent par des messieurs anglais étaient presque entièrement composées de violons, altos et violoncelles italiens. Il est tout à fait naturel que le possesseur d'œuvres d'art réelles ou supposées se sente particulièrement heureux lorsqu'il les voit admirées par des personnes dont il a raison d'estimer le jugement. Louis Spohr, dans son « Autobiographie », décrit une visite qu'il a rendue à Londres, en 1820, à un *dilettante musical enthousiaste* et collectionneur de violons. Spohr était venu d'Allemagne en Angleterre pour donner des concerts et ne connaissait pas le Langue anglaise. Il raconte : « Un matin, un domestique m'a apporté un billet contenant les mots : 'M. Spohr est prié de rendre visite au soussigné aujourd'hui à quatre heures précises.' Comme le nom de l'écrivain m'était inconnu, je répondis de la même manière laconique : « Je suis occupé à cette époque et je ne peux pas venir. Le lendemain matin, le domestique en livrée apporta une autre note, beaucoup plus poliment écrite : « M. Spohr est prié de favoriser le soussigné de l'honneur d'une visite, et de fixer lui-même l'heure où il lui conviendra de venir. ' On avait aussi prié le domestique de m'offrir la voiture de son maître, et comme j'avais entre-temps constaté que ce monsieur était un médecin célèbre qui fréquentait habituellement les concerts et qui prenait un intérêt particulier aux représentations de violon, je n'hésitai plus à accepter son invitation. A l'heure fixée par moi, la voiture est arrivée et je me suis rendu chez lui. Un vieil homme courtois, aux cheveux gris, m'a déjà rencontré dans l'escalier, mais maintenant nous avons découvert que nous ne pouvions pas parler ensemble, car il ne parlait pas non plus ; Français ni Allemand. Nous restâmes un moment embarrassés face à face, jusqu'à ce qu'il me prenne par le bras et me conduise dans une grande pièce aux murs de laquelle étaient accrochés un grand nombre de violons sortis de leur emplacement. Les caisses et furent placées sur les tables. Le docteur me donna un archet de violon et me montra les instruments. Je compris alors qu'il désirait avoir mon opinion sur la valeur de ses violons. Je commençai donc immédiatement à en essayer un. les uns après les autres, et de les ranger dans un certain ordre, selon leur mérite. Ce n'était pas une tâche facile ; car il y en avait tellement, et le vieux monsieur me les a tous apportés sans en manquer un seul. Quand, au bout d'une heure, j'eus choisi les six plus précieux, et que je jouai alternativement sur ceux-ci pour savoir lequel était le meilleur, je m'aperçus que le docteur jetait sur l'un d'eux des regards particulièrement tendres, et que chaque fois que je Touché les cordes de celui-ci avec l'archet, son visage s'éclaira tout à fait. J'ai donc volontiers fait plaisir au bon vieillard en déclarant que cet instrument était le plus supérieur de toute la collection. Très enchanté de cette décision, il alla chercher une viole d'amour et improvisa une fantaisie sur cet instrument désormais hors d'usage. J'écoutais avec plaisir, car la viole d'amour m'était alors inconnue, et le Docteur ne se montrait pas du tout un mauvais joueur. Ainsi s'est terminée la visite à notre satisfaction mutuelle. Quand j'ai pris mon chapeau pour partir, le vieux monsieur, avec un sourire aimable et une profonde révérence, m'a glissé un billet de cinq livres dans la main. Surpris, j'ai regardé l'argent et le donateur, ne comprenant pas d'abord ce qu'il voulait dire par là ; mais soudain je me suis rendu compte qu'il s'agissait d'une rémunération pour avoir examiné ses violons. Je secouai la tête en souriant, posai le papier sur la table, serrai la main du Docteur et descendis les escaliers. Il m'a suivi jusqu'à la porte de la rue... Quelques mois plus tard, lorsque j'ai donné mon concert-bénéfice, le docteur s'est procuré un billet pour lequel il m'a envoyé un billet de dix livres.

L'une des plus grandes collections privées de ce genre, constituée plus récemment par un amateur de musique anglais, fut vendue aux enchères à Londres en 1872, après la mort de son propriétaire, M. Joseph Gillott de Birmingham. Il contenait plus de 150 instruments joués avec un archet. Parmi eux se trouvaient deux violes de gambes, de Gaspar di Salo et Barak Norman ; une viole d'amour, de Bertrand, Paris, 1614 ; violons, altos et violoncelles attribués à Gaspar di Salo, Stradiuarius, Amati, Guarnerius, Testore, Guadagnini, Bergonzi et d'autres facteurs célèbres.

Si, comme cela arrive parfois, un amateur qui se considère comme un bon juge dès violons anciens se laisse dépasser par un marchand qui prétend avoir peu de connaissances en la matière, la transaction est assez simple. Cependant, l'acheteur d'un « splendide Amati » ou d'un « incomparable Stradiuarius », acquis par lui à bon marché, se souviendra peut-être que le nombre de violons fabriqués par les célèbres facteurs de Crémone est limité et que l'histoire des spécimens encore existants est presque aussi traçable que le pedigree d'un prince ou d'un cheval de course. Quant aux divers luths, cithers, instruments à vent à anches, etc., qui furent populaires au cours des trois derniers siècles, beaucoup d'entre eux sont aujourd'hui si rares qu'ils sont inconnus, même des musiciens professionnels, à l'exception de quelques-uns ayant une orientation archéologique. d'esprit.

On comprendra facilement qu'une référence à des livres à elle seule ne garantit pas une connaissance aussi approfondie des instruments que celle que l'on peut obtenir par un examen attentif des spécimens réels qui y sont décrits. Si le musicien est intéressé à restaurer dans son état original un luth ou une cithare délabré qu'il pourrait ramasser par hasard, et à apprendre à en jouer selon la vieille méthode enseignée dans quelque vieux livre, il se familiarisera avec les subtilités de l'art. la construction de l'instrument, telle que la disposition particulière de ses chevilles, frettes, chevalet, broches et autres dispositifs, qui ne doivent pas être apprises dans les livres. Cette connaissance de détails tirés de l'expérience pratique, qui à première vue peuvent paraître sans importance, est souvent d'une grande utilité, car elle tend à éclairer des questions d'intérêt plus général liées à l'histoire de la musique. En effet, dans la recherche de la vérité, tout fait bien établi est important, car il constitue une étape solide vers le progrès.

Encore une fois, en jouant sur le luth, le clavecin ou tout autre instrument désuet les compositions écrites pour lui par nos anciens maîtres, l'interprète est sûr de découvrir dans la musique certains charmes qui ne peuvent être exprimés sur aucun instrument moderne et qui révèlent fidèlement l'original. conceptions du compositeur. Prenez, par exemple, les « Suites de Pièces » de Haendel, conçues par lui pour le clavecin, avec ses différents jeux et qualités sonores. En les jouant au piano, on peut exprimer les beautés strictement musicales, et celles-ci, il faut l'admettre, constituent le plus grand charme des compositions ; mais beaucoup d'autres beautés, calculées sur les caractéristiques du clavecin, sont entièrement perdues. Il ne s'ensuit évidemment pas que les musiciens doivent apprendre le clavecin, le luth ou tout autre instrument désuet pour lequel de la bonne musique a été écrite. Assez, si ces observations les convainquent qu'il y a eu dans les temps anciens de charmants instruments de musique, ainsi que de charmantes compositions, d'où l'on peut tirer de précieuses indications pour de nouveaux progrès dans l'art inépuisable de la musique.

En tout cas, il me parut opportun de sauver de l'oubli et de la décrépitude les antiquités que je rencontrai par hasard en Angleterre. Lorsque j'ai commencé à constituer ma collection, en 1868, presque aucun musicien à Londres ne s'intéressait à la question ; et c'est peut-être cette circonstance qui me permit bientôt de jeter de bonnes bases pour ma collection par des recherches dans les anciennes boutiques de curiosités de Wardour Street et dans des endroits similaires. Bien que l'objectif principal ait été d'obtenir des spécimens des divers instruments de musique utilisés par nos ancêtres, auxquels font allusion Shakespeare et d'autres auteurs classiques, il m'a semblé souhaitable, pour illustrer l'histoire de la musique, d'incorporer dans la collection les plus Il s'agit d'instruments extra-européens intéressants, et parmi ceux-ci, principalement les instruments des nations asiatiques qui sont les prototypes de certains des nôtres. De plus, certaines des acquisitions extra-européennes peuvent être considérées comme désuètes, puisque l'introduction du christianisme et de la civilisation européenne dans certaines îles lointaines a amené les indigènes à abandonner la construction d'instruments qu'ils utilisaient autrefois dans leurs cérémonies païennes. Une quarantaine d'instruments hindous et birmans ont été sélectionnés dans la vaste collection envoyée de l'Hindoustan à l'Exposition internationale de Londres en 1872. Ils représentent les inventions les plus caractéristiques du genre populaire dans l'Hindoustan et en Birmanie et sont, de plus, dans un état intact. , ce qui est rarement le cas de produits manufacturés aussi fragiles ballottés sur la mer depuis des pays lointains.

Quant aux curiosités européennes de la collection, leur nombre fut peut-être plus avantageusement augmenté par quelques trésors qui faisaient partie du musée du Signor Mario à Florence, et qui furent vendus à Londres il y a quelques années. Ainsi la collection s'est agrandie au point de comprendre aujourd'hui environ deux cent cinquante instruments, dont certains sont d'une grande rareté et plusieurs sont d'une grande beauté. Je profite volontiers de cette occasion pour fournir au musicien un aperçu de la collection, car je sais par expérience combien une telle liste est intéressante et instructive pour l'étudiant en archéologie. Une centaine d'instruments de la collection, actuellement exposés au South Kensington Museum, ne seront que brièvement mentionnés, puisqu'ils sont décrits dans le catalogue musical du Musée, facilement accessible. En omettant quelques spécimens sans importance, la collection contient : -

Sancho, un instrument à cordes de Sénégambie, Afrique de l'Ouest. Valga, un instrument à cordes du Congo, Afrique de l'Ouest. Ses cinq cordes sont en fibre végétale et s'accordent en s'enroulant autour de cinq cannes insérées dans le corps. Longueur, 3 pieds. Les boutons à tête en laiton avec lesquels l' instrument est orné peuvent provenir d'Angleterre. Il n'est pas rare que des sauvages ou des peuples semi-civilisés, dans des régions reculées du monde, ornent leurs œuvres d'art grossières de quelques acquisitions de fabrication européenne, rares chez eux et donc très prisées. En fait, les nations européennes font souvent preuve d'une prédilection similaire dans l'ornementation de leurs articles de luxe. Cinq est le nombre habituel de cannes dans le valga ; mais il existe aussi des spécimens à dix cannes, et par conséquent à dix cordes. Les cannes sont généralement enfoncées dans des trous sous le corps du valga, et comme on peut les insérer plus profondément ou les sortir à volonté, c'est probablement la méthode la plus couramment utilisée pour accorder les cordes. Le valga est composé de différentes formes. Certains d'entre eux ressemblent exactement aux bateaux fluviaux des Nègres, dont des illustrations sont données dans le « Journal of the Discovery of the Source of the Nile » de Speke. Le valga est cependant le plus populaire en Afrique de l'Ouest, où il est connu sous différents noms selon les districts. Près du fleuve Gabon on l'appelle *wambee* ; et à Benguela, *Kissumba* . Kasso, une espèce de harpe noire de Sénégambie. Ingomba, tambour nègre de Basse-Guinée, fait d'une tige de palmier, mesurant 6 pieds 6 pouces de longueur ; recouvert aux deux extrémités de la peau d'une oreille d'éléphant. Trompette nègre d'Afrique centrale et orientale. Fabriqué à partir d'une défense d'animal. Avec deux trous pour souffler et moduler le son, perforés vers l'extrémité la plus fine. Cette trompette a été apportée en Angleterre par le voyageur africain Petherick. Violon abyssin avec archet. L'ensemble de l'instrument est découpé dans un seul bloc de bois. Le ventre est en parchemin. Sept cordes en boyau. La corde la plus fine est plus courte que les autres, et la cheville au moyen de laquelle elle est accordée est placée sur le côté du manche, près du corps. La forme de l'instrument ressemble quelque peu à la *chikarah* des hindous. Il existe sur la côte orientale de l'Afrique certains instruments de musique qui proviennent probablement de l'Hindoustan. Le violon actuel, qui a été apporté en Angleterre par un soldat engagé dans la guerre d'Abyssinie, réfute la déclaration de Bruce et de quelques autres voyageurs selon laquelle les Abyssins ne possèdent aucun instrument de la classe du violon. Violon des Kafirs Zoulous, Afrique du Sud-Est. Appareil très primitif, composé d'un bassin de fer sur lequel est tendue une peau, et d'un arc grossièrement fait. Il possède trois cordes en boyau. Le fond est ouvert, le fond du bassin ayant été volontairement creusé. Cet instrument a été envoyé par M. Alfred J. Topham, de Pieter-Maritzburg, à l'Exposition de Manchester. Marouvané, un instrument en bambou de Madagascar. Longueur, 21 pouces. Ses sept cordes sont taillées dans l'écorce du bambou et sont relevées par des chevalets constitués de petites chevilles de bois. Les tons produits sont

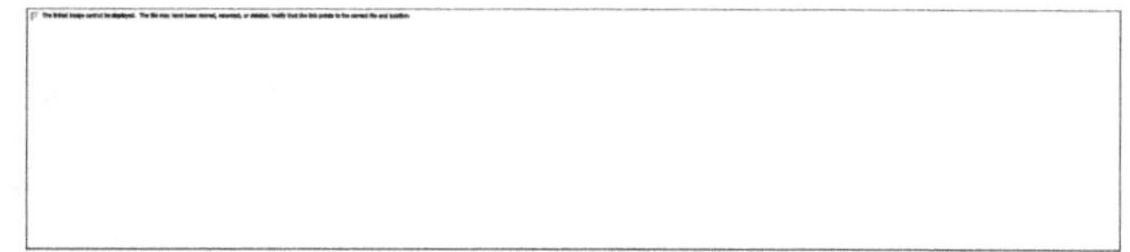

mais comme la position de certains des ponts peut avoir été légèrement modifiée depuis que l'instrument est entré entre les mains des Européens, il ne faut pas se fier beaucoup à l'étrange disposition des intervalles exposée ici.

Cinq flûtes nasales, appelées *vivo* et *fango-fango* , des insulaires polynésiens. Quatre de ces instruments furent apportés en Angleterre par le vice-amiral Sir Henry Denham. Deux viennent des îles Tonga et deux des îles Fidji. Parmi ces derniers, il y en a un grand et beau, abondamment orné de motifs gravés en surface, qui fut obtenu par Sir H. Denham à Angras, une des îles Fidji. Le cinquième spécimen provient d'Otaheite. Guimbarde, apportée par le vice-amiral Sir Henry Denham des îles Fidji. Il est soigneusement fait d'une sorte de canne. Trois pipes Pandean (une à neuf tubes et deux à onze tubes) apportées par le vice-amiral Sir Henry Denham des îles Fidji. Ces spécimens de syrinx soigneusement construits donnent les tons suivants : -

Flûte en os des Indiens Caribi, en Guyane, Amérique du Sud. Deux hochets des Indiens de l'île de Vancouver, apportés de Nootka Sound. En bois, formé à l'imitation d'un oiseau et d'un poisson, et peint de différentes couleurs. Ces hochets, appelés *belapella* , contiennent des cailloux, et sont utilisés par les guérisseurs dans leurs incantations. Hochets dansants des Indiens à proximité du fleuve Amazone, Brésil. Fait d'une espèce de noix, dont un grand nombre sont creusés et suspendus à une corde, pour être suspendus aux épaules. En guise d'embellissement, des plumes brillantes et une queue de quadrupède sont intercalées entre les noix. Le son produit par ce hochet, lorsqu'on le secoue, est apaisant et agréable, un peu comme le son provoqué par les vagues sur les galets du bord de la mer lorsqu'on l'entend à distance. En tout cas, il est préférable à certaines performances musicales plus prétentieuses d'aujourd'hui. Sakasaka, un hochet des nègres de Sainte-Lucie, Antilles. Orné de quelques motifs grossiers découpés en surface. Il contient un certain nombre de petites baies rouges de forme ovale, appelées baies de jamboo.

Samsien, un instrument à cordes japonais. Avec un grand médiator en bois blanc. Ses trois cordes sont en soie. Le corps est carré et est recouvert devant et derrière de parchemin. Koto, sorte de dulcimer, originaire du Japon, à cordes de soie et chevalets mobiles. Le spécimen actuel est l'un des plus petits. Pepa, une sorte de luth chinois, à quatre cordes de soie. Deux spécimens. Yue-kin, ou « Moon-guitar », un instrument chinois à quatre cordes de soie. Deux spécimens. San-heen, un instrument à cordes chinois. Ur-heen, violon chinois. Deux spécimens. Tche, instrument à cordes chinois, monté sur seize fines cordes métalliques. Kin, un instrument chinois, le favori du grand Confucius, et appelé, de manière quelque peu inappropriée, « Luth du savant ». Avec son écrin laqué et doré. Yang-kin, dulcimer chinois, muni de deux petits bâtons ou marteaux en bois d'une forme assez particulière. Ty, flûte chinoise. Cheng, orgue chinois, à dix-sept tubes de bambou, contenant des langues vibrantes de métal, comme notre harmonium. Deux spécimens. Hiuen-tchung, cloche chinoise antique. Deux spécimens. Type de tambourin chinois, avec un marteau en bois. Utilisé dans le culte bouddhiste. Castagnettes chinoises en bois appelées poêle, réalisées en forme de deux cuillères combinées.

Ranat, une sorte d'harmonicon du Siam. Il comporte dix-neuf plaques de bois sonore placées sur une table d'harmonie ressemblant à un canot et accordées diatoniquement. Thro, violon à trois cordes des Birmans ; deux spécimens. Le dessus de la touche d'un de ces violons est orné de sculptures en bois et d'une figure en ivoire représentant une petite idole. Les cordes sont en soie ; la tête de l'autre spécimen est également minutieusement sculptée. Ce violon date probablement du XVIIIe siècle, voire d'avant, et constitue un bel échantillon de l'art birman. Elle se trouvait autrefois dans le musée du Signor Mario. Megyoung, instrument à cordes birman en forme d'alligator, avec trois cordes en soie et onze petits chevalets. Osee, un tambour birman d'une construction très particulière. Walet khot, castagnettes birmanes, constituées d'une paire de grands bambous fendus, de 33 pouces de longueur. Keay Zoot, une paire de minuscules castagnettes en métal, de Birmanie ; ils ont la forme d'une soucoupe et ne mesurent qu'un pouce de diamètre. Le tintement argenté qu'ils produisent est agréable.

Sitar, un instrument à cordes hindou de Nagpoor. Sitar, un beau spécimen avec frettes mobiles en laiton, Hindustan. Les cordes sont en fil fin. Vina, le principal instrument national des hindous, également connu sous le nom de vina bengalaise, enfilé avec du fil. Le spécimen actuel, qui est du plus petit type, est également appelé *kinnari*. Été, ou Anthara vinai, Hindoustan. Cette espèce de vina est appelée par certains Européens « la vina de Bénarès », tandis que le vieil instrument national des Hindous, de forme quelque peu différente, est appelé, comme nous venons de le voir, « la vina du Bengale ». en raison de leur popularité dans les districts indiqués par leurs noms. Rudra vina, de Bombay, une sorte d' *été* à cordes sympathiques, placées sous les cordes que fait sonner le joueur. Taûs et arc, Hindoustan. Le taûs est une sorte de sitar dont les fines cordes métalliques se jouent avec un archet. Il est réalisé en forme de paon, d'où son nom *taûs*, qui signifie « paon ». Le présent spécimen, envoyé par le Rajah de Navha à l'Exposition internationale de Londres en 1872, provient du Pendjab. Il est richement coloré et doré. La crête et la queue de l'oiseau représenté sont des plumes de paon, enfoncées dans des trous pratiqués à cet effet. Koka, sorte de violon hindou grossier, monté avec deux cordes métalliques, originaire de Bombay. Le corps est constitué d'une grosse noix. L'instrument ressemble beaucoup à la *gunibry* des États barbaresques ; ce dernier se joue cependant avec les doigts, au lieu d'un archet. Chikarah, un instrument hindou de la classe du violon, de Bombay. Il est découpé dans un seul bloc de bois qui, lorsqu'il est frotté ou humidifié, dégage un parfum aromatique particulier. Le ventre est en parchemin. L'instrument comporte trois cordes en boyau de chat, sous lesquelles sont placées sept fines cordes de fil. Les cordes métalliques sont fixées à des chevilles situées sur le côté du manche. Elles servent simplement de cordes sympathiques, pour augmenter la sonorité lorsque l'on joue sur les cordes en boyau de chat avec l'archet. Sarungi, un instrument hindou de la classe du violon, originaire de Bombay. Elle est construite avec le même type de bois que la chikarah mentionnée précédemment, mais sa forme est différente. Le ventre est en parchemin. Les quatre cordes en boyau avec lesquelles le sarungi est monté sont jouées avec l'archet, et treize cordes de mince fil de laiton, qui passent à travers de petits trous dans le pont en ivoire, sont placées sous les cordes en boyau pour servir de cordes sympathiques. L'interprète du sarungi n'appuie pas les cordes en boyau de chat sur la touche, mais les touche sur le côté avec ses doigts pour produire les sons qu'il désire. Il place l'instrument devant sa poitrine dans une direction presque perpendiculaire. Quoi qu'on pense de cette méthode de jeu, le sarungi est certainement considéré comme un instrument très efficace, non seulement par les hindous, mais même par certains auditeurs européens. Par exemple, le colonel Meadows Taylor (« Proceedings of the Royal Irish Academy, Dublin, 1865 », p. 115) remarque : « Ses sonorités sont peut-être plus proches, en qualité, de la voix humaine que celles de tout autre instrument que je connais. "

Cependant, il ne semble pas connaître de nombreux instruments. Sarinda, un violon hindou à trois cordes. Il est constitué d'un seul bloc de bois, évidé et sculpté. La partie supérieure du corps est laissée partiellement ouverte et est partiellement recouverte d'une peau ressemblant à une vessie, généralement celle d'une espèce de gazelle. Sarod, avec un arc ; un instrument hindou avec quatre cordes en boyau de chat et, en dessous, cinq fines cordes de cuivre. Sur le manche se trouvent trois frettes en boyau. L'instrument est peint de motifs de différentes couleurs. Il venait de Gwalior. Rabab, sorte de guitare des hindous, jouée avec un plectre. Cela ressemble au saruda. Toontoonee : ce curieux instrument hindou, à une seule corde métallique, est utilisé par les mendiants et les chanteurs de ballades du Dekhan. Santir, un dulcimer, de Cachemire. Sarmundal, de Kattyawar, Hindoustan ; une sorte de dulcimer dans un étui. Cet instrument rare est orné avec goût de fleurs peintes et de motifs fantaisistes. Ses cordes métalliques sont torsadées par un plectre en bois et en verre. Murchang, la guimbarde ; deux spécimens de forme particulière, en provenance de Cachemire. Tige, trompette de conque, de Kattyawar, Hindoustan, joliment ornée de cuivres. La tige est un instrument sacré soufflé par les prêtres brahmanes. Tootooree, une corne de métal, originaire de l'Hindoustan. Kombu, corne des Hindous, ressemblant par sa forme semi-circulaire au tootooree, mais étant plus petite et plus lourde ; de Madras. Bhangull, une trompette en métal très fine et longue, originaire de Kattyawar, dans l'Hindoustan. Kurna, une trompette en métal, droite et large, originaire de l'Hindoustan. Seeng, une grande trompette en cuivre, de l'Hindoustan. Poongee (également appelé magoudi et toomeree), la double pipe du charmeur de serpents, originaire de l'Hindoustan. Chaque tube contient une seule anche. Il y a trois spécimens de poongee dans la collection, dont l'un est peint de divers motifs. Les tubes du poongee sont insérés dans une gourde. Mukha, sorte de hautbois, de Madras. Mukhavinai, une petite sorte de hautbois, Hindustan. Ottu, une espèce de hautbois, ressemblant un peu à la zourna arabe, de Janpore, dans l'Hindoustan. Zourna, de l'Hindoustan ; en bois brun foncé, avec neuf trous pour les doigts. Buguri, instrument à vent à anche très particulier, ayant des trous pour les doigts comme une flûte, et étant à son extrémité inférieure munie d'une cloche comme une trompette, de Madras. Bansee, flûte, Hindoustan. Flageolet double, de l'Hindoustan. Nagarah, un tambour, de Surat, Hindoustan. Le corps est en faïence rouge, et le parchemin y est fixé au moyen d'un réseau de cuir, qui est ajusté avec goût sur le dos du tambour ; diamètre au sommet, 16 pouces; hauteur, 6-1/2 pouces. Banyan, un petit tambour à main, Hindustan. Davandai, sorte de double tambour, ou plutôt double darabouka, Hindustan. Kudu Kuduppai, une très petite darabouka double en laiton et vessie de poisson, Hindoustan. Ghunta, une petite cloche avec une poignée, utilisée par les prêtres brahmanes de l'Hindoustan lors des cérémonies religieuses. Jalar, une paire de grandes castagnettes en métal, ressemblant à de petites cymbales, de l'Hindoustan. Leur son est remarquablement pur et soutenu.

Rebab; un violon à trois cordes de Perse. Le corps, découpé dans une seule pièce de bois, est grossièrement orné d'un motif qui est brûlé dessus. Les cordes sont en boyau de chat. Ils passent au sommet du manche à travers des trous et sont fixés à l'arrière aux chevilles. Ce *rebab* est l'exact pendant du *rebec* autrefois populaire en Europe occidentale. Kemângeh a'gouz, avec l'arc ; d'Egypte; une espèce de violoncelle oriental, avec deux cordes en crin de cheval. Le corps est constitué d'une coque de noix de coco, recouverte au sommet d'une vessie et perforée à l'arrière de plusieurs ouïes sonores. Tanbour Baghlama ; la mandoline orientale, enfilée avec quatre fines cordes métalliques. Deux spécimens d'Egypte. Gunibry ; un instrument à deux cordes plutôt primitif du genre guitare, originaire du Maroc ; deux spécimens. Kuitra, une sorte de guitare des États barbaresques. Le corps est fait d'une tortue. La *kuitra* , ou *kitar* , instrument des Perses et des Arabes, est évidemment le prototype de notre guitare. Le spécimen actuel est l'une des petites espèces de kuitra ; le plus grand a huit cordes de boyau de mouton disposées en quatre paires.

Trois flageolets anglais, fabriqués au début du siècle actuel. Une flûte à bec en ivoire, fabriquée par Stanesby, junior, Londres, 1740. Un piccolo flauto en ivoire avec une clé en argent ; Anglais, XVIIIe siècle. Un traverso de flûte en ivoire avec une clé en argent ; Anglais, XVIIIe siècle. Cette flûte en ivoire et les deux précédentes sont de beaux instruments. Une flûte à bec ; Anglais, vers 1700 ; de buis et d'ivoire ; longueur, 18 pouces; huit trous pour les doigts, et sans aucune clé. Une flûte à bec anglaise, en bois teinté noir ; longueur, 26 pouces; elle date probablement du XVIIe siècle. Deux flûtes ténor, allemandes, fabriquées vers 1600. Longueur, 2 pieds 9 pouces. Sept trous pour les doigts et une clé. Ces rares instruments se trouvaient autrefois dans le musée du Signor Mario. Une flûte basse anglaise, fabriquée vers 1650. Bois et ivoire ; avec un tube en laiton pour souffler l'instrument. Six trous pour les doigts, et une clé en laiton sur la partie supérieure, et un trou pour le pouce sur le côté opposé. Longueur, 3 pieds 8 pouces. Trois flageolets doubles datant du début du siècle présent, dont deux sont fabriqués par Bainbridge à Londres, et le troisième porte l'inscription « Simpson ». Un triple flageolet, sur lequel on peut jouer l'harmonie en trois parties ; réalisé par Bainbridge à Londres, au début du siècle actuel. Un cor anglais (hautbois da caccia) en cèdre rouge, par Thomas Stanesby, junior, à Londres, vers 1740. Un cor anglais (hautbois da caccia), XVIIIe siècle ; probablement fabriqué en Angleterre. Bois teinté noir et ivoire. C'est le genre de hautbois que JS Bach a employé dans sa « Passion selon Saint Matthieu ». Un dolciano, un petit basson. Inscription : « Wood and Ivy, feu Ger ᵈ Wood, Londres ». Un cor de basset (corno di bassetto), probablement anglais. Une cornemuse frontalière, de Northumberland. Avec soufflet et quatre drones. Une cornemuse française (cornemuse). Une trompette anglaise au cas où ; réalisé probablement au XVIIIe ou au début du XIXe siècle. Un petit trombone, anglais, fabriqué par Allen and Pace. Une corne en laiton; la cloche terminée par une tête de serpent ; Anglais, XVIIIe siècle. Un serpent, par "Gerrock Wolf, à Londres" ; début du siècle actuel. Deux cors des Alpes, fabriqués par M. von Euw à Bürgy, Rigi Kulm, canton de Swyz, Suisse, en bois de bouleau soigneusement recouvert d'écorce de bouleau. Longueur, 8 pieds 1 pouces. Une cithare, un spécimen du genre qu'on trouvait couramment en Angleterre, il y a quelques siècles, dans les salons de coiffure ; Anglais, vers 1700. [6] Un cither allemand ; fin du XVIIe siècle. Ornementé de marqueterie. Un petit cithare anglais, fabriqué vers 1700. Les cordes à vide ne produisent que cinq tons au lieu de six. Les spécimens de ce genre sont très rares. Un cither anglais du XVIIIe siècle. Cither anglais fabriqué par Remerus Liessem, Londres, 1756. Le corps est d'une forme très ancienne, présentant plusieurs incurvations sur les côtés. Un petit citre anglais du XVIIIe siècle. La rosace est ornée d'une rosace en bois. La rose du cither anglais est plus généralement réalisée en bronze. Cetera ; une cithare italienne, fabriquée vers 1680. C'est la plus belle cithare de la collection. L'ensemble de l'instrument, à l'exception de la panse, est incrusté de motifs de bon goût en ivoire et en ébène. Le ton est également remarquablement bon. Une cithare écossaise soigneusement incrustée d'ornementations en bois. Au dos se trouve une plaque de nacre avec l' inscription « Rudiman, ABD N—, DG ». Peut-être que ce cither appartenait au célèbre grammairien latin Rudiman, qui, vers 1700, était au King's College d'Aberdeen. Une cithare irlandaise avec une touche en ivoire et dix vis de réglage en laiton. Un gros spécimen. Fabriqué par Perry à Dublin ; XVIIIe siècle. Cithare ; une cithare portugaise à six paires de cordes métalliques incrustées d'écaille de tortue et d'ivoire. Fabriqué par Joan Vieira da Silva à Lisbonne, vers 1700. Cithara ; un cithare portugais, datant probablement du début du XVIIIe siècle. Monté avec douze cordes par paires. Un instrument aux tonalités très fines. Inscription : « Cyprianio Antonio a fez em Lisboa, ao Largo da Esperança ». Une cithare à clé ; Anglais, XVIIIe siècle. Il possède six clés en ivoire. L'idée d'appliquer des touches comme celles du pianoforte à la cithare, et ainsi de frapper les cordes métalliques avec des marteaux au lieu de les faire vibrer avec une plume, est née en Allemagne, mais s'est avérée sans avantage pratique. Cither Bijuga (*c'est-à-dire* un cithare à double col, comme le théorbe). Deux spécimens français, datant vers le milieu du XVIIIe siècle. Cithare Bijuga, fabriqué par Renault à Paris, année 1779. Cette belle espèce de cithare, construite comme le théorbe, mais ayant un dos plat, était évidemment souvent enfilée en France avec du boyau au lieu du fil, et se jouait avec les doigts comme le théorbe. Il s'agit probablement de l'instrument qui, dans certains vieux livres français, est appelé *pandore* . Il comporte seize cordes. Une cithare bijuga française du XVIIIe siècle, incrustée de nacre, d'ivoire et d'ébène. Un beau spécimen. Un cither bijuga anglais, XVIIIe siècle. Une cithare bijuga allemande (ou Grosszither, comme on l'appelait autrefois en Allemagne), XVIe siècle. Avec dix-sept fils métalliques. Cet instrument ancien est de très belle forme et possède une rose remarquablement pittoresque au milieu de la table d'harmonie. Deux mandolines napolitaines, incrustées de motifs en nacre d'écaille et ivoire. L'un de ces beaux instruments porte l'inscription "Januarius Vinaccio fecit, Neapoli, in Rio Catalana, A. Domini 1776". Une belle mandolino napolitaine dans son ancien écrin italien. À l'intérieur de l'instrument se trouve l'inscription « Vincentius Vinaccio fecit, Neapoli, Sito Nella Calata de Spitalletto, AD 1785 ». Mandoline milanaise datant d'environ 1700. Bois de rose incrusté de nacre, d'écaille de tortue et d'ivoire. Frettes argentées. Devant, une figure d'Apollon sous un dais et d'autres embellissements en nacre. Une rosace ornée, la rosace étant recouverte de verre. Une figure en nacre, incrustée près du pont, contient les initiales gravées « AG », qui pourraient être celles du fabricant de cet élégant instrument, peut-être Andreas Guarnerius. Cette mandoline, la plus belle que j'aie jamais vue, est de celle que certains musiciens appellent « mandurina ». Il comporte douze cordes métalliques disposées par paires et produisant donc six sons ; tandis que le mandolino napolitain le plus courant a huit cordes constituant quatre paires. Une mandoline française, fabriquée par Eulry-Clément, à Mirecourt, Vosges, début du siècle actuel ; le dos marqueté de lamelles de bois différents. Huit cordes disposées en quatre paires. Une mandole ; Italien, XVIIe siècle. Cet instrument rare peut être brièvement décrit comme un énorme mandoline napolitaine. Il a la forme d'une mandoline, mais la taille d'un grand luth ; seize cordes métalliques, placées par paires, produisent huit tons des cordes à vide. Le son est remarquablement complet et fin. Une mandole, semblable à la précédente, portant l'inscription « Gio. Battista, Neapoli, AD 1701 ». Longueur, 2 pieds 11 pouces ; profondeur du corps, 10 po. La mandola se jouait avec une plume comme la mandolino et la cithare. Pandura, deux spécimens, fabriqués en Italie vers 1700. Bandurria ; Espagnol, XVIIIe siècle ; joué avec un plectre généralement en écaille de tortue. Pandore ; Anglais, XVIIe siècle ; joué avec une plume. On l'appelle aussi chiterna. Pandurine ; Italien, vers 1700 ; ses neuf cordes en boyau et en fil de fer sont disposées par paires accordées à l'unisson, à l'exception de la plus basse, qui est unique. Les cordes à vide produisent donc cinq tons. Le manche est pourvu de frettes en catgut. La pandurina, dont la forme ressemble à un petit luth, encore plus petit que la mandoline napolitaine, était généralement jouée avec les doigts, mais parfois aussi avec une plume. Sur le continent, les messieurs le portaient sous leur manteau lorsqu'ils se rendaient à des soirées musicales ou pour des sérénades. Pandurina, à douze cordes. Inscription : "Carlo Steffani fece. L'Anno 1712, à Mantoue." Pandurina, dans son ancien écrin italien, avec ornementation en laiton. Le dos fait de bandes d'ébène et d'ivoire ; longueur, 20 po. Frettes ivoire; douze cordes métalliques. Inscription à l'intérieur : "Joseph Molinari, Venetus, Anno, 1737". Quinterna, italienne, XVIIe siècle. Une espèce de guitare ressemblant un peu à un violon par sa forme, avec des frettes en boyau de chat. Monté avec huit cordes en boyau de chat qui produisent cinq tons, car elles sont disposées en trois paires et deux simples. Une guitare à cinq cordes incrustées de nacre et d'écaille de tortue. Italien, XVIIIe siècle. Une guitare française, fabriquée par Vobeam, célèbre luthier du temps de Louis XIV. Les cordes sont disposées par paires accordées à l'unisson. Une guitare anglaise, fabriquée au début du siècle actuel ; le dos et les côtés du corps sont en palissandre ; les côtés ont plusieurs échancrures. Tête de la machine. Guitare portugaise, fabriquée vers 1600, à trois ouïes. La tête est courbée en arrière un peu comme celle du luth ; les frettes sont en boyau de chat, comme elles l'étaient également sur le luth. Non seulement le ventre, mais tout le corps est fait de bois de pin fin. Les cordes, au nombre de douze, sont disposées de manière à ce que les six cordes supérieures soient par séries de deux et les six inférieures par séries de trois. Comme les cordes de chaque ensemble sont accordées à l'unisson, cinq sons sont produits par les cordes à vide. Une inscription à l'intérieur de cette guitare, aujourd'hui largement effacée, se lit comme suit : "Manoel Correa de Alm ᵈᵃ Uileiro da Rainha, NS, morador na Ruadireita la Esperança LX ᵃ ". Il semblerait donc que la guitare ait été fabriquée par Manoel Correa d'Almeida dans la province de Beira, au Portugal, et que le fabricant avait le titre de fabricant d'instruments de musique de la reine. Le musicien portugais Manoel Correa, né en 1590 à Lisbonne et engagé vers 1620 comme maître de chapelle à la cathédrale de Saragosse, était probablement de la même famille que le facteur de cet instrument. Une guitare des paysans portugais, fabriquée à Lisbonne, du XVIIIe siècle ; forme ovale avec des échancrures sur les côtés ; six cordes. À l'intérieur se trouve une étiquette avec l'inscription : « Joze Terreira Coelho a fez em, Lisboa, ao Poco los Negros, a Cruz da Esperança ». Machête, une petite guitare à quatre cordes ; Portugais, XVIIIe siècle. Harpe-guitare; Anglais, vers 1800. Sur la touche se trouve l'inscription : « Clementi and Co., London » ; peint de fleurs, etc.; huit cordes. Le pianiste et compositeur Clementi a donné son nom à une maison de vendeurs de musique en 1800. Harpe-guitare ; Anglais, vers 1800 ; sept cordes. La guitare-harpe a été fabriquée dans le but de produire une sorte de guitare avec une qualité sonore supérieure, en adoptant le corps de la harpe. Lyre-guitare; Français, période Louis XV.; une guitare en forme de lyre d'Apollon, avec l'ajout d'une touche au milieu. Lyre-guitare; Français, aurait appartenu à la reine Marie-Antoinette ; sculpté et doré. Guitare-lyre ; Anglaise, fabriquée par R. Wornum, Wigmore Street, Londres, vers 1770. La guitare-lyre anglaise est dans sa construction presque identique à la guitare-lyre française. Harpe-luth; Anglais, vers 1800 ; peint en vert, avec ornementation dorée de fleurs et autres motifs. Harpe numérique; Anglais. Une harpe-luth améliorée, qui aurait été inventée par Edward Light, Londres, vers 1800. Harpe-ventura ; Anglais, inventé au début du siècle actuel par Angelo Benedetto Ventura, à Londres. Cet instrument magnifiquement orné ressemble à la harpe ditale et à la harpe-luth dans sa construction. Harpe-théorbe ; Anglais, fabriqué par Walker, vers 1800. Luth, le dos incrusté d'ivoire et de bois divers. D'après une inscription à l'intérieur, aujourd'hui grandement effacée, il semblerait que ce luth ait été fabriqué par Magnus Tieffenbruker, à Venise, vers 1580. Luth, par Laux Maler, à Bologne, XVe siècle. Des vis en laiton et en ivoire ont été remplacées par les chevilles d'accord d'origine. Cet appareil, ainsi qu'une peinture de fleurs sur la table d'harmonie, n'ont probablement pas plus de cent ans. Les endroits où étaient fixées certaines des anciennes chevilles de réglage sont encore visibles. Les fissures de son corps en forme de poire contribuent plutôt à sa dignité et pourraient être assimilées aux rides d'un vénérable grand-père. Le son de ce vieux luth est très fin. Un luth allemand, fabriqué par Jacobus Heinrich Goldt, à Hambourg, en 1712. D'après une inscription à l'intérieur, il a été modifié en 1753. Un luth français du XVIIe siècle. Un luth italien ; inscription : "Vvendelio Venere à Padoue, 1600" ; avec la tête tournée en arrière ; vingt cordes. Ce luth appartient à l'un des luthiers italiens les plus célèbres et est dans un état bien conservé et jouable, malgré son grand âge. Un luth anglais à double manche (Testudo theorbata) fabriqué vers 1650. Un théorbe italien du XVIIe siècle. Il comporte vingt-quatre cordes en boyau de catgut, disposées par paires accordées à l'unisson, à l'exception des deux cordes les plus aiguës qui sont des cordes simples. C'était l'usage d'avoir la corde la plus haute, appelée *chanterelle*, simple ; il servait principalement à jouer la mélodie. Parfois, comme dans le cas présent, deux *girolles* étaient utilisées. Les vingt-quatre cordes à vide produisent donc treize sons différents. Les frettes sont en catgut. Un théorbe français, fabriqué vers 1700. Un archiluth ; Italien, vers 1700 ; un grand instrument, avec dix-huit cordes, dont dix pour l'ensemble supérieur de chevilles, appartenant aux cordes graves qui sont sur le côté de la touche. Les dix cordes basses produisent cinq tons avec leurs octaves, chaque ton ayant deux cordes accordées par octave. L'archiluth, ou théorbe basse, est le plus grand type de théorbe, ou luth à double manche. Un archiluth italien, inscrit : « Matheus Bucchenberg, Roma, 1619 ». Du musée du Signor Mario. Bucchenberg, ou Bueckenberg comme on l'appelait plus généralement, était l'un des facteurs de luths les plus célèbres d'Italie et allemand de naissance. L'archiluth actuel possède trois ouïes ornées. Il est doté d'un mécanisme au moyen duquel l'une quelconque des cordes basses situées à côté de la touche peut être élevée d'un demi-ton au gré de l'interprète. Cet ingénieux dispositif, qui rend les cordes graves plus utiles dans les compositions ayant des modulations dans des tons majeurs ou mineurs éloignés, se retrouve également sur un théorbe français datant d'environ l'année 1700, qui est dans ma collection. Mais sur ce théorbe français, le mécanisme agit simultanément sur toutes les cordes à côté de la touche, tandis que sur l'archiluth que nous venons de remarquer, il est conçu de telle sorte que la hauteur de n'importe quelle corde peut être modifiée indépendamment des autres. Comme le mécanisme n'est évidemment pas un ajout ultérieur, mais qu'il a été fabriqué avec l'instrument en 1619, il est évocateur pour les antiquaires musicaux, dans la mesure où il révèle un degré de progrès plus élevé dans la construction du luth que ce qu'on suppose généralement avoir été atteint vers 1619. le début du XVIIe siècle. Un théorbino italien, ou le plus petit type de théorbe, XVIIe siècle ; avec seize cordes, dont six passent à côté de la touche. Un chitarrone, ou grand théorbe romain ; Italien. Inscription : « Vitus de Angelis, Bonon, 1609 ». Il mesure environ six pieds de long et comporte vingt et une cordes. Le chitarrone était autrefois appelé théorbe romain, car il était principalement utilisé à Rome. Il y avait un instrument similaire, populaire à Padoue, de taille légèrement plus petite. Le présent exemplaire a été réalisé à Bologne. Le chitarrone était utilisé dans l'orchestre, assistant aux représentations dramatiques ainsi qu'à la musique d'église. Il était souvent enfilé avec du fil de fer au lieu du boyau de chat ; il en était de même du théorbe commun de l'Allemagne et de l'Angleterre. Un chitarrone, avec marqueterie et trois ouïes ornées ; fait par M. Bueckenberg, à Rome, année 1614. De la collection du signor Mario. Une harpe irlandaise (clarseth), enfilée avec du fil ; réalisé par Egan, à Dublin, au début du siècle actuel. Une arpanetta (allemand, Spitzharfe), anglaise, XVIIe siècle ; avec cent fils d'acier et trente-cinq fils de laiton. Une bûche (allemand, Scheidholt), du Val d'Ajol, dans les Vosges, en France ; réalisé au début du siècle actuel. Un spécimen anglais du *hummel*, probablement fabriqué au XVIIIe siècle ; avec douze cordes métalliques. Il ressemble à la bûche et peut être considéré comme une espèce désuète de notre citre horizontale actuelle. Une harpe cloche, fabriquée par John Simcock, à Bath, vers 1700 : longueur, 20 pouces. Elle a seize tons. Chaque son est produit par trois fines cordes en laiton accordées à l'unisson. Les cordes sont actionnées par deux petits plectres, ou plumes, dont l'interprète en attache un au pouce de chaque main. Les deux poignées en bois, une de chaque côté de l'instrument, servent à le maintenir tout en le faisant osciller pendant la représentation, pour produire l'effet d'une cloche lointaine. Une harpe cloche ; Anglais, vers 1700. Inscrit : « Bath, John Simcock, inventeur et fabricant ». Cet instrument a vingt-quatre sons produits par de fines cordes en laiton. Les sons les plus aigus ont chacun quatre cordes accordées à l'unisson, les autres en ont trois, sauf le plus grave, qui est produit par une seule corde recouverte de fil. L'instrument est dans son ancien écrin. Tympanon; Anglais, avec ponts mobiles. Inscrit : « Old Weston, Huntingdonshire, 1846 ». Tympanon; Anglais, début du siècle actuel ; d'acajou, la table d'harmonie en pin, peinte en vert et dorée. Seize jeux de cordes métalliques, chaque jeu étant composé de trois cordes accordées à l'unisson. Salterio, dulcimer italien, fabriqué par Antonio Bertefice, à

Florence, en 1745. Salterio ; dulcimer italien; un petit spécimen, inscrit au dos : "Antonius Berri fecit, Anno 1722." Du musée du Signor Mario. Échelette; Français, XVIIIe siècle. Il comporte vingt-deux planches d'un bois dur et sonore, qu'on fait sonner en les frappant avec deux petits maillets. Un sordino, ou pochette en forme de bateau ; Anglais, XVIIe siècle. Un sordino italien, datant d'environ l'an 1600. Le corps est en écaille de tortue incrusté d'argent ; les chevilles sont en ivoire ; à tête sculptée en bois et ivoire. La longueur totale de ce sordino n'est que de 14 pouces. Une trousse, ou pochette, en forme de violon ; Italien, vers 1600. Violetta piccola, le plus petit type d'instruments de viole anciens, en forme de manche incliné comme la viole de gambe. Cette petite espèce de viole aiguë était appelée par la *haute-contre française* . Italien, XVIIe siècle. Une viole à cinq cordes, appelée par le *quinton français* . Inscription "Antonius Gragnani fecit, Anno 1741." Une petite viole à six cordes, appelée par les Français *dessus-de-viole* ; Français, XVIIe siècle. Une viole à six cordes, appelée par les Français *pardessus* ; Français, XVIIe siècle. Une viole triple, avec une tête sculptée ; Anglais, vers 1700. Son manche a des frettes en boyau et ses six cordes étaient accordées comme celles de la basse de viole, ou viole de gambe, mais une octave plus haut. Une viole contre-ténor; Anglais, XVIIe siècle. À l'intérieur se trouve l'inscription : « Henry Jay, à Southwarke, 1667 ». Le rouleau est finement sculpté. La panse a, outre les deux ouïes habituelles, une rosace ovale au milieu, avec une rose ornementale. Le dos a une courbe particulière vers la fin ; probablement, l'instrument était destiné à reposer sur l'épaule gauche lorsqu'il était joué. Comme la viole de gambe, elle possède six cordes et des frettes en boyau. Il était accordé une quinte plus haut que la viole de gambe. Un ténor-viole; Anglais, vers 1620. Cette petite espèce de viole de gambe est aujourd'hui très rare. Elle était accordée une quarte plus haut que la plus grande viole de gambe, ou basse de viole. Viole de gambe, incrustée de représentations mythologiques et autres ornements en ivoire, nacre, écaille de tortue et pierres précieuses. Réalisé vers 1580, probablement par Joachim Tielke à Hambourg ; un instrument splendide. viole de gambe; Anglais, XVIIe siècle ; avec une tête finement sculptée représentant un buste de jeune fille. À l'intérieur se trouve l'inscription : « Richard Meares, sans Bishopsgate, près de Sir Paul Pinder, Londres, Fecit 1677 ». Dans le *Post Boy* du 9 juillet 1720, nous trouvons l'annonce suivante : « Ceci est pour faire savoir à tous messieurs et dames, amateurs de musique, que le nouvel opéra le plus célèbre de « Radamistus », composé par M. Handell , est maintenant finement gravé sur des plaques de cuivre par Richard Meares, facteur d'instruments de musique et imprimeur de musique, au Golden Viol. Pour rendre cette œuvre plus acceptable, l'auteur a été amené à corriger l'ensemble. La Viole d'Or était l'enseigne d'un magasin de musique dans le cimetière Saint-Paul, où vivait Richard Meares, l'éditeur de l'opéra de Haendel. Mais, à en juger par une notice de cet éditeur donnée dans « History of Music » de Hawkins (Vol. V.,

p. 109), il semble qu'il était le fils du facteur de la viole de gambe actuelle. Quoi qu'il en soit, lorsque Haendel arriva en Angleterre, cet instrument n'était plus nouveau ; car il a été réalisé avant la naissance de Haendel. L'arc qui lui appartient est du type à l'ancienne connu sous le nom d'arc Corelli. Et on peut mentionner ici que, sur la plupart des violes énumérées ci-dessus, on place des archets curieux qui sont depuis longtemps hors d'usage. viole de gambe; Italien, vers 1600 ; avec une tête finement sculptée. La touche est incrustée de motifs de fleurs, etc., en écaille de tortue et en ivoire. Cette basse de viole aux tonalités fines est censée avoir été réalisée par Gaspar di Salo. Quoi qu'il en soit, il s'agit d'un spécimen précieux provenant d'un des premiers fabricants italiens. viole de gambe; Anglais, vers 1700. L'instrument ressemble à un petit violoncelle, puisque son corps n'est pas incliné vers le manche. Une illustration de ce type de viole de gambe est donnée dans « The Division-Violist, de Christopher Simpson, Londres, 1659 ». Son corps est remarquablement plat, et sa qualité sonore est par conséquent très claire. Comme la viole de gambe commune, l'instrument est à six cordes et possède des frettes en boyau de chat. Une viole de gambe à sept cordes ; probablement italien ; vers la fin du XVIIe siècle. L'ajout d'une septième corde à la viole de gambe aurait été utilisé pour la première fois par la *virtuose française* Maria Marais, vers la fin du XVIIe siècle. La corde ajoutée est la plus basse et est accordée une tierce mineure plus bas que la corde de do du violoncelle. L'innovation n'a évidemment pas trouvé beaucoup de faveur auprès des joueurs de gambe en général ; et il est rare qu'on rencontre encore une gambe à sept cordes. Une viole de gambe à quatre cordes ; fabriqué par John Baker à Oxford, année 1688. Les gambas à quatre cordes rencontrées de nos jours sont presque invariablement des gambas à six cordes modifiées, sur lesquelles le manche a été rétréci et la tête raccourcie, de sorte que l'instrument puisse être utilisé comme un petit violoncelle. Celui-ci a été initialement fabriqué avec seulement quatre cordes et n'a évidemment jamais été altéré. viole d'amour; Italien, XVIIe siècle. Un bel exemplaire, dans un état bien conservé. viole d'amour; Italien, XVIIe siècle. Forme à l'ancienne, comportant plusieurs incurvations sur les côtés, et une rosace avec une rosace au milieu de la panse. Sept cordes de boyau de chat, et en dessous sept cordes sympathiques de mince fil d'acier. viole d'amour; Allemand, XVIIIe siècle. Probablement fabriqué par Jacob Rauch, à Mannheim, vers 1740. Avec seulement cinq cordes en boyau et huit cordes sympathiques. Une viole d'amour anglaise entièrement enfilée avec du fil de fer, XVIIe siècle ; avec une tête curieusement construite, ornée d'un buste féminin sculpté. Un soi-disant psaltérion (également connu sous le nom de sultane et de cither-viole). Monté avec six cordes métalliques et joué avec un archet. Irlandais; XVIIIe siècle. Fabriqué par Thomas Perry, à Dublin, année 1767. Un psaltérion, fabriqué par Thomas Perry, à Dublin, seconde moitié du XVIIIe siècle. Le manche et le cordier sont en ivoire. Ses dix cordes sont en fil d'acier et de laiton, les huit plus hautes étant disposées en quatre paires produisant quatre tons, et les autres sont simples produisant deux tons. Hardangerfelen. Sorte de viole d'amour des paysans du Hardanger en Norvège, incrustée de nacre et d'ivoire. Le dessus, sculpté et doré, représente une tête de dragon. Ce violon a quatre cordes en boyau de chat et quatre fines cordes d'acier en dessous. À l'intérieur se trouve l'inscription « Fabrokert de Knudt Erikson, Helland, 1872 ». Il m'a été envoyé de Christiania. Violons aux formes inhabituelles, trois spécimens curieux, fabriqués au XVIIIe siècle. Un violon en fer. Probablement anglais, début du siècle actuel. Ce violon est certainement intéressant du point de vue acoustique, car il prouve qu'une grande partie du son peut être obtenue simplement par la vibration des cordes agissant sur la colonne d'air du violon, sans aucune vibration du ventre. ou table d'harmonie. Quoi qu'il en soit, la substance dont est fait ce violon n'est pas de nature à contribuer à la sonorité. Une tromba marina ou trompette marine, probablement hollandaise, du XVIIe siècle. Outre une corde de boyau épais sur l'instrument, il y a à l'intérieur quarante et une cordes sympathiques de fil d'acier fin. Une nyckel-harpa, un curieux instrument de la paysannerie suédoise, qui peut être brièvement décrit comme une combinaison d'un violon et d'une vielle. Un crwth, un instrument gallois désuet de la classe des violons. Le corps est découpé dans un seul bloc de bois, la panse y étant seulement collée. Deux spécimens de violon à clous, dont l'un est doté de cordes sympathiques en fil de laiton fin passant sur la table d'harmonie. Ces deux curieux instruments furent probablement fabriqués en France ou en Allemagne vers 1800. L'invention du violon à clous est attribuée à un Allemand du nom de Wilde, qui vivait à Saint-Pétersbourg vers le milieu du dix-huitième siècle. Une vielle (français, *vielle*), fabriquée par Pagot à Jenzat, petite ville près d'Orléans, vers 1840. Tête sculptée. Six chevilles d'accordage en haut et une au cordier. Cette vielle est de celle que les Français appellent *vielle en luth*, parce que sa caisse a la forme de celle du luth. L'autre sorte, qui présente sur les côtés des échancrures ressemblant à celles de la guitare, s'appelle *vielle en guitare*. Vielle d'orgue, ou *vielle organisée*, fabriquée par un Français résidant à Londres au milieu du XVIIIe siècle. Ce curieux instrument, qui était autrefois aussi connu en Angleterre, où on l'appelait *flûte-cymbale*, consiste en une vielle combinée avec un petit orgue à deux jeux, et il est conçu de manière à permettre à la vielle ou à l'orgue à utiliser chacun séparément, ou les deux combinés, au gré de l'interprète. Certaines parties ont été restaurées au siècle actuel. Clavicorde, généralement appelé en allemand *Clavier*. Fabriqué à Einbeck, près de Hanovre, vers 1800. Clavicorde, fabriqué en Thuringe. Clavicorde, fabriqué par le célèbre fabricant Barthold Fritz, à Brunswick, en 1751 ; orné de peinture et de gravure. Clavecin, inscrit "Jacobus Kirkman, Londini, fecit 1772". Le boîtier est en noyer, incrusté de bois de tulipe. Jambes sculptées représentant des griffes d'aigle saisissant une balle. A deux claviers, constituant un « double clavecin », comme on l'appelait autrefois en Angleterre. Les boiseries autour des claviers sont ornées de motifs en marqueterie de bois de différentes couleurs. Ce clavecin comporte six jeux et deux pédales, et est pourvu d'une houle vénitienne. Jacobus Kirkman, ayant obtenu une commande du roi George III. pour produire un beau clavecin destiné à être un cadeau pour la reine Charlotte, fabriqué - comme le font souvent les fabricants dans de telles circonstances - deux clavecins exactement semblables, à savoir l'un pour la reine Charlotte, et l'actuel, qui a été acheté par John Bacon, le célèbre sculpteur, après la mort duquel il entra en possession du Dr Slatter, prêtre-vicaire de la cathédrale d'Exeter, qui le posséda pendant près d'un demi-siècle, et après la mort duquel il fut vendu lors d'une vente de ses effets. Clavecin à deux claviers, six jeux et deux pédales. Inscrit « Jacobus et Abraham Kirkman, fecerunt 1773 ». Le boîtier est en acajou ; le bois près des claviers est du noyer, incrusté de bois de tulipe et une bordure tesselée de bois de diverses couleurs. Seul le jeu de luth a des vérins à plumes de corbeau ; les vérins des autres arrêts sont munis de petits morceaux de cuir préparé en lieu et place de piquants. La variété de couleurs du son ainsi obtenue est très efficace. Cet instrument présente probablement le plus haut degré de perfection qui ait jamais été atteint dans la construction du clavecin, en ce qui concerne la qualité et la puissance du son. En ce qui concerne l'apparence extérieure, la beauté de certains clavecins hollandais, ou *clavicembali*, ornés de peintures d'artistes célèbres, est inégalée.

Il reste maintenant à attirer l'attention sur le fait que de nombreux musées d'antiquités institués par le gouvernement dans différents pays contiennent des curiosités du genre en question qui ne peuvent manquer d'intéresser l'antiquaire musical. C'est le cas même en Amérique, où dans les musées de Mexico, de Lima et d'autres villes, on peut trouver, parmi les exemples d'ouvrages et d'arts des Aztèques et des Incas Péruviens, divers artifices relatifs à la musique. Il n'est pas rare que des personnages royaux, dans leurs cabinets de curiosités provenant de pays lointains, aient des instruments de musique rares, ou beaux, ou d'apparence grotesque, c'est tout simplement ce à quoi on pouvait s'attendre. Il existe par exemple une quarantaine d'acquisitions de ce genre au château de Windsor, qui consistent principalement en tambours, cornemuses et instruments à cordes asiatiques et africains. Plusieurs d'entre eux sont cependant gâtés parce qu'ils ont été « améliorés » ou européanisés. Certains portent des étiquettes descriptives, comme, par exemple, une trompette de guerre Ashanti faite d'un os humain et ornée de mâchoires humaines ; et un tambour de guerre Ashanti, sculpté dans le tronc d'un arbre, et également orné de mâchoires humaines ; dont deux curiosités, nous informent les étiquettes, appartenaient au roi d'Ashanti, de qui elles furent prises "dans l'action au cours de laquelle il fut vaincu par le colonel Purden. Envoyées par Sir Herbert Taylor en 1827. Apportées en Angleterre par le major-général Sir Neil Campbell, commandant la côte occidentale de l'Afrique. Il y a aussi dans cet assemblage un artifice fantaisiste, qui est destiné à une sorte de guitare, et dont une étiquette apposée nous informe : « Cet instrument a été fabriqué avec la tête du cheval du duc de Schomberg, tué à la bataille de la Boyne. , 1690."

De l'exposition spéciale d'instruments de musique anciens organisée au South Kensington Museum en 1872, un compte rendu a été donné dans le Catalogue descriptif des instruments de musique du South Kensington Museum, Londres, 1874. La présente enquête serait cependant imparfaite si cette remarquable exposition passait entièrement inaperçue, bien que la collection qu'elle comprenait n'ait existé que quatre mois. Il suffit de dire ici qu'il contenait plus de cinq cents instruments, dont un grand nombre de violons, altos et violoncelles des célèbres facteurs de Crémone. Si une exposition similaire était tentée, un résultat aussi réussi ne serait probablement pas obtenu avant des années, voire jamais. Les instruments de musique anciens et rares présentent désormais un intérêt beaucoup plus grand pour les antiquaires qu'auparavant. Les spécimens encore disponibles à l'achat se retrouvent progressivement dans les musées publics, non seulement dans les pays européens, mais aussi en Amérique et dans les colonies anglaises. Lorsqu'ils ont été réservés pour un musée, ils ne peuvent généralement plus être prêtés pour d'autres expositions. Les particuliers possédant de tels trésors leur accordent une plus grande valeur qu'autrefois et sont donc moins enclins à les exposer au risque d'être blessés. Pour ces raisons, il semble d'autant plus souhaitable qu'il existe un registre des collections dont on sait qu'elles existent encore.

MYTHES MUSICAUX ET FOLK-LORE.

La musique est un art si délicieusement innocent et si charmant qu'on ne peut s'étonner qu'elle soit presque universellement considérée comme d'origine divine. Les nations païennes attribuent généralement l'invention de leurs instruments de musique à leurs dieux ou à certains êtres surhumains de nature divine. Les Hébreux l'attribuaient à l'homme ; mais comme Jubal est mentionné uniquement comme « le père de tous ceux qui manient la harpe et l'orgue », et comme les instruments de percussion sont presque invariablement utilisés bien avant que les gens ne soient amenés à construire des instruments à cordes et à vent, nous pouvons supposer que, dans le Dans les documents bibliques, Jubal n'est pas destiné à être présenté comme l'inventeur original de tous les instruments hébreux, mais plutôt comme un grand promoteur de l'art de la musique.

Quoi qu'il en soit, une chose est sûre : parmi les chrétiens d'aujourd'hui, bon nombre de partisans sincères du sens littéral de ces disques soutiennent que la musique instrumentale était déjà pratiquée au ciel avant la création du monde. Des traités élaborés ont été écrits sur la nature et l'effet de cette musique céleste, et des passages de la Bible ont été cités par les savants auteurs qui sont censés confirmer incontestablement les opinions avancées dans leurs traités.

Il peut, à première vue, paraître singulier que les nations ne disposent généralement pas de documents aussi traditionnels concernant les créateurs de leur musique vocale que ceux concernant l'invention de leurs instruments de musique. La cause est cependant explicable ; Chanter est aussi naturel à l'homme que parler, et il est peu probable que les nations non civilisées se demandent si le chant a jamais été inventé.

Il n'est pas nécessaire de rappeler ici les traditions mythologiques bien connues des anciens Grecs et Romains faisant référence à l'origine de leurs instruments de musique préférés. Il suffit de rappeler au lecteur que Mercure et Apollon étaient considérés comme les inventeurs de la lyre et de la kithara ; que l'invention de la flûte fut attribuée à Minerve ; et que Pan aurait inventé le syrinx. Certains documents similaires provenant des Hindous méritent davantage notre attention, car ils n'ont jusqu'ici guère été remarqués dans aucun travail sur la musique.

Dans la mythologie hindoue, le dieu Nareda est l'inventeur de la *vina* , le principal instrument de musique national de l'Hindoustan. Saraswati, l'épouse de Brahma, peut être considérée comme la Minerve des Hindous. Elle est la déesse de la musique ainsi que de la parole. On lui attribue l'invention de l'agencement systématique des sons selon une gamme musicale. Elle est représentée assise sur un paon et jouant d'un instrument à cordes du genre guitare. Brahma lui-même est représenté comme un homme vigoureux avec quatre belles têtes, frappant avec ses mains sur un petit tambour. Et Vishnu, dans son incarnation en tant que Krishna, est représenté comme un beau jeune homme jouant de la flûte. Les Hindous possèdent encore une sorte particulière de flûte qu'ils considèrent comme l'instrument favori de Krishna. En outre, ils ont la divinité de Genésa, le dieu de la sagesse, qui est représenté comme un homme à tête d'éléphant tenant dans ses mains un tamboura, sorte de luth à long manche.

On rencontre chez les Chinois une tradition selon laquelle ils obtenaient leur gamme musicale d'un oiseau miraculeux appelé Foung-hoang, qui paraît avoir été une sorte de Phénix. En ce qui concerne l'invention des instruments de musique, les Chinois ont des traditions diverses. Dans l'un d'eux, on nous dit que l'origine de certains de leurs instruments les plus populaires date de l'époque où la Chine était sous la domination d'esprits célestes appelés Ki. Un autre attribue l'invention de plusieurs de leurs instruments à cordes au grand Fohi, appelé « le Fils du Ciel », qui fut, dit-on, le fondateur de l'empire chinois et qui aurait vécu vers 3000 AVANT JC , ce qui était longtemps après la domination des Ki, ou esprits. Encore une fois, une autre tradition veut que les instruments de musique chinois les plus importants et l'arrangement systématique des tons soient une invention de Niuva, une femme surnaturelle qui vivait à l'époque de Fohi et qui était une mère vierge. Lorsque Confucius, le grand philosophe chinois, entendit par hasard une musique divine, il fut si profondément ravi qu'il ne put prendre aucune nourriture pendant trois mois après. La musique qui produisait cet effet miraculeux était celle de Kouei, l'Orphée des Chinois, dont l'exécution sur le *roi* , sorte d'harmonicon construit avec des plaques de pierre sonore, attirait autour de lui les animaux sauvages et les soumettait à sa volonté.

Les Japonais ont une belle tradition selon laquelle la déesse du Soleil, en colère contre la violence d'un frère mal intentionné, se retira dans une grotte, laissant l'univers dans les ténèbres et l'anarchie ; lorsque les dieux bienfaisants, soucieux du bien-être de l'humanité, imaginèrent de la musique pour l'attirer hors de la retraite, et leurs efforts furent bientôt couronnés de succès. [7]

Les Kalmouks, dans le voisinage de la mer Caspienne, adorent une divinité bienfaisante, appelée Maidari, qui est représentée comme un homme d'aspect plutôt jovial, avec une moustache et un impérial, jouant d'un instrument à trois cordes, ressemblant un peu à la balalaïka russe. .

Presque toutes ces conceptions anciennes se retrouvent également chez les nations européennes, quoique plus ou moins modifiées.

Odin, la principale divinité des anciens Scandinaves, fut l'inventeur des chants magiques et des écrits runiques.

Dans la mythologie finlandaise, le divin Vainamoinen aurait construit la harpe à cinq cordes, appelée kantele, l'ancien instrument national des Finlandais. Il fabriqua le cadre avec les os du brochet et les dents du brochet qu'il utilisa comme chevilles. Les cordes qu'il a fabriquées avec des cheveux provenant de la queue d'un cheval fougueux. Lorsque la harpe tomba dans la mer et fut perdue, il en fabriqua une autre dont le cadre était en bois de bouleau et avec des piquets faits d'une branche de chêne. Comme cordes pour cette harpe, il utilisait les cheveux soyeux d'une jeune fille. Vainamoinen prit sa harpe et s'assit sur une colline près d'un ruisseau argenté. Là, il jouait avec un effet si irrésistible qu'il envoûtait tout ce qui passait à la portée de sa musique. Hommes et animaux écoutaient avec ravissement ; les bêtes les plus sauvages de la forêt perdirent leur férocité ; les oiseaux du ciel étaient attirés vers lui ; les poissons remontaient à la surface de l'eau et restaient immobiles ; les arbres cessèrent d'agiter leurs branches ; le ruisseau retardait son cours et le vent sa hâte ; même l'écho moqueur s'approchait furtivement et écoutait avec la plus grande attention les sons célestes. Bientôt les femmes se mirent à pleurer ; alors les vieillards et les enfants se mirent aussi à pleurer ; et les filles et les jeunes hommes pleuraient tous de joie. Vainamoinen lui-même pleura enfin ; et ses grosses larmes coulaient sur sa barbe, roulaient dans l'eau, et devenaient de belles perles au fond de la mer.

On pourrait citer plusieurs autres dieux musicaux ou musiciens divins, ainsi que d'innombrables esprits mineurs, tous témoignant de l'origine divine de la musique.

Il est vrai que les gens qui se croient plus éclairés que leurs ancêtres sourient de ces vieilles traditions et disent que le foyer originel de la musique est le cœur humain. Qu'il en soit ainsi. Mais les conceptions les plus pures et les plus belles de l'homme ne participent-elles pas d'un caractère divin ? L'art de la musique n'est-il pas généralement reconnu comme l'un de ceux-là ? Et n'est-il pas donc, même indépendamment des mythes et des mystères, digne d'être appelé l'art divin ?

Curieuses coïncidences.

Il est révélateur que plusieurs nations dans différentes parties du monde possèdent une tradition ancienne selon laquelle un instrument semblable à une harpe serait à l'origine dérivé de l'eau.

Le dieu scandinave Odin, à l'origine des chants magiques, est mentionné comme le souverain de la mer ; et en tant que tel, il portait le nom de Nikarr. Dans les profondeurs de la mer, il jouait de la harpe avec ses esprits subordonnés, qui remontaient parfois à la surface de l'eau pour enseigner à un être humain privilégié leur merveilleux instrument.

Vainamoinen, le divin joueur du kantele finlandais, selon le Kalewala, l'ancien æpos national des Finlandais, a construit le premier instrument de ce genre d'arêtes de poisson.

Hermès, on s'en souvient, fabriquait sa lyre, la chélys, en écaille de tortue.

Dans la mythologie hindoue, le dieu Nareda a inventé la vina, un instrument à cinq cordes, considéré comme le principal instrument national des hindous, qui porte aussi le nom de *kach'-hapi* , signifiant tortue. De plus, *nara* désigne en sanskrit « l'eau », et *Narada* ou *Nareda* « le Donateur d'eau ».

Comme Nareda, Nérée et ses cinquante filles, les Néréides, mentionnées dans la mythologie grecque, étaient réputées pour leurs réalisations musicales.

Il existe encore une vieille tradition, préservée dans les ballades nationales suédoises et écossaises, d'un harpiste habile qui construit son instrument à partir des os d'une jeune fille noyée par une méchante femme. Il utilise ses doigts pour les vis d'accordage et ses cheveux dorés pour les cordes. Le harpiste joue et sa musique tue la meurtrière. [8] Une histoire similaire est racontée dans les anciennes chansons nationales islandaises, et la même tradition a été retrouvée encore préservée dans les îles Féroé, ainsi qu'en Norvège et au Danemark. [9]

L'impression agréable produite par le flux rythmé des vagues et le murmure apaisant de l'eau courante n'a-t-elle pas conduit diverses nations, indépendamment les unes des autres, à l'idée largement répandue qu'elles tiraient leur instrument de musique préféré de l'eau ? Ou cette notion peut-elle être attribuée à une source commune, datant d'un âge préhistorique — peut-être de la période primitive où la race aryenne est censée avoir diffusé ses connaissances à travers divers pays ? Ou bien est-elle née de la vieille croyance selon laquelle le monde, avec tous ses charmes et ses délices, était né d'un chaos dans lequel l'eau constituait l'élément prédominant ?

Cependant, Nareda, le Donateur d'eau, était évidemment aussi le maître des nuages ; et Odin avait son trône dans les cieux. En effet, de nombreux esprits musicaux de l'eau semblent avoir été initialement considérés comme des divinités de la pluie. Leur musique peut donc être considérée comme dérivée des nuages plutôt que de la mer. En bref, les traditions concernant les esprits et l'eau ne contredisent pas, mais confirment plutôt la croyance selon laquelle la musique est d'origine céleste.

TRADITIONS HINDOUES.

Mia Tonsine, une merveilleuse musicienne du temps de l'empereur Akber, chantait à midi un des *chiffons de nuit* . La puissance de la musique était telle qu'il faisait instantanément nuit, et l'obscurité s'étendait en cercle autour du palais jusqu'à ce que le son de la voix puisse être entendu. Les chiffons sont des chansons caractéristiques composées selon certains modes ou gammes ; et chaque Rag est approprié à une saison distincte, dans laquelle seule il doit être chanté ou joué à des heures prescrites du jour ou de la nuit ; car, sur chacun des six chiffons, ou sortes de compositions, préside un certain dieu, qui préside également aux six saisons. Les six saisons sont : *Seesar*, la saison de la rosée ; *Heemat*, la saison froide ; *Vasant*, la saison douce , ou printemps ; *Greesshma*, la saison chaude ; *Varsa*, la saison des pluies ; et *Sarat*, la débâcle ou la fin des pluies. [dix]

Quiconque tentera de chanter le Rag *Dheepuck* (ou « Cupidon l'Inflammateur ») sera détruit par le feu. L'empereur Akber ordonna à Naik Gopaul, un célèbre musicien, de chanter ce Rag. Naik Gopaul essaya de s'excuser, mais en vain ; l'Empereur insistait sur l'obéissance. Le malheureux musicien demanda donc la permission de rentrer chez lui et de faire ses adieux à sa famille et à ses amis. C'était l'hiver quand il revint, après une absence de six mois. Avant de commencer à chanter, il se plaça dans les eaux de la Jumna jusqu'à ce qu'elles atteignent son cou. Dès qu'il avait exécuté un ou deux efforts, la rivière devenait progressivement chaude ; enfin, cela commença à bouillir, et les angoisses du malheureux musicien furent presque insupportables. Suspendant un instant la mélodie ainsi cruellement extorquée, il demanda grâce au monarque, mais en vain. Akber souhaitait prouver plus fortement les pouvoirs du Rag *Dheepuck* . Naik Gopaul renouvela le chant fatal : des flammes jaillirent avec violence de son corps qui, bien que plongé dans les eaux de la Jumna, fut réduit en cendres.

L'effet produit par le chiffon appelé *Maig Mullaar* est une pluie immédiate. On raconte qu'une jeune chanteuse, en exerçant les pouvoirs de sa voix dans ce chiffon, fit jaillir des nuages des averses opportunes et rafraîchissantes sur les récoltes de riz desséchées du Bengale, et détourna ainsi les horreurs de la famine du "Paradis des régions". ", comme on appelle parfois la province du Bengale.

Sir William Ouseley, qui a obtenu ces traditions, semble-t-il, à partir d'une communication orale, déclare qu'elles sont relatées par de nombreux hindous et implicitement crues par certains. Cependant, lorsqu'on demande aux gens s'il existe encore parmi eux des musiciens capables de produire des effets semblables à ceux enregistrés, on leur répond gravement que cet art est maintenant presque perdu, mais qu'il existe encore dans l'ouest du pays des musiciens dotés de pouvoirs miraculeux. l'Hindoustan ; et si l'on s'enquiert en Occident, on dit que s'il restait de tels musiciens, il faudrait les trouver au Bengale. [11]

Une collection fiable de traditions hindoues liées à la musique pourrait probablement être suggestive et précieuse pour l'historien de la musique, surtout s'il les examinait en référence aux mythes des anciens Égyptiens et Grecs.

QUERELLES CÉLESTES.

Il semble y avoir une idée universellement répandue parmi les peuples non civilisés selon laquelle, lors d'une éclipse de soleil ou de lune, les deux luminaires se disputent, ou que leur bonheur conjugal est perturbé par un monstre intrusif.

Les indigènes des îles polynésiennes ont une vieille tradition selon laquelle la lune (appelée *marama*) est l'épouse du soleil (appelé *ra*) et, lors d'une éclipse, la lune est censée être mordue ou pincée par un esprit en colère. . [12]

Les Javanais, et les indigènes de l'archipel indien en général, lorsqu'une éclipse a lieu, crient et battent des gongs pour empêcher le soleil ou la lune d'être dévorés par le grand dragon (appelé *nága*), qu'ils supposent attaquer l'astre. [13] Cette notion semble avoir été adoptée par les Malais des Hindous, dans la mythologie desquels un dieu appelé Rahu – qui aurait été à l'origine un géant et qui est peint en noir – au moment d'une éclipse engloutit le le soleil et la lune, et il les vomit à nouveau.

Des Chinois on nous dit : « Dès qu'ils s'aperçoivent que le soleil ou la lune commencent à s'obscurcir, ils se jettent à genoux et se cognent le front contre la terre. Un bruit de tambours et de cymbales se fait immédiatement entendre dans toute la ville. C'est le reste d'une ancienne opinion répandue en Chine, selon laquelle, par un vacarme si horrible, ils assistent l'astre souffrant et l'empêchent d'être dévoré par le dragon céleste. [14]

Les Groenlandais ont, selon Crantz, une tradition assez similaire ; mais, au lieu d'instruments de musique, les hommes portent des bouilloires et des boîtes jusqu'au sommet de la maison, les secouent et les battent, et les femmes pincent les chiens par les oreilles, pour effrayer la lune, qui, supposent-elles, insulte son femme, le soleil. [15] Au Groenland, la lune est l'homme et le soleil est la femme, comme en Allemagne.

Encore une fois, les Noirs d'Afrique occidentale semblent avoir à peu près la même idée. Le voyageur Lander, pendant son séjour à Boussa au Soudan, fut témoin du comportement sauvage des nègres lors d'une éclipse de lune. Leurs principaux efforts pour éviter la calamité supposée imminente consistaient à sonner des trompettes, à battre des tambours, à chanter et à crier. [16]

La légende japonaise de la déesse solaire qui, après s'être cachée dans une caverne, est attirée hors de sa sombre demeure par le pouvoir de la musique, est apparemment également une conception poétique d'une éclipse. Titsingh, récitant la même tradition, dit que Fensio-Daysin, la déesse du soleil, s'est enfuie vers la caverne à la suite d'une dispute qu'elle a eue avec son frère Sasanno-Ono-Mikotto, le dieu de la lune. [17]

À partir de ces exemples, il semble que les performances musicales, ou, du moins, les sons d'instruments bruyants, soient considérées comme l'agent le plus efficace pour apaiser la colère des corps célestes en querelle. Mais il n'y a aucune raison de supposer que cette notion particulière émane à l'origine d'un seul peuple. Comme plusieurs autres traditions populaires, elle doit très probablement son origine à des impressions produites sur l'esprit par un certain phénomène naturel ; et il se peut donc qu'il se soit manifesté de manière tout à fait indépendante chez différentes nations, au lieu de s'être transmis d'une nation à l'autre.

AL-FARABI.

La plupart des légendes populaires et des contes de fées traditionnellement préservés sont de haute origine. Beaucoup de ceux qui semblent provenir de l'ère chrétienne ne sont que des modifications d'anciens datant de l'époque païenne. Ainsi, on retrouve la Vierge Marie dans une légende substituée à une déesse païenne, et tel ou tel saint à un dieu païen. Parfois, un incident remarquable, enregistré dans l'histoire ancienne, est raconté comme s'étant produit à une époque beaucoup plus récente. Peut-être que cela s'est produit de nouveau, mais dans de nombreux cas, la vieille tradition a sans aucun doute été empruntée par une nation à une autre et a été adaptée aux circonstances qui ont favorisé son adaptation.

Dans les archives musicales des Arabes, il est fait mention des merveilleuses réalisations d'un musicien célèbre, nommé Al-Farabi, et qui acquit sa maîtrise en Espagne, dans l'une des écoles de Cordoue, qui prospéra dès la fin de l'époque. du IXe siècle. La réputation d'Al-Farabi devint si grande qu'elle s'étendit finalement à l'Asie. Le puissant calife de Bagdad lui-même désira entendre le célèbre musicien et envoya des messagers en Espagne avec pour instructions d'offrir de riches présents à Al-Farabi et de le transporter à la cour du calife ; mais le musicien craignait, s'il partait, d'être retenu en Asie et de ne plus jamais revoir sa maison à laquelle il se sentait profondément attaché. Cependant il résolut enfin de se déguiser et d'entreprendre le voyage qui lui promettait une riche récolte. Vêtu d'un costume mesquin, il fit, sans être reconnu, son apparition à la cour juste au moment où le puissant calife se divertissait avec son concert quotidien. Al-Farabi, inconnu de toutes les personnes présentes, a été autorisé à montrer son talent. Il chantait en s'accompagnant du luth. A peine avait-il commencé sa prestation sur un certain mode musical qu'il fit rire tout son auditoire aux éclats, malgré les efforts des courtisans pour réprimer une démonstration de gaieté si inconvenante en présence du puissant calife. En vérité, même le puissant calife lui-même fut obligé d'éclater de rire. Bientôt, Al-Farabi passa à un autre mode, et l'effet fut qu'immédiatement tous ses auditeurs se mirent à soupirer, et bientôt des larmes de tristesse remplacèrent les larmes de joie précédentes. De nouveau, il chanta et joua sur un autre mode, ce qui excita son public à un point tel qu'ils se seraient battus si lui, voyant le danger, n'était pas immédiatement passé à un mode apaisant. Après cette merveilleuse démonstration de son talent, il conclut sur un mode qui eut l'effet extraordinaire de faire tomber ses auditeurs dans un profond sommeil, pendant lequel Al-Farabi prit son départ.

On verra que cet incident est presque identique à celui enregistré comme s'étant produit environ mille deux cents ans plus tôt à la cour d'Alexandre le Grand, et qui fait l'objet du beau poème de Dryden, « Le Festin d'Alexandre ». L'éminent flûtiste Timothée, jouant devant Alexandre, suscita et dompta successivement différentes passions en changeant les modes musicaux au cours de la représentation, exactement de la même manière que le fit Al-Farabi plus de mille ans plus tard.

FERDINAND, LE CONFIANT.

Les Allemands ont une curieuse histoire dans laquelle se produit un incident rappelant la célèbre aventure d'Arion. On se souvient qu'Arion, après avoir acquis de grandes richesses grâce à ses talents musicaux, se trouvait, au cours d'un voyage, en danger imminent d'être assassiné par les marins, qui convoitaient les trésors qu'il transportait avec lui. Lorsqu'il apprit que sa mort était décidée, il demanda la permission de frapper encore une fois sa lyre bien-aimée. Et il jouait avec tant d'émotion que les poissons qui entouraient le navire en prirent pitié. Il se jeta à l'eau et fut ramené à terre par un dauphin.

Quant à Fidèle Ferdinand, le héros de l'histoire allemande, on raconte que lui, voyant un poisson se débattre près du rivage et à bout de souffle, le prend par la queue et le ramène à son élément. Sur quoi le poisson, en signe de gratitude, sort la tête hors de l'eau et présente une flûte à Trusty Ferdinand. "Si jamais tu as besoin de mon aide", dit le poisson, "joue seulement de cette flûte, et je viendrai t'aider." Quelque temps après, Trusty Ferdinand entreprend un voyage vers un pays lointain. Alors qu'il est à bord d'un navire, il a le malheur de laisser tomber à la mer un anneau précieux, de la possession duquel dépend le bonheur d'une belle princesse ainsi que son propre bonheur. Il prend sa flûte ; dès qu'il commence à jouer, le poisson apparaît et lui tend le précieux anneau.

LE CHASSEUR SAUVAGE.

Le chasseur sauvage traverse la forêt la nuit accompagné d'un hôte bruyant, poursuivant sa poursuite furieuse avec des chants surnaturels, des sons de cors, des aboiements de chiens, des cliquetis de chevaux, des cris et des halloos effrayants. Cette conception largement répandue remonte à l'époque païenne ancienne, dans laquelle Wuotan, (ou Woden), la principale divinité de la mythologie allemande, présente les caractéristiques communément attribuées au chasseur sauvage. Mais c'est nouveau aussi bien qu'ancien ; car cela ne se présente pas moins naturellement aujourd'hui qu'autrefois – comme le lecteur le saura peut-être par sa propre expérience, s'il s'est jamais trouvé seul par une nuit d'orage au clair de lune dans une forêt de Bohême ou d'Allemagne. En tout cas, il peut être sûr que ce n'est pas une plaisanterie de traverser par une telle nuit une forêt qui subsiste encore presque dans son état primitif.

Pendant un certain temps, tout semble silencieux comme une tombe, et le piéton solitaire, poursuivant quelque vieux sentier qui indique vaguement le chemin vers un village, n'est qu'occasionnellement déconcerté par l'obscurité soudaine qui se produit lorsqu'un nuage obscurcit la lune, ou par la luminosité saisissante, si il atteint inopinément une clairière de la forêt au moment même où un nuage a traversé la lune, projetant non loin devant lui son ombre, qui, comme un spectre, vole rapidement sur les broussailles, prenant diverses formes grossières. Bientôt, son imagination est excitée par des sons lointains jamais entendus en plein jour : jappements de renards, hurlements de loups, grognements de sangliers ; et maintenant par le pitoyable cri d'agonie poussé par un oiseau devenu la proie de quelque bête vorace. Tout à coup, il est effrayé par un bruit affreux, semblable au galop d'une cavalcade : un troupeau de cerfs s'enfuit en toute hâte à travers le bois. La cavalcade semble venir droit sur lui ; mais bientôt le bruit s'affaiblit et s'éteint rapidement. Désormais un tourbillon balayant la forêt, et secouant violemment la cime des arbres, s'approche peu à peu du piéton harcelé. D'abord seulement en gémissant et en grommelant, il éclate bientôt en un hurlement terrible ; et tandis qu'il passe furieusement au-dessus de la tête du témoin involontaire, il fait sortir de leurs cachettes divers hiboux dont les hululements et les cris suffiraient à eux seuls à lui faire dresser les cheveux. Et lorsque le tourbillon aura balayé et ne se fera plus entendre que de faibles murmures au loin, d'autres sons et apparitions non moins terrifiants surgiront sûrement bientôt. En bref, le vagabond solitaire, aussi intelligent soit-il, observateur de la nature, sentira très probablement son cœur soulagé d'un lourd poids lorsqu'il aura laissé la forêt derrière lui. Bientôt, arrivé au terme de son voyage, il pourra enfiler ses pantoufles avec cette confortable sensation de soulagement que l'on est sûr d'éprouver lorsqu'on a échappé à un danger imminent. C'est bien pour lui maintenant de se persuader qu'après tout il n'a été témoin que de quelques phénomènes naturels intéressants ; il pourra peut-être même sourire des idées superstitieuses des paysans naïfs. Mais à quoi cela lui sert-il ? La nuit n'est pas encore terminée et il ne peut échapper au rêve effrayant d'une rencontre personnelle avec le chasseur sauvage et son hôte furieux.

D'après ce qui a été dit, le lecteur ne sera pas surpris que les rapports des témoins qui prétendent avoir rencontré le chasseur sauvage diffèrent sur de nombreux points. Beaucoup dépend évidemment de la nature du lieu dans lequel se manifeste la mystérieuse apparition. Dans certaines régions d'Allemagne, un accent particulier est mis sur la douceur et la douceur de sa musique. Cette conception trouve peut-être son origine dans les forêts de pins, où les délicates feuilles en forme d'aiguilles des arbres vibrent au vent comme les cordes d'une harpe éolienne. Mais le son du cor du chasseur semble être un attribut indispensable à la poursuite furieuse. Les gens des campagnes du Mecklembourg et de quelques autres provinces du nord de l'Allemagne où l'on parle le bas allemand, en entendant le bruit mystérieux dans la forêt, disent : « *De Wode tüt !* » (« Woden sonne ! »), ce qui implique une série de sons arythmiques plutôt qu'une succession mélodieuse de tons sur le cor - en fait, cela ressemble beaucoup au hululement du hibou. C'est d'ailleurs une croyance commune qu'une sorte de hibou, appelé par les paysans *Tutosel* , accompagne toujours le chasseur sauvage avec son hôte furieux.

Le récit d'un événement extraordinaire donné par un témoin honnête est, bien entendu, généralement préférable à une déclaration du même événement simplement obtenue par ouï-dire ; et le témoignage du témoin mérite d'autant plus d'attention s'il se montre un observateur intelligent et attentif. Le rapport ci-joint du baron allemand Reibnitz pourra donc intéresser le lecteur. Elle fut communiquée par le baron à la Société philosophique de Görlitz, en Silésie. Comme Görlitz possède une Société Philosophique, il doit y avoir des gens intelligents dans la ville. Quoi qu'il en soit, le document est authentique et a été fidèlement traduit de l'allemand.

L'AUDACI BARON ALLEMAND.

« La tradition populaire du chasseur sauvage, courante dans de nombreux endroits, prévaut encore aujourd'hui dans mon village de Zilmsdorf. Dès mon plus jeune âge, j'en avais eu connaissance, mais seulement par ouï-dire ; et dès mon arrivée En possession de mon héritage paternel, je donnai les ordres les plus stricts, notamment aux veilleurs de nuit, pour m'avertir immédiatement, à toute heure de la nuit, si cet événement arrivait.

« Il y a environ trente ans, vers onze heures, par une nuit claire du mois de mai, j'entendis frapper à ma fenêtre :

« 'Gracieux Baron!' s'écria ma montre de nuit, « Le chasseur sauvage ! Dans les bois supérieurs de Teuplitz !

« J'ai directement donné l'ordre d'éveiller Stäglich, mon garde-chasse, qui à cette époque — j'étais alors célibataire — était palefrenier, garde-chasse, intendant, bref tout à fait pour moi, et d'ailleurs était juste de mon âge, et certainement un excellent forestier.

" " Allez chercher les chevaux ! Dépêchez-vous ! Ne vous arrêtez pas pour seller, seulement le tissu du cheval ; le Chasseur Sauvage est dans la forêt ; nous l'accueillerons ! "

"C'était exactement ce qui se passait pour Stäglich. En moins de dix minutes, nous étions à cheval, bien armés, et volions au-dessus des prairies et des champs labourés au son des cors de chasse et des cris des chiens. A peine étions-nous arrivés à la lande que le bruit cessa. Nous restâmes silencieux. Tout à coup nous entendîmes près de nous un jappement semblable à celui d'un chien-blaireau lorsqu'il a retrouvé l'odeur perdue. Rapidement, des aboiements de chiens, grands et petits, avec des bruits de cornes. Nous commençâmes alors une poursuite vraiment furieuse, qui se dirigea vers le milieu de la forêt, où d'autres cors de chasse serpentaient terriblement. Nous éperonnâmes nos chevaux et nous précipitâmes en avant, mais un fourré impénétrable nous obligea à changer de direction et à changer de direction. Nous nous tournâmes vers une partie de la forêt où il y avait peu de sous-bois, mais où, malgré la belle nuit étoilée, il faisait si noir que nous ne pouvions vraiment pas voir le bois à cause des arbres, comme le dit le proverbe Les chevaux, qui, comme on le sait, ils sont la nuit plus nerveux que les hommes — ils ont hésité plusieurs fois.

« Tout à coup, la Chasse Sauvage parut venir directement vers nous, avec une clameur si terrible que, dès que nous atteignîmes le sommet de la colline où se dressent les plus hauts arbres de la forêt, nous nous criâmes : « Maintenant, à eux ! '

« Comme un tourbillon, il s'est précipité devant nous, avec une musique épouvantable de voix et d'instruments, à une distance d'à peine quarante pas. Les chevaux reniflaient et reculaient, et celui de mon garde-chasse se cabrait et tombait à la renverse.

"'Le ciel soit miséricordieux envers nous et protège-nous !' nous avons pleuré tous les deux. Je me suis précipité à son secours, mais il se levait déjà. Bientôt, il était de nouveau à mes côtés. Nos chevaux se serraient nerveusement l'un contre l'autre. La chasse sauvage parut terminée, quand, au bout d'un moment, nous entendîmes. cela recommença à grande distance, en rase campagne. Sans perdre de temps, nous nous hâtâmes dans cette direction et atteignîmes bientôt les champs.

"Les étoiles brillaient brillamment et joyeusement. Maintenant la chasse sauvage passait devant nous; mais à mesure que nous approchions, elle s'éloignait progressivement en une ligne courbe, avec le son des cors, les cris des chiens et le cliquetis des chevaux. Bientôt, elle fut loin sur la bruyère lointaine.

"Nous sommes rentrés chez nous, où le veilleur de nuit nous attendait avec anxiété. Il commençait déjà à douter que nous devions jamais revenir. Il était plus d'une heure." [18]

CRIS PROPHÉTIQUES D'OISEAUX.

Les cris des oiseaux sont peut-être plus souvent considérés comme de bons présages que comme de mauvais présages. Chez les nations slaves, notamment chez les Polonais et les Lituaniens, le hululement de la chouette présage la misère et la mort. En Allemagne également, si le petit hibou fait son apparition dans un village par une nuit de clair de lune et que, s'installant dans un bâtiment de ferme, il émet ses notes mélancoliques, certains laisseront certainement entendre qu'il y aura bientôt une mort dans la famille. du maître de maison. De plus, une superstition similaire prévaut dans l'Hindoustan. [19]

Le coassement d'un corbeau est considéré en Russie et en Serbie comme un signe avant-coureur de l'effusion du sang. [20] L'ancienne tradition du chant du cygne mourant est familière à tout le monde. Bien que notre cygne commun ne produise pas de sons qui pourraient expliquer cette tradition, il est de notoriété publique que le cygne sauvage (*cygnus ferus*), également appelé cygne siffleur, lorsqu'il est en vol, émet un ton aigu qui, aussi dur soit-il, il peut sonner s'il est entendu de près, produit un effet agréable lorsque, émanant d'un grand troupeau haut dans les airs, il est entendu dans une variété de hauteurs sonores, augmentant ou diminuant en volume selon les mouvements des oiseaux et le courant du vent. L'idée du chant du cygne mourant semble être liée à la tradition scandinave des Valkyrjas, qui étaient des jeunes filles en armure avec des ailes de cygne. Au cours d'une bataille, les Valkyrjas s'approchaient en flottant dans les airs et, planant au-dessus de la scène du carnage, ils indiquaient qui allait tomber dans le combat. [21]

Le coucou est considéré par les Russes et par la plupart des autres nations slaves comme un oiseau de tristesse. Selon une tradition serbe, le coucou (appelé *kukawiza*) était une jeune fille qui pleurait si continuellement son frère décédé qu'elle se transformait en oiseau qui, de deux tons mélancoliques, envoie dans les airs sa plainte incessante. Une jeune fille serbe qui a perdu son frère (amant ?) n'entend jamais le coucou sans verser des larmes. De plus, en Servie, le coucou est considéré comme un oiseau prophétique, notamment par le *heyduk* , ou voleur, qui augure de son chant antérieur ou tardif. [22]

Chez les races germaniques, les notes du coucou, lorsqu'au printemps il se fait entendre pour la première fois, sont généralement considérées comme de bon augure. Il existe encore, comme dans la mythologie teutonique, une croyance parmi les paysans allemands selon laquelle si quelqu'un compte le nombre de fois que cet oiseau répète son cri, il peut en déduire combien d'années il lui reste encore à faire. vivre, ou combien d'années s'écouleront avant qu'un événement auquel il a des raisons de s'attendre se produise. On raconte une vieille histoire d'une personne qui, après avoir mené une vie plutôt mauvaise, a décidé de devenir moine pour le reste de sa vie, afin de se racheter. Il arriva qu'au moment où il entrait dans le monastère, il entendit pour la première fois au printemps le coucou crier son nom. Il comptait anxieusement le nombre d'appels ; et trouvant qu'il y en avait vingt-deux répétitions, il changea aussitôt d'avis. « S'il me faut vivre vingt-deux ans de plus, se disait-il, autant jouir vingt ans de plus des plaisirs de ce monde, et il me restera alors deux années entières pour en dénoncer les vanités dans un monastère. " Il revint donc aussitôt au monde.

En Suède, les filles de la campagne comptent le chant du coucou pour savoir combien d'années il leur reste encore à rester célibataires ; mais ils se bouchent généralement les oreilles et s'enfuient après l'avoir entendu plusieurs fois. Si une jeune fille l'entend plus de dix fois, elle déclarera avec un peu de dépit qu'elle n'est pas superstitieuse et qu'elle n'a pas la moindre foi dans l'appel du coucou.

SIFFLEMENT.

"Pourquoi ! il fait de la musique avec sa bouche !" s'exclama un natif de Birmanie lorsqu'il aperçut un missionnaire américain siffler ; et le missionnaire nota ces paroles dans son journal, avec la réflexion : « Il est remarquable que les Birmans ignorent totalement le sifflement. [23] Mais l'Asiatique simple d'esprit n'a-t-il pas été étonné seulement d'observer ce qu'il jugeait inconvenant chez un gentleman venu en Birmanie pour enseigner une nouvelle religion ?

Les Arabes désapprouvent généralement le sifflement, appelé par eux *el sifr*. Certains soutiennent que la bouche du siffleur ne doit pas être purifiée avant quarante jours ; tandis que d'autres sont d'avis que Satan touchant la personne d'un homme l'amène à produire un son offensant. [24]

Les indigènes des îles Tonga, en Polynésie, considèrent qu'il est mal de siffler, car c'est un manque de respect envers leurs dieux. [25]

Dans les pays européens, on rencontre des gens qui s'opposent à ce que l'on siffle tel jour de la semaine ou à certaines heures de la journée. Les villageois de certaines régions du nord de l'Allemagne disent que si l'on siffle le soir, les anges pleurent. Les villageois d'Islande disent que même si l'on agite autour de soi un bâton, un fouet, une baguette ou tout ce qui fait un sifflement, on effraie le Saint-Esprit ; tandis que d'autres Islandais, qui se considèrent exempts de superstitions, donnent prudemment ce conseil : « Ne le faites pas ; car qui sait ce qu'il y a dans l'air ? [26]

Il semble pourtant qu'il y ait eu de tous temps des personnages légers qui, défiant les vues superstitieuses de leurs compatriotes, ont sifflé à leur guise, ou pour l'amusement de ceux qui méprisaient les préjugés populaires.

Joseph Strutt, dans ses « Sports et passe-temps du peuple anglais », rapporte l'étonnante performance d'un siffleur qui, prenant le nom de Rossignol, exhiba à la fin du siècle dernier son talent sur la scène du Covent Garden Theatre. Encore une fois, un récit amusant est donné dans le « Spectator » (vol. VIII., n° 570) d'un habile siffleur, qui était l'hôte de la taverne particulièrement fréquentée par Addison et Steele ; et l'écrivain conclut sa description du talent surprenant de l'hôte en recommandant à ses lecteurs de se rendre à la taverne et de commander une bouteille de vin pour le plaisir de siffler.

Les Russes d'Ukraine racontent l'histoire étrange d'un voleur siffleur d'autrefois, qui devait être un personnage fabuleusement grand, car il s'asseyait, nous dit-on, sur neuf chênes à la fois. Son nom est encore connu ; mais ce serait infliger au lecteur de lui présenter un nom presque entièrement composé de consonnes et ne pouvant être prononcé que par un Russe. Ce célèbre voleur avait cependant aussi un surnom signifiant « Rossignol », qui lui fut donné en raison de ses extraordinaires pouvoirs de sifflement. Chaque fois qu'un voyageur entrait dans la forêt où le voleur Nightingale avait son domicile, c'était dommage pour lui s'il avait négligé de faire son testament ; car le voleur Rossignol sifflait de manière si impressionnante que le pauvre voyageur dut s'évanouir, puis le misérable siffleur s'avança et le tua sur le coup. Mais enfin un grand héros, qui était en plus un saint homme et dont le nom était Ilja Murometz, se rendit dans la forêt pour maîtriser le voleur Nightingale. L'ayant frappé d'une flèche et fait prisonnier, il l'attacha à la selle de son cheval et l'accompagna à Kiev jusqu'à la cour du grand-prince Vladimir. Même là, le siffleur enchaîné s'est révélé le plus dangereux. Car lorsque le Grand-Prince, par pure curiosité, et peut-être pour voir si ses courtisans lui avaient dit la vérité, ordonna au voleur de siffler devant lui, la Grande-Princesse et tous les enfants royaux étant présents, l'homme se mit aussitôt à siffler. d'une manière si accablante que bientôt Vladimir et toute sa famille seraient inévitablement morts, si de courageux courtisans, percevant le danger, ne s'étaient levés et n'avaient pas fermé la bouche du siffleur.

D'ailleurs, certains Russes éclairés disent qu'il ne faut pas prendre cette histoire au pied de la lettre. A l'époque de l'introduction du christianisme en Russie vivait près de Kiev, dit-on, un grand prêtre païen qui était un orateur si distingué qu'il réussit même à attirer beaucoup de gens à ses côtés pour arrêter la propagation du christianisme. Cet homme, dont le pouvoir de persuasion était si grand que ses partisans l'appelaient Rossignol, fut finalement vaincu par son adversaire chrétien Murometz. Les ossements de Murometz, nous apprend-on en outre, ne se sont jamais décomposés et sont encore chaque année exposés à Kiev pour être vénérés par une assemblée de croyants pieux. [27]

LES ÉTUDES DE NOS GRANDS COMPOSITEURS.

Une enquête sur la culture progressive du génie de nos grands compositeurs musicaux est aussi instructive qu'intéressante pour l'amateur de musique. Avant de tenter cette enquête, il convient de vérifier exactement ce que signifie l'appellation « nos grands compositeurs ».

Composer de la musique n'implique pas seulement inventer des idées musicales, mais aussi utiliser des idées déjà inventées de manière à les exposer sous un jour nouveau. Certaines modulations, passages et combinaisons rythmiques apparaissant dans nos compositions musicales peuvent être considérées comme propriété commune ; mais comme ils nous paraissent souvent étonnamment originaux et frais à travers la manière nouvelle dont les compositeurs les emploient en relation avec d'autres idées ! Or, un compositeur qui a le pouvoir de construire de très belles œuvres d'art sous une certaine forme, en inventant des idées et en montrant sous un jour nouveau des idées qu'il n'a pas inventées, mérite d'être considéré comme un grand compositeur.

Cependant, pour suivre les progrès graduels de son génie, il ne suffit pas d'examiner ses études, ni, pour ainsi dire, de l'observer dans son atelier ; il faut commencer notre enquête plus en arrière et l'observer d'abord comme un enfant prometteur.

Malheureusement, on ne sait généralement pas grand chose des premières leçons initiatiques de nos grands compositeurs. Les musiciens célèbres ont une occupation plus importante que d'expliquer leurs premières instructions ; ou bien ils ont en grande partie oublié comment ils ont appris dans leur enfance les rudiments de leur art. Mais les leçons initiatiques sont particulièrement remarquables, car la fondation exerce une influence presque ineffaçable sur l'orientation ultérieure de l'étudiant musical.

Le talent musical des enfants n'est pas toujours aussi facile à découvrir qu'on pourrait le croire. L'oisiveté, qui n'est pas inhabituelle chez les enfants qui grandissent rapidement, ou l'indifférence provoquée par une éducation peu judicieuse, peuvent être confondues avec un manque de talent. Il existe des archives de musiciens distingués qui, dans leur petite enfance, n'ont fait preuve ni de talent ni d'amour pour la musique. D'autres, qui, ne montrant aucune envie d'apprendre l'instrument de musique sur lequel ils ont reçu leur instruction, ont fait preuve, contre toute attente, de beaucoup de talent et d'industrie en s'exerçant sur un autre type d'instrument de leur choix. La plupart de nos musiciens distingués ont manifesté dès leur plus tendre enfance une préférence pour un instrument particulier qu'ils ont cultivé avec persévérance et dans lequel ils ont ensuite excellé.

Les parents ont tendance à voir du talent chez leurs enfants là où il n'existe pas, ou, du moins, pas au degré supposé. Certains trouvent même des preuves incontestables de leur talent musical dans la forme de la tête de leur progéniture. Une formation particulière du crâne, surtout au niveau des tempes, est certainement observable chez beaucoup de musiciens intelligents, et peut être reconnue dans les quelques portraits connus pour être des ressemblances fidèles de grands compositeurs. Il serait intéressant de savoir si les enfants prodiges musicaux, si nombreux au cours du siècle actuel, possédaient généralement cette indication phrénologique. Quoi qu'il en soit, ils ne sont devenus de grands compositeurs que dans des cas exceptionnels. En fait, les premiers prodiges musicaux n'ont que rarement réalisé dans l'au-delà tout ce qu'on attendait d'eux. Il existe cependant des exceptions ; par exemple, Mozart. Le Dr Crotch, dans son enfance, a fait preuve de capacités aussi extraordinaires que celles de Mozart. À l'âge de trois ans et demi, il pouvait jouer des airs harmonisés au pianoforte et, à l'âge de cinq ans, il jouait de l'orgue en public lors d'un concert-bénéfice à Londres. Par la suite, il n'a accompli que peu de choses et n'a pas réalisé les attentes qu'il avait suscitées lorsqu'il était enfant.

Il existe des exemples connus de musiciens qui, dans leur petite enfance, ont été contraints, contre leur inclination, à pratiquer assidûment, et qui ont dû être torturés par le souci incessant de leurs progrès que leurs parents leur ont accordé. Ils sont devenus de brillants musiciens, faisant de la musique comme une machine bien construite. Nos grands compositeurs ont généralement eu une enfance plus heureuse. Il s'agissait, dans la plupart des cas, d'enfants dont le développement physique était particulièrement soigné ; qui étaient autorisés à se promener dans les champs et les forêts, et à jeter les bases d'une vie saine par des divertissements en plein air et des exercices corporels. Ceci explique peut-être suffisamment pourquoi tous n'ont pas fait preuve d'une précocité de talent dans la petite enfance. En fait, leur plein développement n'a été dans bien des cas que lent, et plusieurs d'entre eux n'ont produit leurs meilleures œuvres qu'après avoir atteint un âge dépassant celui généralement attribué aux musiciens. Gluck a composé son « Iphigénie en Tauris » à l'âge de soixante-cinq ans ; Haydn composa la « Création » au cours de sa soixante-neuvième année et les « Saisons » au cours de sa soixante-douzième année. Haendel avait cinquante-six ans lorsqu'il écrivit le « Messie » et soixante et un ans lorsqu'il écrivit « Judas Maccabée ».

Certains de nos musiciens les plus doués ont mis beaucoup plus de temps que d'autres à développer leur talent, parce qu'ils n'avaient pas eu dans leur enfance le même avantage en matière de direction que d'autres, et ont été par conséquent obligés de découvrir par eux-mêmes la meilleure méthode de culture. Peut-être marche-t-il maintenant derrière une charrue un Haendel qui n'a pas montré qu'il était un homme de génie parce que les circonstances l'ont empêché de connaître et de cultiver ses pouvoirs. Heureux l'artiste qui, dans son enfance, a été conduit par un guide judicieux dans une voie qui lui épargne bien du temps, des ennuis et des déceptions ! Mozart avait un tel guide en son père ; aussi Mendelssohn. Weber mérite peut-être d'autant plus d'éloges que son père a été pour lui un obstacle plutôt qu'une aide.

Une éducation systématique pendant l'enfance présente le plus grand avantage ; cela est trop évident pour nécessiter des commentaires supplémentaires. On peut aussi tenir pour acquis que l'éducation morale et mentale du jeune compositeur n'est pas moins importante que ses études musicales. Bien plus, sa formation morale est encore plus importante, car on *peut* être un bon musicien, mais *il faut* être un homme bon. De plus, il est assuré de devenir un meilleur musicien s'il possède un discernement aigu du bien et du mal, avec un amour pour le premier et une aversion pour le second.

En ce qui concerne son éducation mentale, il est plus important pour lui de savoir *comment* penser que *quoi* penser. Un discernement clair est préférable à beaucoup d'informations ; en tout cas, il vaut mieux savoir peu de choses et bien comprendre ce peu que de savoir beaucoup de choses confusément.

Il ne fait aucun doute qu'une éducation classique est d'un grand avantage pour le musicien, non seulement en raison de l'influence raffinée qu'une familiarité avec la littérature classique exerce sur l'esprit artistique, mais aussi en raison des langues. La connaissance de deux ou trois langues modernes est presque indispensable au compositeur. La poésie latine apparaît assez fréquemment dans la musique d'église ; et plusieurs anciens traités de musique ont été écrits en latin, et ne sont donc pas accessibles aux musiciens qui ne connaissent pas cette langue. Il ne s'ensuit évidemment pas que pour être un grand compositeur il faille connaître le latin ; cependant, de nombreux musiciens ont jugé opportun d'étudier cette langue dans leurs dernières années, alors qu'ils n'avaient pas eu l'occasion de l'étudier dans leur jeunesse.

Les jeunes musiciens talentueux semblent parfois assez déficients dans leur culture mentale. L'enthousiasme avec lequel ils poursuivent leurs études musicales est susceptible de les amener à négliger les autres études. Mais il n'y a pas de véritable déficit de dons intellectuels ; au contraire, ils ont généralement une grande polyvalence de talent. Cela devient souvent évident au cours de leurs dernières années. Plusieurs musiciens éminents ont fait preuve d'un grand talent pour la peinture. Les remarques humoristiques, spirituelles et intelligentes de certains de nos grands compositeurs sont notoires.

Sans maîtriser parfaitement les aspects techniques de l'art, il est impossible de réaliser quoi que ce soit de valeur artistique. Une culture assidue et persévérante du talent est aussi nécessaire que le talent lui-même. Il a généralement fallu un travail long et continu à un compositeur musical pour produire une œuvre d'art de valeur. Il a atteint son but en sachant ce qui était nécessaire pour l'atteindre et en travaillant avec persévérance pour l'atteindre.

Comme on l'a déjà laissé entendre, il est d'une grande importance pour le progrès du futur compositeur que ses leçons initiatiques soient correctes, de sorte qu'il n'y ait rien appris qui doive ensuite être désappris. Un mauvais coup de piano ou une mauvaise méthode d'archet en jouant du violon ne sont presque jamais entièrement corrigés au cours des années suivantes. L'exemple vaut mieux que le précepte. Un professeur qui, en jouant avec son élève, peut lui montrer comment un passage doit être exécuté, peut lui épargner beaucoup de temps et d'ennuis. Nos chanteurs célèbres ont généralement appris le plus facilement ce qu'ils sont capables d'accomplir en chantant. Cependant, la musique peut être apprise par différentes méthodes, et chaque méthode peut avoir quelque chose à recommander. L'enseignant doit étudier l'élève pour découvrir ce qui est le mieux pour lui.

Nos grands compositeurs ont généralement reçu très tôt une instruction en chant. En effet, un compositeur qui n'a pas cultivé sa voix dans son enfance ne parviendra probablement pas à écrire de la musique vocale aussi efficacement que s'il s'était habitué à chanter ses mélodies tout en les inventant. Même les phrases mélodieuses de ses compositions instrumentales seront probablement plus impressionnantes s'il a été chanteur dès son plus jeune âge.

De plus, le jeune étudiant doit apprendre à jouer avec un haut degré de perfection au moins un instrument de musique. Le pianoforte est, à notre époque peut-être, le mieux adapté à son usage, en raison de l'harmonie et de l'arrangement des œuvres orchestrales exécutables sur l'instrument. La plupart de nos grands compositeurs étaient pianistes, clavecinistes ou organistes. Il y a, c'est vrai, des exceptions. L'instrument de Gluck était le violoncelle ; Celui de Spohr, le violon. Mais même les compositeurs qui ne sont pas pianistes utilisent généralement le pianoforte lorsqu'ils composent pour l'orchestre.

Le meilleur interprète musical est celui qui peut jouer la mélodie la plus simple avec la plus grande expression ; et le deuxième meilleur est celui qui sait jouer les passages les plus difficiles avec la plus grande justesse. Certains pianistes d'une dextérité manuelle étonnante sont incapables de jouer un air simple avec une expression appropriée ; d'autres ne peuvent pas bien exécuter une sonate techniquement facile de Mozart, parce qu'ils n'ont pas appris – ou peut-être ont-ils oublié – l'expression pure requise pour une musique aussi simple. L'exécution de nombreux pianistes modernes est la mieux adaptée à l'interprétation de leurs propres compositions.

Si le jeune musicien souhaite devenir un *virtuose distingué*, cela peut facilement lui être désavantageux en tant que compositeur, non seulement en raison du temps qu'il lui faudra pour exercer ses doigts, mais aussi parce que ses doigts sont susceptibles de l'inciter à composer. pour eux plutôt que pour le cœur. Un grand compositeur joue généralement magistralement d'un instrument ; et il a probablement trouvé opportun d'apprendre un ou deux autres instruments en plus de celui qu'il a principalement cultivé. Si, en plus du pianoforte, il peut jouer de l'alto ou du violoncelle dans un quatuor, ou des fugues à pédales de Bach à l'orgue, il possède les moyens de se familiariser plus à fond avec beaucoup de nos compositions classiques qu'il ne pourrait le faire simplement en les entendre ou les lire ; et la familiarité ainsi acquise lui est bénéfique. De plus, une certaine expérience pratique des instruments à vent est utile au compositeur d'œuvres orchestrales. Nos grands maîtres le savaient et ont agi en conséquence.

L'exercice des doigts prend du temps, mais pas forcément beaucoup. Une heure de pratique avec une grande attention vaut mieux que trois heures de pratique négligente. La première a non seulement l'avantage de faire progresser l'étudiant plus rapidement, mais aussi de lui laisser le temps nécessaire aux autres études, à la lecture et aux loisirs. On pourrait citer plusieurs de nos grands compositeurs qui, malgré leurs études assidues dès leur jeunesse, ont toujours trouvé suffisamment de temps pour les exercices corporels et pour les divertissements propices à la conservation de la santé et de l'énergie, tels que les promenades à pied, l'équitation, l'escrime, la natation, danser, etc

Le jeune musicien doit bientôt commencer l'étude du solfège, surtout s'il fait preuve d'un talent marqué pour la composition. Il doit apprendre à écrire avec facilité toute composition musicale strictement selon les règles qui ont été établies par nos théoriciens telles qu'ils les ont trouvées observées dans les œuvres des grands maîtres. Lorsqu'il aura acquis l'habileté d'écrire correctement et couramment dans les différentes formes de composition, il sera assez tôt pour qu'il puisse occasionnellement enfreindre les règles lorsqu'il le jugera opportun pour son objectif. Peut-être pourrait-il en créer un nouveau. La plupart de nos règles de composition ne sont dictées par aucune loi physique traçable en acoustique, mais seulement par le goût humain, qui subit continuellement des modifications au cours du temps. Ainsi, la plupart de nos grands compositeurs ont provoqué quelques altérations dans notre théorie musicale. Il est non seulement possible, mais probable, que dans cent ans nous aurons d'admirables compositions musicales très différentes dans la forme et la construction de celles d'aujourd'hui.

Plusieurs de nos grands compositeurs excellaient dans leur jeunesse dans l'improvisation. Ils l'aimaient et passaient de nombreuses heures à exprimer sur leur instrument favori leurs inspirations momentanées et leurs conceptions fantaisistes. Les fantaisies improvisées sont parfois si originales et efficaces qu'il est dommage qu'elles ne puissent être préservées en étant confiées à une notation au moment de leur création. Cependant, si charmantes que soient ces effusions spontanées en raison de leur fraîcheur, elles n'ont pas la valeur artistique d'une œuvre minutieusement construite et soigneusement finie. En tout cas, nos grands compositeurs ont tiré, dans leur jeunesse, plus de profit à élaborer soigneusement un thème selon une certaine forme de composition qu'à se livrer à des fantaisies improvisées. Cependant, ceux-ci les ont souvent aidés à créer de belles idées pour leurs œuvres.

On comprend facilement qu'une mémoire rémanente est d'une grande valeur pour le musicien, qu'il soit compositeur ou simple interprète. Il n'est pas rare que de jeunes musiciens talentueux possèdent une mémoire étonnante. Les sonates, les symphonies et même les fugues qu'ils pratiquent, ils pourront bientôt les jouer par cœur. À mesure qu'ils avancent en âge, le pouvoir de la mémoire s'affaiblit généralement un peu. Les musiciens aveugles semblent le conserver intact pendant une période plus longue que les autres. Le flûtiste aveugle Dulon connaissait par cœur 120 concertos pour flûte, qu'il avait numérotés, et dont il pouvait jouer chacun instantanément sur le numéro qui lui était mentionné. Il est vrai qu'il y a peu de gain musical à charger la mémoire avec des compositions qui consistent principalement en des compilations de passages calculés pour démontrer la dextérité et l'habileté de l'interprète. Les œuvres que le musicien doit pouvoir se rappeler sont les œuvres classiques, telles que "Iphigénie en Tauris" de Gluck, "Don Giovanni" de Mozart, les Symphonies de Beethoven, le "Messie" de Haendel, la "Passion selon saint Matthieu" de Bach. .' Il n'en est pas peu parmi nos grands compositeurs qui étudièrent si bien les chefs-d'œuvre de leurs prédécesseurs qu'ils en connurent par cœur un nombre considérable du début à la fin, avec l'instrumentation de chaque mesure.

En ce qui concerne les différentes formes de composition, celle de la sonate est la plus importante ; car, si le compositeur peut exprimer facilement ses idées sous cette forme, il possède la clé de toutes les autres formes, — sauf quelques-unes des plus anciennes, comme celle de la fugue. Certains théoriciens recommandent à l'étudiant en composition de choisir une sonate de Mozart, ou de quelque autre maître, dans laquelle la forme établie est strictement respectée, et d'écrire une sonate exactement similaire en imitant le modèle mesure après mesure, en utilisant en même temps la mesure, le tempo. , modulations, changements de volume, etc., en remplaçant uniquement d'autres notes. Sans doute pourra-t-il ainsi fabriquer une sonate correcte dans la forme, quel qu'elle soit dans l'esprit. Nos grands compositeurs ne sont pas issus d'étudiants formés à faire de la musique comme le cordonnier fabrique des chaussures.

La forme de la fugue est déjà devenue désuète, et celle de la sonate est de plus en plus négligée par nos compositeurs actuels et deviendra apparemment également désuète avec le temps. Mais jusqu'à ce que nous ayons de beaux exemples d'une forme nouvelle, il est peu probable que les formes qui ont été progressivement portées à un haut degré de perfection seront entièrement supprimées, quoi que les compositeurs modernes puissent produire en manifestant une indifférence aux règles observées par leurs prédécesseurs. .

Nos grands compositeurs ont été particulièrement soignés dans le choix du thème. C'est seulement ce à quoi on pouvait s'attendre. Un orateur qui parle d'un sujet sans intérêt n'attirera pas facilement l'attention de ses auditeurs. Pourtant, s'il est doué d'un pouvoir d'éloquence extraordinaire, il peut parler de presque n'importe quel sujet de manière intéressante. Ainsi en musique aussi. Beethoven et d'autres grands compositeurs ont parfois choisi un thème qui ne devient significatif que par son traitement original et fougueux.

Le charme artistique d'une composition bien construite consiste dans le développement du thème, de sorte qu'il se présente sous une variété de beaux aspects, apparaissant, bien que toujours le même, mais toujours nouveau. L'habileté de traiter ainsi le thème, nos grands compositeurs, par une étude et une pratique constantes, l'ont cultivée à un degré admirable de perfection. Ils étaient pleinement conscients qu'elle est aussi indispensable au compositeur que le pouvoir de créer une idée musicale intéressante. Cependant, le développement du thème va peut-être trop loin. Il paraît pédant lorsqu'il est plus artificiel en ce qui concerne la forme que l'esprit de la musique ; et cela trouble l'unité de la composition lorsque le thème est tellement changé qu'il apparaît comme une idée entièrement nouvelle. Schubert, dans ses sonates pour pianoforte, a souvent modifié le thème au point que sa seconde exposition n'a pas la ressemblance requise avec la première ; cela devient un autre thème dont on ne veut pas. Pour développer intelligemment un thème, Schubert ne possédait pas suffisamment d'expérience pratique acquise par une étude systématique. S'il maîtrisait parfaitement les règles de l'art, et surtout s'il avait écrit avec moins de hâte, il aurait pu, avec ses dons merveilleux, être un aussi grand compositeur que Beethoven.

Quelques exemples tirés du livre de croquis de Beethoven trouveront peut-être leur place ici, car ils éclairent ses études. Les altérations qu'il marquait de « *meilleur* » sont généralement des améliorations décisives dès la première notation de l'idée à laquelle elles se réfèrent. Ceci est, par exemple, évident dans ses esquisses de sa célèbre chanson « Adelaide », dont le début, noté d'abord ainsi :

il se transforma ensuite en :

Les croquis suivants tirés du carnet de poche de Beethoven font référence à son Quatuor en do ♯ mineur, op. 131, avec lequel il faut les comparer pour rendre plus clairement intelligibles les différentes tentatives d'amélioration :

Les premières esquisses d'une dixième symphonie que Beethoven avait l'intention de composer sont notées par lui ainsi :

Beethoven a écrit *As* sur le petit fragment de l'Andante, évidemment pour indiquer qu'il voulait qu'il soit en la bémol majeur — *Comme* signifiant en allemand *la bémol*.

Comme spécimen intéressant des croquis de Haydn, la notation suivante de sa première conception du tremblement de terre dans les « Sept derniers mots » peut servir. L'esquisse entière, dont ceci est un fragment, a été publiée dans l'Allgemeine musikalische Zeitung, Leipzig, 1848 : -

Haydn, tout comme Beethoven, utilisait généralement une seule portée pour ses premiers croquis ; Mozart les a rendus plus clairs en utilisant deux portées : une pour la mélodie et une autre pour la basse. Cependant, comme les esquisses ne sont que des indications pour aider la mémoire, qui est, comme nous l'avons vu, chez les compositeurs généralement très forte, surtout lorsqu'il s'agit de leurs propres inventions, une notation hâtive suffit dans la plupart des cas. En écrivant la partition d'une composition orchestrale, Haydn, Mozart et Beethoven notaient généralement le fil entier d'un mouvement, ou ce qu'on pourrait appeler la mélodie et la basse du morceau ; et après avoir écrit ceci, ils insérèrent la notation des différents instruments.

En soumettant le manuscrit d'une composition à une révision finale, ou en préparant une nouvelle édition d'une œuvre publiée, nos grands compositeurs ont souvent apporté des améliorations qui témoignent de leur étude constante ainsi que de leur délicatesse de goût et de discernement. Un ou deux exemples à l'appui de cette opinion doivent être signalés ici. D'autres viendront probablement à l'esprit du lecteur musical.

André a publié à Offenbach la partition de l'ouverture de la "Zauberflöte" (la Flûte enchantée), d'après le manuscrit original de Mozart, avec ses retouches et corrections. Cette intéressante publication montre clairement le soin apporté par Mozart à l'œuvre et constitue une excellente étude pour le musicien.

Une amélioration remarquable par extension se produit dans la célèbre Symphonie en do majeur de Mozart. Mendelssohn en parle avec admiration dans une lettre à Moscheles ainsi : « Tout à l'heure, André m'envoie pour inspection la partition originale de la Symphonie en do majeur de Mozart (« Jupiter ») ; j'en copierai pour vous quelque chose qui vous amusera. Onze mesures avant la fin de l'Adagio, il se présentait autrefois ainsi : -

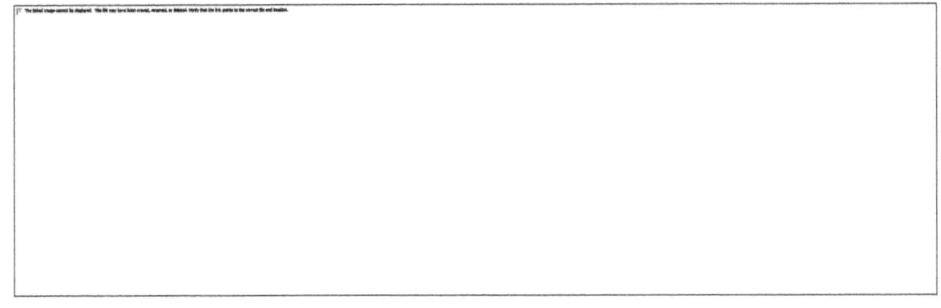

et ainsi de suite, jusqu'à la fin. Mozart a écrit toute la répétition du thème sur un feuillet inséré ; il a rayé le passage et l'a introduit trois mesures avant la fin. N'est-ce pas une heureuse modification ? La répétition des sept mesures fait partie de mes parties préférées de toute la symphonie. » [28]

L'Adagio de la Sonate en si bémol majeur de Beethoven, op. 106, commençait à l'origine par sa deuxième mesure actuelle ainsi : -

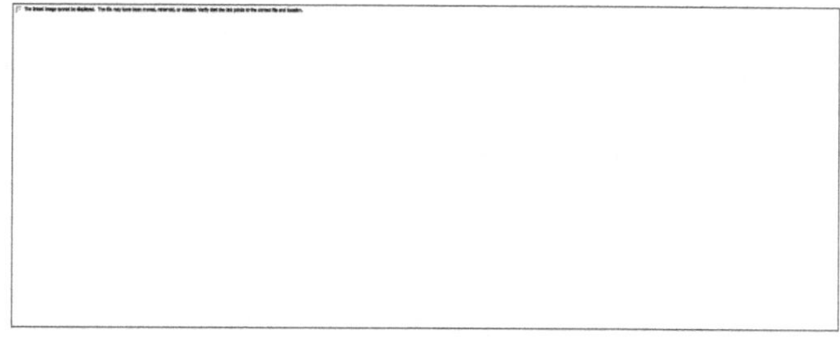

Beethoven avait envoyé, en 1819, une copie du manuscrit de cette sonate à Ferdinand Ries, à Londres, qui s'était chargé d'en surveiller la publication en Angleterre. L'étonnement de Ries dut être grand lorsque, peu après l'arrivée du volumineux manuscrit de cette gigantesque sonate, il reçut une lettre de Beethoven contenant la notation d'une seule mesure supplémentaire :

à placer au début de l'Adagio. Le bel effet obtenu par la retouche est particulièrement remarquable, dans la mesure où il sert d'exemple du soin incessant que Beethoven accordait au perfectionnement de ses compositions jusqu'au dernier moment de leur publication.

Il est probable qu'aucun compositeur n'a révisé ses manuscrits avec autant de soin et n'a réécrit des pièces entières en vue de les améliorer que JS Bach. Ses quarante-huit Préludes et Fugues, intitulés « Das wohltemperirte Clavier », offrent des exemples instructifs d'améliorations, qui peuvent être retracés par une comparaison des différentes éditions de l'ouvrage, et surtout par un examen des divers manuscrits de ces préludes et fugues. de la main de Bach qui ont été conservées.

Le prélude en do majeur, dans la première série, était à l'origine plus long que dans les révisions ultérieures. La seconde moitié, que Bach a supprimée, était une répétition de la première moitié.

Le prélude en do ♯ majeur, dans la première série, il l'a raccourci en supprimant trente-cinq mesures. Il l'a fait évidemment dans le but d'accroître l'unité de cette charmante composition en écartant ce qui était étranger à son caractère, comme l'indique le thème.

En revanche, le beau prélude en ré mineur, dans le même recueil, a été considérablement agrandi.

Ces quelques remarques doivent suffire à attirer l'attention du lecteur sur la reconsidération minutieuse apportée par Bach à « Das wohltemperirte Clavier ».

Beethoven gardait généralement longtemps ses manuscrits chez lui, et les retouchait et peaufinait progressivement. C'est ce qu'il fit notamment avec les manuscrits de ses compositions antérieures. Gluck, en composant un opéra, exécutait mentalement les principaux airs et chœurs avant d'en écrire une note ; de sorte que, lorsqu'il commença à mettre la musique sur papier, il considéra son opéra comme presque terminé. Mozart aussi avait parfois une toute nouvelle composition en tête avant de commencer à l'écrire. L'ouverture de "Don Giovanni" est enregistrée, selon certains de ses biographes, comme ayant été composée quelques heures avant la première représentation de l'opéra, de sorte que les parties copiées pour les musiciens n'étaient pas encore sèches lorsqu'elles furent transportées dans l'orchestre. . Il est probable que Mozart n'a pas composé l'ouverture lorsqu'il l'a mise sur papier, mais qu'il l'avait déjà en tête. Il composait souvent lorsqu'il était occupé, et même lorsqu'il jouait au billard.

Un compositeur musical peut avoir de bonnes raisons de conserver le manuscrit de sa nouvelle œuvre même s'il considère cela comme un échec. Il souhaitera peut-être s'y référer après un certain temps pour vérifier si son opinion défavorable reste inchangée lors d'un examen ultérieur. Peut-être contient-il des idées qu'il sera heureux d'employer plus tard, lorsque son pouvoir d'invention commencera à faiblir. Pourtant, un musicien célèbre ferait bien de détruire de tels manuscrits lorsqu'il n'en a plus besoin ; sinon, ils sont sûrs de s'élever contre lui après sa mort, à titre posthume. Ils diminueront au moins sa renommée, si elle est trop grande pour être gravement blessée par eux. En vérité, ces publications posthumes font souvent du mal à l'art aussi bien qu'aux artistes. Il s'agit le plus souvent de productions faibles qui ont pu vivre de l'insouciance des compositeurs, ou peut-être de l'affection naturelle qu'un père éprouve même pour son fils. l'enfant le plus défavorisé.

Nos grands compositeurs ont généralement été extrêmement prudents, surtout au début de leur vie, en sélectionnant pour publication uniquement ceux de leurs manuscrits qu'ils avaient pleinement raison de considérer comme dignes d'être publiés. Pour la plupart des musiciens, il vaudrait mieux pour leur réputation qu'ils n'aient publié que la moitié du nombre de leurs œuvres et détruit l'autre moitié.

Il est remarquable que nos grands compositeurs aient parfois produit de beaux effets en méconnaissant les règles énoncées dans les traités de théorie musicale. Beethoven a souvent été un intrus à cet égard. Weber, dans le Chœur introductif des elfes, dans « Obéron », produit des quintes consécutives vraiment charmantes. Haendel aussi, dans la belle Symphonie pastorale du « Messie » :

et Gluck à plusieurs reprises, dans le bel air de Rinaldo, dans « Armida » :

Graun, dans sa cantate « Der Tod Jesu » (La Mort de Jésus), introduit dans le premier choral des quintes consécutives sur les mots « Zur Frevelthat entschlossen » (Sur une mauvaise action résolue), ainsi :

Zur Fre-vel-that ent-schlos-sen.

ce qui, sans aucun doute, a été considéré par certains musiciens comme remarquablement approprié aux paroles, même si, probablement, ils n'auraient pas pu l'entendre lors de l'interprétation s'ils ne l'avaient pas vu auparavant dans la notation. Non seulement de tels caprices, mais même des oublis et des fautes d'impression se produisant dans les œuvres de maîtres éminents ont trouvé des admirateurs qui les considéraient comme des traits de génie ; tandis que, d'un autre côté, certaines des idées les plus originales et les plus belles étaient considérées comme des fautes d'impression, et des théoriciens ont en fait tenté de les corriger.

Un curieux exemple d'erreur d'impression qui a été acceptée par de nombreux admirateurs de Beethoven comme une belle inspiration se produit dans le scherzo de sa Symphonie en do mineur. Pour dissiper tout doute sur une faute d'impression, Mendelssohn fit connaître aux éditeurs de la Symphonie une lettre que Beethoven leur avait adressée en 1810, dans laquelle il disait: "L'erreur suivante que je trouve encore dans la Symphonie en ut mineur, à savoir, dans le troisième morceau, à 3/4, où, après do majeur, le ton mineur recommence ainsi (je prends tout de suite la partie de basse) :
—

Les deux barres marquées d'un * sont redondantes et doivent être barrées ; bien sûr, aussi dans toutes les autres parties qui comportent des silences." Une référence au manuscrit en possession des éditeurs révélait comment les deux mesures superflues s'étaient glissées. Beethoven avait initialement prévu que le scherzo entier, avec le trio, soit répété, puis conclu par la coda. Il avait marqué dans le manuscrit les deux mesures superflues d'un 1, et les deux suivantes d'un 2, et avait écrit au crayon rouge : « *Si replica con trio allora 2* », que le Le graveur n'avait pas exactement compris. Comme les parties écrites des instruments utilisés lors de la première représentation de la Symphonie en do mineur à Vienne, sous la direction de Beethoven, ne possèdent pas non plus ces deux mesures, il ne reste aucun doute qu'elles l'étaient. jamais prévu par le compositeur pour qu'ils soient là où ils se trouvent aujourd'hui, pour le plus grand plaisir de nombreux admirateurs enthousiastes de Beethoven.

Une erreur d'impression dans la « Sinfonia Pastorale » de Beethoven (que Schumann souligne dans son « Gesammelte Schriften », Vol. IV) est presque trop évidente pour être laissée non corrigée, même par ceux qui la trouvent belle. Dans la deuxième partie du premier mouvement, où le thème recommence, avec accompagnement de triolets, la partition porte les notations suivantes :

Qu'ici, par erreur, trois silences pour les premiers violons aient été insérés par le graveur, au lieu de trois signes de comparaison, cela ressort de l'interruption soudaine du flux de l'accompagnement en triolet, ainsi que du fait qu'immédiatement après , dans l'inversion du même passage, les altos ont le même accompagnement sans aucune interruption. Otto Jahn, dans son « Gesammelte Aufsätze über Musik », remarque une erreur d'impression dans la partition du dernier Quatuor de Beethoven, op. 135, ce qui est très extraordinaire. Il dit : "Dans le dernier mouvement le copiste a omis deux mesures dans la première partie de violon, de sorte que pendant douze mesures il est en avance de deux mesures sur les autres instruments. Après les douze mesures, le correcteur s'apercevant que deux mesures manquaient à rétablir l'équilibre, en a inséré deux selon sa fantaisie." Jahn met côte à côte la lecture authentique et la lecture interpolée. Ce qui est étonnant, c'est que ce dernier soit jouable, ou plutôt que les musiciens, en le jouant, n'aient pas découvert tout de suite qu'il devait y avoir quelque chose de radicalement faux. Cependant, comme le remarque justement Jahn, le respect pour les excentricités des derniers quatuors de Beethoven était si grand que personne n'osait penser qu'il pouvait y avoir là une erreur qu'il fallait rectifier.

Un manuel soigneusement compilé, contenant des corrections fiables des fautes d'impression les plus importantes apparaissant dans nos compositions classiques, serait une aubaine pour l'étudiant en musique. Il y en a beaucoup dans les fugues de Bach, et même dans les sonates de Beethoven, qui ne sont pas faciles à déceler, mais qui n'en sont que plus remarquables à ce titre.

La belle conception suivante, qui apparaît dans le premier mouvement de la Sinfonia Eroica de Beethoven, a été considérée par beaucoup, lors de la première publication de la symphonie, comme une erreur d'impression :

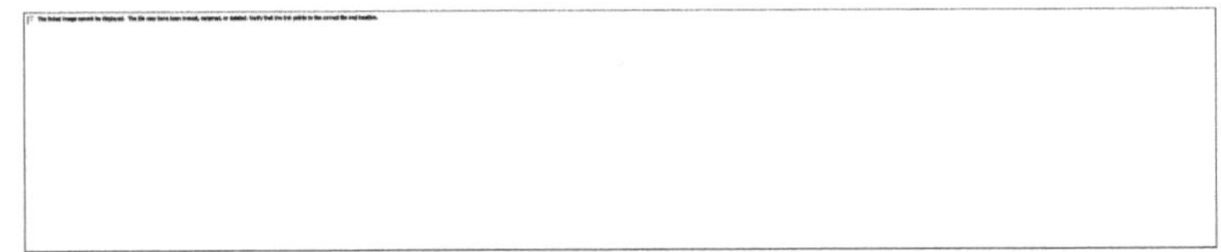

Ferdinand Ries, l'élève de Beethoven, n'a pas pu apprécier le charme de cette indication douce et timide du thème sur une dissonance juste avant qu'il n'éclate glorieusement sur l'accord harmonique. Dans ses notices biographiques de Beethoven il en parle ainsi : « Dans le premier Allegro de la Symphonie se produit un mauvais caprice de Beethoven pour le cor. Quelques mesures avant que le thème n'entre de nouveau, dans la deuxième partie de l'Allegro, Beethoven l'indique. par le cor, pendant que les violons continuent de jouer le second accord. Cela doit toujours donner à ceux qui ne connaissent pas la partition, l'impression que le corniste a mal compté et qu'il se trompe de mesure. Lors de la première répétition de la symphonie, qui n'était pas satisfaisante, mais au cours de laquelle le corniste respectait la mesure, je me tenais près de Beethoven et, croyant que c'était faux, je m'écriai : « Ce maudit corniste ne peut-il pas ! comptez ! Cela semble si tristement faux ! » Beethoven a failli me donner une tape sur l'oreille. Il lui a fallu beaucoup de temps pour me pardonner. »

En commettant de belles « erreurs », Beethoven a étendu les règles de composition. Ries raconte : « Au cours d'une promenade que je faisais avec lui, je lui ai parlé de certaines quintes consécutives qui apparaissent dans son Quatuor en do mineur, opus 18, et qui sont si éminemment belles. Beethoven n'en avait pas connaissance et a soutenu que je Je dois me tromper sur le fait qu'il s'agissait de quintes. Comme il avait l'habitude de toujours emporter du papier à musique avec lui, je le demandai et j'écrivis le passage dans ses quatre parties. Quand il vit que j'avais raison, il dit. "Eh bien, et qui les a interdits ?" Ne sachant pas comment prendre cette question, j'ai hésité. Il l'a répétée, jusqu'à ce que je réponde avec étonnement : « Mais ils sont contre les premières règles fondamentales ! « Qui les a interdits ? » répéta Beethoven. « Marpurg, Kirnberger, Fuchs, etc., etc., tous des théoriciens », répondis-je. « Et je les permets ! dit Beethoven."

Le début rude du Quatuor en do majeur de Mozart (n° 6 de la série dédiée à Joseph Haydn) a fait l'objet d'attaques et de controverses féroces. De nombreux musiciens ont supposé que des fautes d'impression s'étaient glissées dans la partition ; tandis que d'autres se sont efforcés de prouver en détail que les quatre instruments sont traités strictement selon les règles du contrepoint. Otto Jahn (dans sa « Biographie de Mozart », Vol. IV, p. 74) le trouve beau comme « l'esprit affligé et déprimé qui lutte pour la délivrance ». C'est peut-être le cas ; et il est inutile de conjecturer ce qu'auraient dit les admirateurs de ce passage s'il avait émané d'un compositeur inconnu. En l'état, elle est en tout cas intéressante comme idée de Mozart, dont les compositions se distinguent généralement par une grande clarté de forme et une pureté d'harmonie.

L'adhésion à une forme strictement prescrite peut facilement conduire le compositeur à réemployer quelque idée particulière qu'il a déjà employée dans une œuvre antérieure. Dans les fugues surtout, cela peut être souvent observé. Beethoven, dans ses sonates, ainsi que dans ses autres compositions écrites sous forme sonate, comme trios, quatuors, etc., introduit assez souvent dans la modulation de la tonique à la dominante certaines combinaisons préférées d'accords et de modes d'expression ; et il a une ou deux phrases qui peuvent être reconnues avec plus ou moins de modifications dans plusieurs de ses compositions. Mozart aussi a ses successions d'accords préférées ; par exemple, la cadence interrompue que les musiciens allemands appellent *Trugschluss* . Spohr se répète peut-être plus fréquemment que tout autre compositeur. Mendelssohn présente un certain maniérisme dans la construction rythmique de nombre de ses œuvres, ce qui leur confère un fort air de famille. Weber a employé si souvent un de ses passages favoris, constitué de groupes de doubles croches, que la vue d'une notation comme celle-ci :

est pour le musicien presque le même que le nom écrit Carl Maria von Weber.

Certains des meilleurs exemples pour illustrer les études de nos grands compositeurs se trouvent dans ces compositions qui faisaient à l'origine partie d'œuvres antérieures et comparativement inférieures, et qui furent ensuite incorporées par les compositeurs dans leurs œuvres les plus renommées. En adoptant ainsi une pièce qui autrement serait probablement tombée dans l'oubli, le compositeur l'a généralement soumise à une révision minutieuse ; et il est instructif de comparer la révision avec la première conception. Gluck a utilisé dans ses opéras plusieurs pièces qu'il avait écrites à l'origine pour des œuvres antérieures, aujourd'hui peu connues. Par exemple, le célèbre ballet des Furies dans son « Orfeo » est identique au Finale de son « Don Juan », où le râteau est jeté dans l'abîme brûlant ; l'ouverture d'« Armida » appartenait à l'origine à son opéra italien « Telemacco » ; la danse sauvage des sujets infernaux de la Haine, dans « Armida », est l'Allegro de la scène de duel dans son « Don Juan ».

Comme exemple d'adoption d'une œuvre ancienne merveilleusement améliorée par la reconstruction, on peut remarquer la Sarabande de Haendel, dans son opéra « Almira », joué pour la première fois à Hambourg en 1705 :

De cette Sarabande, Haendel, six ans plus tard, construisit le bel air « Lascia ch'io pianga », dans son opéra « Rinaldo », joué à Londres en 1711 :

The linked image cannot be displayed. The file may have been moved, renamed, or deleted. Verify that the link points to the correct file and location.

- 93 -

Las-cia ch'io pian-ga mia cru-da sor-te,
e che so-spi-ri la li-ber-tà,e che so-spi-ri,e che so-spi-ri la li-ber -tà,Las-cia
ch'io pian-ga mia cru-da sor-te,e che so-spi-ri la li-ber-tà.

Le duolo en fran-ga que-ste ri-tor-te
de miei mar-ti-ri sól per pie-tàde miei so-spi-ri sól per pie-tà.

Las-cia ch'io pian-ga mia cru-da sor-te,
e che so-spi-ri la li-ber-tà,e che so-spi-ri,e che so-spi-ri la li-ber -tà,Las-cia
ch'io pian-ga mia cru-da sor-te,e che so-spi-ri la li-ber-tà.

La troisième ouverture de Beethoven pour son opéra « Leonora » (appelé plus tard « Fidelio ») est une reconstitution de la seconde. La comparaison de ces deux ouvertures offre un aperçu intéressant des études de Beethoven. Il faut se rappeler que Beethoven, non satisfait de la première ouverture, en écrivit une seconde, puis une troisième et une quatrième. Les trois premiers, qui sont en ut majeur, ont été écrits à l'époque où l'opéra était connu sous le nom de « Leonora » ; et le quatrième, qui est en mi majeur, lorsque l'opéra fut de nouveau porté sur scène sous sa forme révisée sous le nom de « Fidelio ». L'air de Florestan est indiqué dans les n° 1, 2 et 3, composés en 1805 et 1806. Le n° 2 a le signal lointain de trompette, produit sur la scène ; et dans le numéro 3, cette idée est mise en œuvre plus en détail ; mais dans le n° 4, écrit en 1814, il est abandonné.

Un compositeur qui emprunte à ses œuvres antérieures mérite aussi peu de reproche qu'un homme qui retire sa bourse d'une poche dans une autre qu'il estime être une meilleure place. Emprunter aux œuvres d'autrui, comme l'ont fait certains compositeurs, est une tout autre chose. Cependant, il serait déraisonnable de considérer un tel plagiat comme un vol, à moins que le plagiaire ne dissimule la liberté qu'il prend en déguisant l'appropriation de manière à la faire apparaître comme une création de sa part. Certains musiciens inférieurs font preuve de beaucoup de talent dans ce procédé. Nos grands compositeurs, en revanche, ont souvent si merveilleusement ennobli les compositions d'autres musiciens qu'ils ont jugé opportun d'admettre dans leurs oratorios, opéras ou autres œuvres élaborées, qu'ils ont ainsi honoré les compositeurs originaux de ces pièces ainsi que a bénéficié à l'art. C'est un fait bien connu que Haendel a, dans plusieurs de ses oratorios, utilisé les compositions d'autrui. Comme ces adoptions ont été signalées par un ou deux biographes de Haendel, il suffit ici d'y faire allusion. Beethoven a remarquablement peu adopté. Son emploi d'airs populaires là où ils sont particulièrement nécessaires, comme par exemple dans sa Battle Symphony, Op. 91, peut difficilement être considéré comme un exemple du contraire. En tout cas, les airs populaires ont souvent été adoptés par nos grands compositeurs dans le but de donner à une œuvre un certain caractère national. Weber l'a fait de manière très efficace dans sa « Preciosa ». Gluck, dans son « Don Juan », introduit le fandango espagnol. Mozart fait de même dans ses « Nozze di Figaro », vingt-cinq ans plus tard. Ici, Mozart s'est probablement inspiré de Gluck. Quoi qu'il en soit, il ne fait aucun doute que le « Don Juan » de Gluck contient les germes de plusieurs belles phrases que l'on retrouve dans le « Don Giovanni » de Mozart. Même à ce titre, il mérite d'être mieux connu des musiciens qu'il ne l'est, indépendamment de sa valeur musicale intrinsèque. Mais en parler ici en détail serait une transgression. Il suffit de dire que « Don Juan » de Gluck est un ballet composé à Vienne en 1761, vingt-six ans avant que Mozart ne produise son « Don Giovanni ». Le programme de la première œuvre, imprimé à partir d'un manuscrit conservé à la Bibliothèque de l'Ecole Royale de Musique de Paris, montre qu'il est presque identique au scénario de la seconde œuvre. Les pièces instrumentales, au nombre de trente et une, sont pour la plupart courtes et gagnent en beauté et en expression puissante vers la fin de l'œuvre. La popularité justement méritée à Vienne du « Don Juan » de Gluck a probablement incité Mozart à faire jouer pour la première fois son « Don Giovanni » sous le titre de « Il Dissoluto Punito », et la grande supériorité de cet opéra est peut-être la cause du charme de Gluck. la production étant tombée dans l'oubli.

La facilité d'invention de Mozart était si remarquablement grande qu'il n'a pu être que peu incité à emprunter aux autres. Les plagiats sont rares dans ses œuvres, mais ils sont à ce titre d'autant plus intéressants lorsqu'ils se produisent. Prenons par exemple le passage suivant d'« Ariane de Naxos », un duodrame de Georg Benda. Il est composé pour être joué par l'orchestre tandis qu'Ariane s'exclame : "Maintenant, le soleil se lève ! Comme c'est glorieux !"

Mozart était dans sa jeunesse un grand admirateur de ce duodrame. Il mentionne dans une de ses lettres qu'il emportait constamment sa partition avec lui. Le grand air de la Reine de la Nuit dans « Die Zauberflöte », acte 1, commence ainsi :

Il est cependant fort possible que Mozart se soit si bien approprié l'œuvre de Benda qu'il l'ait empruntée dans le cas présent sans s'en rendre compte.

Johann Heinrich Rolle publia également en 1779 un oratorio intitulé « Lazarus, oder die Feier der Auferstehung » (Lazare ou la célébration de la résurrection). La deuxième partie de cet oratorio commence par une symphonie introductive, ainsi conçue :

Peut-être Mozart ne connaissait-il pas l'oratorio de Rolle lorsqu'il écrivit son ouverture de la « Flûte enchantée », en 1791. La curieuse ressemblance entre les deux compositions peut être entièrement due à la forme de la fugue dans laquelle elles sont écrites.

De plus, le thème de l'ouverture de la Flûte enchantée de Mozart ressemble également au thème d'une Sonate de Clementi composée dix ans plus tôt que l'ouverture. Dans la Sonate de Clementi, c'est ainsi :

Dans l'édition complète des compositions pour piano de Clementi, cette Sonate est publiée avec la mention en annexe que Clementi l'a jouée à l'empereur Joseph II. lorsque Mozart était présent, en 1781. Mozart semble avoir été friand de ce thème, car il en introduit une réminiscence dans le premier mouvement de sa Symphonie en ré majeur, datant de 1786.

Le premier chœur du « Requiem » de Mozart a été évidemment suggéré par le premier chœur de « l'hymne funéraire de la reine Caroline » de Haendel. Le *motif* de tous deux est cependant un vieux chant funèbre allemand datant du XVIe siècle, qui commence ainsi :

Wenn mein Stündlein vor-han-den ist,
et soll hinfahrn mein Strasse.

et qui était peut-être familier à Mozart comme à Haendel.

Le *motif* de Kyrie Eleison dans le « Requiem » de Mozart :

Chri-ste e-le-
Ky-ri-e e-le ——— i-fils ! e-

apparaît également dans l'oratorio « Joseph » de Haendel :

Nous nous réjouirons -
Nous nous réjouirons - Hal - le - lu — jah ! Hal-le-

et dans le « Messie » de Haendel :

Et c'est par ses meurtrissures que nous sommes guéris,
Et par les siennes, etc.

De même dans un Quatuor pour instruments à cordes de Haydn, op. 20,
donc : -

Dans la phrase solennelle du Commendatore, dans « Don Giovanni », nous
avons un exemple intéressant du résultat heureux avec lequel Mozart a mis
en œuvre les idées émanant de Gluck. Dans l'opéra Alceste de Gluck, l'Oracle
chante sur un seul ton, tandis que l'accompagnement orchestral, comprenant
trois trombones, change l'harmonie dans chaque mesure successive, comme
suit :

ORACLE. Le roi doit mou-rir au-jour-d'hui,
si quelqu'un d'autre au tré-pas ne se liv-re pour lui.

Que Mozart ait été très impressionné par l'effet de l'idée de Gluck peut être compris par le fait qu'il l'a adoptée dans « Don Giovanni » et également, dans une certaine mesure, dans « Idomeneo ». Le Commendatore de Don Giovanni chante, accompagné de trombones :

Di ri-der fi-n-rai pria dell' au-ro-ra.

Ri-bal-do ! au-da-ce! las-cia a'mor-ti la pa-ce!

Il ne peut guère y avoir de différence plus grande entre les styles de deux compositeurs que celle qui existe entre le style de Gluck et celui de JS Bach. La maîtrise magistrale de Bach dans la combinaison des différentes parties selon les règles du contrepoint est précisément la faculté qui manque à Gluck. Il est à ce titre particulièrement intéressant d'observer comment Gluck a employé une idée qu'il semble avoir empruntée à Bach. L'étudiant peut s'en assurer en comparant soigneusement l'air « Je l'implore et je tremble » dans « Iphigénie en Tauris » avec la belle gigue en si bémol majeur de JS Bach, commençant :

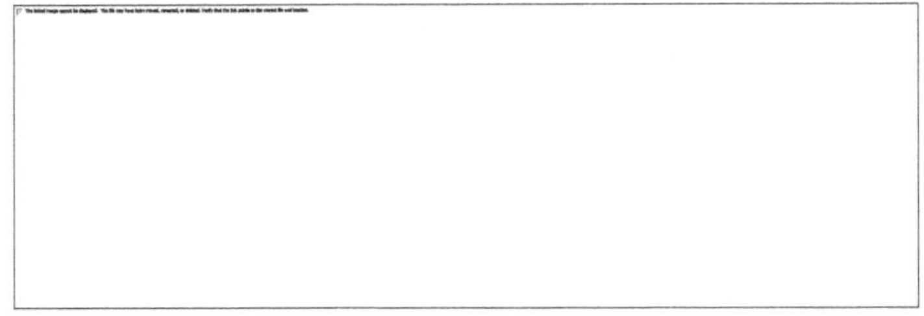

Clementi, compositeur de pianoforte, qui n'a certes que peu de points communs avec Gluck, a pour sa Sonate en si mineur dédiée à Chérubin — peut-être sa meilleure œuvre — un thème qui peut être reconnu comme celui de la danse des Scythes dans « Iphigénie en Tauride ». .'

Encore une fois, le style de Beethoven, en particulier dans ses œuvres ultérieures, est aussi différent que possible de celui de Haydn ; néanmoins, nous rencontrons parfois dans les œuvres ultérieures de Beethoven une phrase qui semble avoir été suggérée par Haydn. Par exemple, Haydn, dans sa Symphonie en si bémol majeur (n° 2 de l'ensemble de Salomon) a une répétition ludique d'une figure de doubles croches conduisant à la réintroduction du thème, ainsi :

Dans le célèbre Quatuor en mi mineur op. 59, une figure similaire mène au thème, ainsi : -

Une comparaison plus exacte des deux passages que ne le permettent les courtes notations actuelles convaincra probablement l'étudiant de la grande supériorité de la conception de Beethoven. Il était un de ces rares maîtres qui convertissent en or tout ce qu'ils touchent.

Mais il n'est pas ici question de donner une liste des similitudes et des adaptations que l'on retrouve dans les œuvres de différents compositeurs musicaux. Une telle liste remplirait un volume, même si l'on faisait abstraction des compositeurs de rang secondaire, qui sont souvent de grands emprunteurs. Pour le présent essai, quelques exemples doivent suffire, d'autant plus que d'autres viendront probablement à l'esprit du lecteur réfléchi.

Un aperçu des études de nos grands compositeurs peut également être obtenu en comparant entre eux leurs opéras ou autres compositions vocales élaborées avec accompagnement instrumental fondées sur le même sujet. Notez, par exemple, l'histoire d'amour d'Armida, tirée par les compilateurs des différents livrets de l'épisode de Rinaldo et Armida dans « Gerusalemme Liberata » du Tasse. L'histoire exerçait évidemment un grand attrait sur les compositeurs musicaux du XVIIIe siècle. Il y a eu plus de trente opéras écrits sur ce livre, dont plusieurs pourraient être difficiles à se procurer aujourd'hui, et leur examen ne serait peut-être pas une récompense. Mais les opéras sur le sujet composés par Lulli, Gluck, Graun, Haendel, Traetta, Jomelli, Naumann, Haydn, Sarti, Cimarosa, Rossini, Sacchini, etc., suffiraient à cet effet. Ainsi aussi, la comparaison de plusieurs compositions représentant une tempête — la plupart de nos maîtres ont écrit une telle pièce — suscite de précieuses indications pour l'étudiant en musique. Comparez, par exemple, les tempêtes dans « Iphigénie en Tauride » de Gluck, les « Saisons » de Haydn, la « Sinfonia pastorale » de Beethoven, « Médée » de Cherubini.

Même des arrangements peuvent illustrer les études. Prenons par exemple les arrangements des concertos pour violon de Vivaldi par JS Bach. Il est cependant rare que des compositeurs éminents se soient occupés d'arranger les œuvres d'autrui. Les exemples instructifs de ce genre sont donc rares.

On rapporte de certains compositeurs qu'ils avaient l'habitude de fonder leurs œuvres instrumentales sur certaines idées poétiques. Haydn aurait fait cela presque invariablement. Schindler, dans ses notices biographiques de Beethoven, déclare que les deux Sonates pour pianoforte, op. 14, de Beethoven, lui furent expliqués par le compositeur comme représentant un dialogue entre deux amants. Lorsque Schindler demanda la signification du motif de la Symphonie en do mineur,

Beethoven s'est exclamé : « Ainsi, le destin frappe à la porte ! » Et étant prié par Schindler de lui fournir la clé des Sonates en ré mineur op. 31, et en fa mineur, op. 57, la réponse de Beethoven fut : « Lisez la « Tempête » de Shakespeare ! » Beethoven a probablement eu recours à de telles réponses simplement pour satisfaire des enquêteurs gênants, ressemblant un peu au gentleman curieux des « Contes d'un voyageur » de Washington Irving, qui « n'a jamais pu apprécier le noyau de la noix ». , mais s'est harcelé pour tirer le meilleur parti de la coquille. Plusieurs titres des compositions instrumentales de Beethoven (« Sonate pastorale », « Sonate au clair de lune », « Sonate appassionata », etc.) ne proviennent pas du compositeur, mais ont été donnés aux pièces par les éditeurs pour les rendre plus attrayantes pour le public. publique. Le titre de sa sonate op. 81, « Les Adieux, l'Absence et le Retour », émane cependant de Beethoven lui-même. Ceci est remarquable dans la mesure où cela place les partisans de la musique descriptive face à un dilemme embarrassant. Ils trouvèrent dans cette sonate une représentation sans équivoque de la séparation et des retrouvailles ultimes de deux amants ardents, lorsque, malheureusement pour eux, le manuscrit autographe de la sonate de Beethoven fut découvert, dans la bibliothèque de l'archiduc Rodolphe, portant l'inscription (en allemand) : "Les adieux, l'absence et le retour de Son Altesse Impériale l'archiduc vénéré Rodolphe."

Un sujet similaire est traité par JS Bach, dans un capriccio pour clavecin intitulé : « Sur le départ d'un très cher frère », dans lequel les différents mouvements s'intitulent comme suit : — « N° 1. Supplication des amis de mettre hors du voyage. — N° 2. Représentation des divers accidents qui pourraient lui arriver. — N° 3. Lamentation générale des amis. — N° 4. Les supplications n'ayant servi à rien, les amis ici font leurs adieux. . Air du postillon. — N° 6. Fuga à l'imitation du cor de poste.

Ceci n'est qu'un modeste essai de peinture sonore comparé à une certaine production de Johann Kuhnau, un prédécesseur de Bach, qui dépeint des histoires bibliques entières dans une série de six sonates pour clavicorde, publiées à Leipzig en 1700. Chacune la sonate est précédée d'un programme qui informe l'interprète de la signification des différents mouvements, procédure très nécessaire. Les histoires représentées sont tirées de l'Ancien Testament. L'une des sonates s'intitule « Le mariage de Jacob » ; un autre : « Saül guéri par la musique de David » ; un autre, « La mort de Jacob » ; et ainsi de suite. Pour montrer jusqu'où Kuhnau s'aventure dans la description détaillée, l'explication imprimée avec la sonate intitulée « Gédéon » peut trouver sa place ici. Il se présente ainsi : « 1. Gédéon se méfie des promesses que Dieu lui a faites selon lesquelles il serait victorieux. — 2. Sa peur à la vue de la grande armée de l'ennemi. — 3. Son courage croissant face à la relation de le rêve de l'ennemi et son interprétation. — 4. Le son martial des trombones et des trompettes, ainsi que le bris des cruches et le cri du peuple. — 5. La fuite de l'ennemi et sa poursuite par le peuple. Israélites. — 6. La joie des Israélites pour leur victoire remarquable.

Plus tôt encore, au XVIIe siècle, Dieterich Buxtehude dépeint dans sept suites pour clavicorde « La nature et les qualités des planètes » ; et Johann Jacob Frohberger, à peu près à la même époque, composa pour clavecin une « Plainte, faite à Londres, pour passer la mélancolie », dans laquelle il décrit son voyage mouvementé d'Allemagne en Angleterre, comment en France il fut attaqué par des voleurs, et comment il fut attaqué par des voleurs. comment ensuite dans la Manche, entre Calais et Douvres, il fut pillé par des pirates tunisiens. Frohberger composa également une *allemande* destinée à commémorer un événement qu'il vécut sur le Rhin. La notation est artificielle de manière à représenter un pont sur le Rhin. Mattheson aurait habilement introduit dans l'une de ses partitions, au moyen de la notation, la figure d'un arc-en-ciel. Il ne faut pas entendre une telle musique ; cela suffit si on le voit imprimé. Elle mérite d'être classée avec la musique muette mentionnée dans « Othello » de Shakespeare, acte III, scène 1 : -

" *Clown.* — Mais, maîtres, voici de l'argent pour vous : et le général aime tellement votre musique, qu'il désire, par amour, que vous n'en fassiez plus de bruit.

" *Premier musicien.* — Eh bien, monsieur, nous ne le ferons pas.

" *Clown.* — Si vous avez une musique qui ne peut pas être entendue, recommencez-la : mais, comme on dit, entendre de la musique, le général ne s'en soucie pas beaucoup.

" *Premier musicien.* — Nous n'en avons pas, monsieur.

" *Clown.* — Alors mets tes pipes dans ton sac, car je m'en vais : va, disparais dans les airs ; va-t'en ! "

L'amateur de musique descriptive peut trouver sa satisfaction en s'imaginant entendre dans certains refrains de Haendel des sauts de grenouilles, des bourdonnements de mouches ou des cliquetis de grêles ; mais l'admirateur judicieux de ces compositions les apprécie surtout en raison de leurs beautés purement musicales. Ceux-ci peuvent dans une large mesure être attribués à l'euphonie combinée à l'originalité. La musique doit avant tout être belle et mélodieuse. Nos grands compositeurs gardaient cela à l'esprit ou agissaient en conséquence ; d'où les charmes fascinants de leur musique. L'euphonie ne dépend pas de l'harmonie consonantique qui prévaut dans la composition ; si tel était le cas, la musique serait d'autant plus euphonique qu'elle contient moins d'accords dissonants, et la tonalité majeure conviendrait mieux à l'euphonie que la tonalité mineure, puisque la gamme majeure est fondée sur la relation la plus simple d'intervalles musicaux produisant des accords. . Cependant, nos plus belles compositions contiennent de nombreux accords dissonants ; et beaucoup, peut-être la plupart, sont en tonalité mineure. Certains de nos grands compositeurs ont certainement écrit des œuvres plus importantes en mineur qu'en majeur. Mozart, dans celles de ses compositions qui sont en tonalité majeure, manifeste souvent une inspiration extraordinaire dès qu'il module en tonalité mineure.

Remarquablement dénuées d'euphonie sont les compositions de certains musiciens qui, ayant pris les dernières œuvres de Beethoven comme principaux modèles de leurs aspirations, ont été ainsi empêchés de cultiver correctement le don qu'ils possèdent naturellement pour exprimer leurs idées de manière mélodieuse et claire. D'ailleurs, ils parlent et agissent comme si l'originalité affectée ou les fantaisies farfelues constituaient le charme principal d'une composition. Non moins fastidieuses sont les œuvres de certains compositeurs modernes qui ne possèdent aucune originalité, mais qui écrivent très correctement dans le style de quelque compositeur classique. De nombreuses productions périmées et peu rentables ont été publiées. La musique, pour être intéressante, doit posséder une certaine qualité à un haut degré. Si c'est très bon, c'est exactement ce qu'il devrait être ; s'il est très mauvais, on peut le condamner honnêtement et le laisser à son sort. Mais la musique qui n'est ni très bonne ni très mauvaise, qui ne mérite ni éloge ni blâme, et qu'on ne peut facilement ignorer parce qu'elle est bien intentionnée, est celle-là la plus ennuyeuse. Et souvent, que de telles productions durent ! Les compositeurs montrent avec beaucoup de notes qu'ils ont peu senti, tandis que nos grands compositeurs montrent avec peu de notes qu'ils ont beaucoup senti.

Il n'est cependant pas rare qu'un compositeur inférieur ait plus de chances de devenir rapidement populaire qu'un compositeur supérieur. Ce dernier ne sera probablement apprécié à sa juste valeur que par quelques juges impartiaux – du moins au cours de sa carrière antérieure – tandis que le premier peut posséder des qualités qui plaisent à la fois aux goûts incultes, et la voix de la majorité non raffinée peut faire taire la voix de quelques-uns. dont l'opinion est correcte. Si vous faites la connaissance d'un musicien célèbre, vous constaterez peut-être qu'il n'a pas autant de talent que vous l'espériez ; et si vous faites la connaissance d'un musicien sans réputation, vous découvrirez peut-être qu'il a beaucoup plus de talent que vous ne le pensiez. La méfiance est souvent confondue avec un manque de capacité. Même certains de nos penseurs les plus profonds, après avoir reconnu qu'ils ne comprenaient pas un certain sujet, ont été traités d'idiots par des ignorants.

Les compositeurs qui ont fait de bonnes études écrivent parfois des artifices ingénieux ou de la « musique savante », au lieu d'inventer une belle mélodie. Ils ont tendance à introduire des fugues dans leurs œuvres lorsqu'ils sont à court d'idées ou ne savent pas comment procéder. Même nos grands compositeurs l'ont fait à l'occasion, lorsque leur pouvoir d'invention commençait à faiblir. Mais ils prenaient soin, lorsqu'ils recouraient au simple travail de tête, de ne l'utiliser que dans les endroits les plus appropriés ; et ils réussissaient généralement à lui donner quelque charme musical.

Cherchant toujours à atteindre un plus haut degré de perfection, ils furent en fait étudiants toute leur vie. Plus ils apprenaient, plus ils voyaient clairement qu'ils avaient beaucoup à apprendre et que le temps leur était précieux. Beethoven, sur son lit de mort, étudiait les partitions des oratorios de Haendel, et Mozart, jusqu'à la fin de sa vie, étudiait les œuvres complexes de Jean-Sébastien Bach.

De nombreux exemples provenant de différents compositeurs auraient pu être cités à l'appui des opinions avancées dans cet essai. Mais, pour ne pas l'allonger inutilement, seuls quelques exemples, se référant à ceux de nos compositeurs universellement reconnus comme étant vraiment grands, ont été sélectionnés. Sans doute bien d'autres choses viendront à l'esprit du lecteur réfléchi, s'il est familier avec nos compositions classiques.

SUPERSTITIONS CONCERNANT LES CLOCHES.

On parle beaucoup des cloches des églises qui, autrefois, sonnaient parfois toutes seules lors d'occasions d'une importance extraordinaire. Dans certains pays, on indique les endroits où les cloches d'église tombées dans un lac ou une rivière, ou enfoncées profondément dans le sol, sonneront certains jours de l'année ou certaines occasions solennelles. Les croyants à ces prodiges se rendent à l'endroit où l'on dit qu'une cloche est cachée et écoutent attentivement. En général, ils entendent bientôt les sons lointains qu'ils désirent anxieusement entendre.

Une cloche merveilleuse est mentionnée par Abraham à Sancta Clara, qui prêcha avec tant de force pendant la seconde moitié du XVIIe siècle ; et Montano donne un aperçu de la même cloche dans son Historische Nachricht von denen Glocken, publié en 1726. Montano dit qu'on peut la voir à Vililla, une petite ville du royaume d'Aragon. Lors de la fonte de cette cloche, une des trente pièces d'argent pour lesquelles le grand traître Judas Iscariote livra Jésus-Christ aux principaux prêtres, fut fondue avec le métal, ce qui eut pour effet de faire sonner la cloche de temps en temps. elle-même sans être touchée, surtout avant l'apparition de quelque grande calamité nationale, telle que l'issue désastreuse d'une expédition guerrière ou la mort d'un roi. En 1601, rapporte Montano, il a continué à sonner seul pendant trois jours sans interruption, c'est-à-dire du jeudi 13 juin au samedi 15 ; mais le savant écrivain ne nous dit pas si cette procédure extraordinaire avait une raison particulière, ou si elle était simplement motivée par quelque impulsion capricieuse.

L'Espagne semble avoir été particulièrement favorisée par de telles cloches miraculeuses. Cela n'a peut-être rien d'étonnant si l'on considère que les miracles se produisent le plus souvent dans les pays où les populations sont les mieux préparées à les accepter.

Un lamentable malentendu provoqué par une petite cloche de maison est rapporté par Grimm comme s'étant produit dans une ville allemande ; mais nous ne connaissons pas le nom de la ville, ni celui du citoyen chez qui cela s'est produit. Les habitants de la maison, à l'exception de la maîtresse, entendirent distinctement le son de la cloche, et furent bien sûrs que personne n'y avait touché. D'ailleurs, quelques jours après, ils l'entendirent une seconde fois. Le maître de la maison, homme fort et sain, comprit aussitôt que ce présage annonçait le décès de sa femme, qui gardait son lit, très réduit en effet. Il défendit aux domestiques de raconter à leur maîtresse ce qui s'était passé, de peur que cela ne l'effraie et ne précipite sa dissolution. L'état d'attente, après que la cloche eut donné un deuxième avertissement, dura environ six semaines, quand tout à coup... le mari mourut et la femme alla mieux ! Même après que la veuve se fut remariée, la cloche sonna toute seule à plusieurs reprises ; et chaque fois que cela arrivait, il y aurait sûrement un décès dans la maison, tôt ou tard. [29]

SONNERIE DE PROTECTION.

L'idée selon laquelle le tintement et le tintement des cloches constituent une protection contre l'influence des mauvais esprits, si courante parmi les nations chrétiennes, prévalait évidemment aussi chez les anciens Égyptiens. Quelques petites cloches avec des représentations de Typhon ont été trouvées dans des tombes égyptiennes et sont encore conservées. Les grands prêtres hébreux avaient des cloches attachées à leurs vêtements, et la raison attribuée à cet usage, donnée dans Exode XXVIII, verset 35, est la suivante : « Son son se fera entendre quand il entrera dans le lieu saint devant l'Éternel, et quand il sort, afin qu'il ne meure pas. Quelle que soit la bonne interprétation de cette phrase - il y en a plus d'une - elle ne peut que rappeler l'usage que faisaient les anciens Egyptiens du Sistre, dont les tintements étaient considérés comme indispensables dans les cérémonies religieuses. Bien plus, ce qui est plus remarquable, le sistre est toujours en usage, employé par les prêtres d'une secte chrétienne en Abyssinie ; tandis que les Coptes, en Haute-Égypte, qui sont également chrétiens, agitent dans leurs actes religieux un instrument de métal tintant, appelé *marâoueh* , dans le but avoué d'éloigner le Malin. D'ailleurs, les chamanes, en Sibérie, lorsqu'ils se préparent à accomplir des incantations et à prophétiser, s'habillent de vêtements auxquels sont attachés des appendices tintants et cliquetants. De même, les « guérisseurs », ou prophètes des Indiens d'Amérique, lorsqu'ils se livrent à la sorcellerie et à l'invocation des esprits, emploient, sinon du métal tintant, du moins des gousses séchées et bruyantes, des becs lâches de certains oiseaux aquatiques, des courges contenant des cailloux. , et appareils similaires.

La vieille croyance, encore courante aujourd'hui, selon laquelle le son des cloches à l'approche d'un orage et pendant sa durée est une protection contre la foudre, peut souvent avoir été propice à un accident déplorable, car le courant d'air produit par le balancement d'une cloche a plus de chance d'attirer le fluide électrique que, comme on le suppose, de le chasser. En Prusse, la vieille et chère coutume de sonner les cloches pendant un orage fut sagement interdite par Frédéric le Grand, en 1783, et son ordonnance ordonna d'en interdire la lecture dans toutes les églises du royaume.

BRUITS SIGNIFICATIFS DE CLOCHES.

L'opinion erronée selon laquelle un mélange d'argent avec le métal de la cloche, composé de cuivre et d'étain, améliore considérablement le son de la cloche, est très courante.

La vieille église de Krempe, dans le Holstein, possédait autrefois une cloche d'une sonorité extraordinaire, qui, dit-on, contenait beaucoup d'argent. Lors de la coulée de cette cloche, les gens apportaient des pièces de monnaie et des bibelots en argent qu'ils jetaient dans le métal en fusion, afin d'assurer une sonorité très fine. L'avare fondateur avait envie de conserver ces précieuses offrandes pour lui, alors il les mit de côté. Mais, pendant son absence momentanée, l'apprenti prit tout l'argent et le jeta dans la masse en fusion. Quand, au retour du maître, son apprenti lui dit qu'il avait utilisé l'argent dans le but pour lequel il avait été présenté par les donateurs, le maître se mit en colère et tua le garçon. Or, lorsque la cloche fut coulée et accrochée dans la tour de l'église, son son se révéla certes très sonore, mais aussi très triste ; et chaque fois qu'on sonnait, cela sonnait distinctement comme "Schad' um den Jungen ! Schad' um den Jungen !" (" Dommage pour le garçon ! Dommage pour le garçon ! ")

La cloche de l'église de Keitum, sur l'île de Silt, dans la mer du Nord, au large du Danemark, dit distinctement « Ing Dung ! tels sont les noms de deux pieuses filles aux frais desquelles le vieux clocher de l'église a été érigé il y a longtemps. Il existe une vieille prophétie dans ce lieu selon laquelle, après que la cloche sera tombée et aura tué le plus beau jeune homme de l'île, la tour tombera également et tuera la plus belle fille de Silt. Un beau jeune homme fut effectivement tué par la chute de la cloche en 1739 ; et depuis lors les jeunes filles de Silt sont généralement très timides en s'approchant de la tour, car chacune pense qu'elle peut en être la victime destinée.

Les braves gens de Gellingen, dans le district d'Angeln, à la frontière du Danemark, ordonnèrent un jour de fondre deux cloches pour eux dans la ville de Lübeck. Ces cloches ont été amenées par eau à Schleimünde ; mais par malheur, l'un d'eux tomba à la mer et se perdit. Désormais, chaque fois que la cloche restante sonne, elle proclame distinctement, ce dont chacun peut se convaincre : « Min Mag ligger i ä Minn ! ("Mon compagnon repose dans le Schleimünde!") [30]

L'église de Dambeck, dans le Mecklembourg-Schwerin, est si ancienne que les plus anciens habitants du lieu affirment que ses murs extérieurs, qui ne subsistent plus que maintenant, ont été construits avant le déluge. La tour avec les cloches est coulée dans le lac Müritz ; et autrefois on a souvent vu les cloches monter à la surface de l'eau le jour de la Saint-Jean. Un après-midi, des enfants, qui avaient apporté le dîner à leurs parents travaillant dans un champ voisin, s'arrêtèrent au bord du lac pour laver les serviettes. Ces petits gamins aperçurent les cloches qui s'élevaient au-dessus de l'eau. L'un des enfants, une petite fille, étendit sa serviette sur une des cloches pour la sécher ; la conséquence était que la cloche ne pouvait plus redescendre. Mais bien que tous les riches de la ville de Röbel soient venus se procurer la cloche, ils n'ont pas pu l'enlever, bien qu'ils aient amené seize chevaux forts pour la tirer de là. Ils poussaient encore les chevaux sans succès, lorsqu'un pauvre homme sortit des champs avec une paire de bœufs et passa par là. L'homme, voyant ce que faisaient les riches, leur dit aussitôt de mettre leurs chevaux de côté ; il attela ensuite sa paire de bœufs à la cloche et dit : « Nu met God foer Arme un Rieke, all to gelieke ! ("Maintenant avec l'aide de Dieu, aussi bien pour les pauvres que pour les riches.") Après avoir prononcé ces mots, il conduisit la cloche sans la moindre difficulté jusqu'à Röbel, où elle fut bientôt accrochée dans la tour de la nouvelle église. Chaque fois qu'un homme vraiment pauvre meurt à Röbel, cette cloche sonne gratuitement pour lui et on y lit distinctement "Dambeck ! Dambeck !" [31]

On a pu remarquer une centaine d'autres cas où les cloches d'églises prononçaient une phrase faisant référence à un incident remarquable survenu à une époque très reculée. Les gens, en récitant ces phrases, imitent généralement le son de la cloche, ce qui, bien entendu, augmente considérablement l'effet de l'histoire. La Suisse est particulièrement riche de traditions aussi anciennes et précieuses.

Tout véritable Britannique est familier avec les paroles prophétiques retenties par les cloches de Bow Church à Whittington à son retour à Londres, qui signifiaient pour lui qu'il était destiné à occuper l'un des plus hauts postes d'honneur auxquels un Anglais puisse aspirer. Certaines personnes parcourent la tradition en disant sans ambages : « Je n'en crois pas un mot ! » D'autres répondent : « Prouvez seulement que c'est un mythe, et je n'y croirai plus, j'en suis tout à fait sûr.

CLOCHES BAPTISEES.

De nombreuses personnes croient encore que les cloches baptisées possèdent des pouvoirs merveilleux. Dans les pays catholiques romains, les grandes cloches des églises portent le plus souvent le nom de saints particuliers. Le baptême, ou la dédicace à un saint, selon le cas, est célébré au cours de cérémonies solennelles. Les paroles de consécration prononcées par le prêtre sont : « Que cette cloche soit sanctifiée et consacrée au nom du Père, et du Fils, et du Saint-Esprit, en l'honneur de Saint ——— ». Un véritable baptême n'a pas toujours lieu, mais la consécration solennelle ressemble si étroitement à une cérémonie baptismale qu'il n'est pas surprenant que les gens la considèrent généralement comme telle ; il n'est pas non plus surprenant que, dans ces expositions, prédominent encore de nombreuses notions superstitieuses relatives aux cloches miraculeuses.

L'homme sans instruction en Lituanie croit qu'une cloche d'église nouvellement coulée n'émet aucun son tant qu'elle n'a pas été consacrée et baptisée ; et le son d'une cloche baptisée, imagine-t-il, effraie toute sorcellerie, et même le diable. De plus, les Lituaniens ont une conception poétique et belle, selon laquelle les âmes des défunts flottent au ciel au son des cloches baptisées. [32]

Si nous regardons un siècle ou deux en arrière, nous rencontrons des traditions populaires selon lesquelles les cloches baptisées étaient considérées par de nombreuses personnes comme des êtres vivants. Prenons, par exemple, l'histoire suivante, rapportée par Montano : « Lorsque les Français, en 1677, dans leur cruelle folie, prirent possession de la ville de Deux-Ponts (ou Zweibrücken), ils prirent la cloche du clocher de l'église et Ils essayèrent de la détruire en la mettant en pièces, mais ils ne purent y parvenir. Ils firent donc un grand feu sur lequel ils placèrent la cloche avec l'intention de la faire fondre. Quelle ne fut pas leur surprise lorsqu'ils virent que la cloche torturée commençait à transpirer du sang ! cette preuve irréfragable, ni le roi ni personne d'autre ne croirait au miracle.

Les Suisses conservent quelques curieuses traditions concernant les cloches baptisées. Ils ont même fait frapper une médaille commémorant quelque miracle survenu lorsque le Pape envoya une cloche si bénie au canton du Valais. De plus, toutes les cloches des églises catholiques de Suisse se déplacent chaque année vers Rome à des fins de confession. Ils partent le jeudi de la Semaine de la Passion et reviennent le samedi suivant ; en tout cas, aucune sonnerie n'est entendue pendant l'heure indiquée. Rochholz dit que c'est une coutume habituelle en Suisse d'avoir des sponsors lors de la cérémonie de baptême d'une cloche d'église, d'habiller la cloche pour l'occasion d'un vêtement appelé « Westerhemd » ; prononcer le Credo en son nom ; et de l'arroser d'eau bénite. Tous ces rites furent par exemple observés dans le village d'Ittenthalen situé dans la vallée de Frickthal, canton d'Argovie, où la nouvelle cloche reçut non seulement le nom de la marraine, mais fut également offerte par celle-ci avec un cadeau de baptême de 200 francs. . [33]

Les cloches non baptisées se sont souvent révélées gênantes, selon les récits de divers pays, et des cas sont mentionnés où elles se sont envolées des tours, à plusieurs kilomètres de distance dans les airs, et sont tombées dans un étang que l'on croyait sans fond. À Moringen, une petite ville au sud de Hanovre, se trouve un étang sans fond appelé "Opferteich" ("Étang du Sacrifice") près duquel, selon une vieille tradition, les ancêtres païens des habitants de Moringen offraient des sacrifices. Une cloche qui, par négligence, n'avait pas reçu le rite du baptême, s'envola dans l'étang, où on dit qu'elle était enchaînée et gardée par un chien féroce. Une autre cloche non baptisée a été emportée par une terrible tempête depuis l'église de Grone, un village non loin de

Moringen, à une longue distance dans les airs, et coulée dans un étang, où elle repose sur une table recouverte de noir. Au moins un plongeur, que les paysans avaient engagé pour le récupérer, rapporta qu'il l'avait vu ainsi placé. Mais lorsqu'ils redescendirent le plongeur, muni d'une corde pour attacher la cloche, ils trouvèrent, en remontant la corde, que c'était le plongeur et non la cloche qui y était attachée, et il était mort. [34]

Dans un marécage près de la ville de Lochen, en Hollande, se trouvent deux étangs d'eau stagnante, dans lesquels le Malin a caché deux belles cloches qu'il y a de nombreuses années, il a soudainement emportées du clocher de l'église de Lochen, comme elles l'avaient fait. pas été baptisé. Ces cloches sont encore entendues par le peuple, car elles sonnent chaque année la veille de Noël à midi précise. Les Néerlandais appellent ces deux étangs « Duivelskolken ». [35]

INSCRIPTIONS SUR LES CLOCHES DE L'ÉGLISE.

Les inscriptions sur les cloches des églises sont parfois si pittoresques et, dans certains pays, si caractéristiques, qu'une collection en serait probablement amusante. Prenons, par exemple, les spécimens anglais suivants, dans lesquels les noms des donateurs sont immortalisés :

Sur une cloche à Alderton se trouvent les mots :—

"Je suis ici pour faire un carillon
et faire l'éloge de Mary Neale."

Et sur une cloche à Binstead :—

"Le docteur Nicholas a donné cinq livres,
pour aider à lancer ce carillon accordable et sonore."

Une sonnette d'alarme de l'église de Sherborne, fondue en 1652, porte l'inscription :

"Seigneur, éteignez cette flamme furieuse !
Lève-toi, cours, aide, éteint la même chose !"

Sur la cloche qui émet le son le plus aigu lors du carillon de St. Mary's, à Devizes, sont les mots :

"Je suis le premier, bien que petit,
je serai entendu au-dessus de vous tous."

L'église Sainte-Hélène, à Worcester, possède un ensemble de huit cloches, fondues à l'époque de la reine Anne, avec des inscriptions enregistrant les victoires remportées sous son règne.

Un récent voyageur en Islande a vu dans un village de ce pays une cloche d'église qui portait l'inscription en langue allemande :

"Aus dem Feuer bin ich gegossen,
Hans Meyer à Copenhague chapeau mich geflossen, Anno 1663." [36]

indiquant qu'il avait été coulé, il y a plus de deux cents ans, par un fondeur allemand résidant au Danemark. La grande cloche de la cathédrale de Glasgow contient une déclaration selon laquelle elle a été coulée en 1583, en Hollande, et refondue en 1790 à Londres ; et une cloche de la cathédrale Saint-Magnus, à Kirkwall, Orcades, rapporte qu'elle a été envoyée à Amsterdam pour être refondue en 1682. Les phrases scripturaires et les avertissements religieux sont encore plus fréquents que les déclarations historiques.

Les Birmans, afin de protéger une cloche nouvellement coulée contre la profanation par leurs agresseurs européens, ont trouvé l'expédient de lui imposer une sentence menaçante. La cloche se trouve dans un temple bouddhiste à Moulmein. Outre une inscription en caractères birmans, il y a une phrase en mauvais anglais qui dit :

"Cette cloche est fabriquée par Koonalinnguhjah le prêtre, et le poids 600 viss. Personne n'a l'intention de détruire cette cloche. Moulmein, 30 mars 1855. Celui qui a détruit cette cloche, doit être dans le grand talon et incapable d'en sortir. ".

Les cloches de l'église bannissant les nains des montagnes.

Parmi les populations rurales de Suède, du Danemark, d'Allemagne et de quelques autres pays européens, on trouve encore d'étranges traditions selon lesquelles des nains des montagnes et d'autres habitants mystérieux du pays ont été contraints d'émigrer à cause de la sonnerie des cloches. Pour noter un exemple : -

Dans le Holstein, dit-on, un grand nombre de nains des montagnes, très troublés par le bruit des nombreuses nouvelles cloches des églises, décidèrent de quitter le pays. En conséquence, après avoir réglé leurs affaires, ils partirent en groupe et voyagèrent vers le nord jusqu'à ce qu'ils arrivèrent à la rivière Eider, à un endroit où se trouve un bac. Il était tard dans la nuit lorsqu'un coup frappé à la porte sortit le passeur de son sommeil. Il pensait qu'il devait avoir rêvé ; car il n'était jamais arrivé que quelqu'un l'ait appelé au milieu de la nuit pour lui faire traverser le fleuve. Il n'y prêta donc aucune attention et se rendormit bientôt. Mais au bout d'un moment, il fut réveillé par le bruit d'un autre coup à la porte ; et cette fois, il était sûr de ne pas avoir rêvé. Il s'habilla donc rapidement et ouvrit la porte de la maison pour voir qui était là. Mais, chose étrange, il ne vit personne à la porte ; et quand il appelait dans le noir pour demander qui le voulait, il n'obtenait aucune réponse. Puis il pensa que la meilleure chose à faire serait de se recoucher. Cependant, à peine avait-il ôté son manteau, qu'un coup retentit à la porte, ce qui le fit sursauter, tant il était fort. Prenant un gourdin dans un coin de la pièce et mettant son chapeau, il sortit aussitôt de la maison pour scruter les lieux.

Il n'avait fait que quelques pas en direction de la rivière, quand, à sa grande surprise, il aperçut devant lui dans un champ une multitude de nains à l'aspect gris, qui se déplaçaient sans relâche comme des fourmis lorsqu'on ouvre une fourmilière. Bientôt l'un d'eux, un très vieil homme avec une longue barbe blanche, s'approcha du passeur et lui demanda de faire passer toute la compagnie sur l'Eider.

"Vous serez dûment payés pour vos services", dit le pygmée à la longue barbe. "Placez votre chapeau uniquement sur la rive de la rivière pour que nos gens puissent y jeter l'argent en entrant dans le bateau."

Le passeur fit ce qu'on lui demandait ; mais il aurait préféré ne rien avoir à faire avec ces gens. Le bateau en fut bientôt rempli. Ils se précipitaient partout comme des insectes, et il dut faire le passage plusieurs fois avant de les transporter tous sur la rive opposée de la rivière. Il observa que chacun d'eux jetait ce qui semblait être un grain de sable dans le chapeau ; mais cela ne le dérangeait pas, pensant seulement à quel point il serait heureux quand il se serait débarrassé d'eux tous. En fait, il ne leur faisait pas confiance, d'autant plus que l'homme à la longue barbe lui faisait savoir qu'ils étaient obligés d'émigrer vers une autre partie du monde à cause des cloches des églises et des chants de cantiques qu'ils ne pouvaient pas supporter. avec plus longtemps.

Lorsque le passeur eut transporté le dernier chargement des petits émigrés, il vit que tout le champ près de l'endroit où il les avait débarqués étincelait de lumières qui voltigeaient dans toutes les directions. Les petits vagabonds avaient tous allumé leurs lanternes. Mais lorsqu'il fut revenu à la banque près de chez lui, et qu'il vint prendre son chapeau, comme il ouvrit les yeux ! Certes, il n'avait jamais été aussi surpris de toute sa vie. Le chapeau était plein d'or !

Il transporta joyeusement le trésor dans sa maison et resta immensément riche pour toujours. En bref, cet homme simple est devenu en un rien de temps l'un des gentlemen les plus respectables du pays et est mort en valant des milliers de livres.

L'EXPULSION DU PAGANISME EN SUÈDE.

Si le lecteur devait jamais visiter Lagga, une paroisse du sud-ouest de la Suède, les gens lui montreraient une pierre extrêmement grande qu'un géant a jetée autrefois sur une église et dans laquelle les marques de ses doigts forts sont visibles. encore perceptible. Selon Afzelius, c'était une pratique courante chez les géants suédois de lancer des pierres sur les églises, mais ils ne les frappaient jamais. De plus, le son de la cloche de l'église leur était très odieux. Près de Lagga se trouve une montagne célèbre comme l'ancien domicile d'un géant, qui y vécut jusqu'à l'époque de la Réforme, lorsque l'église du lieu fut munie de cloches. Un matin, le géant abattu s'adressa à un paysan de Lagga, nommé Jacob, et qui se trouvait par hasard au pied de la montagne. "Jacob!" dit le géant d'une voix sourde, entre, Jacob, et mange de mon ragoût !

Mais Jacob, alarmé par cette aimable invitation, répondit avec hésitation : « Monsieur, si vous avez plus de ragoût que vous n'en pouvez consommer, vous feriez mieux de garder le reste pour demain.

Sur ce conseil judicieux, le géant abattu se plaignit : « Je ne peux même pas rester ici jusqu'à demain ! Je suis obligé de quitter cet endroit à cause de la sonnerie constante des cloches, ce qui est tout à fait insupportable !

Alors Jacob, reprenant un peu de courage, lui demanda : « Et quand comptes-tu revenir ?

Le géant abattu, s'entendant ainsi interrogé, s'écria en pleurnicheur : « Revenir ? Oh ! certainement pas tant que la montagne ne sera pas devenue le fond de la mer, et la mer elle-même une terre arable et fertile ; si jamais cela devait arriver, alors je pourrais peut-être revenir."

CURIOSITÉS EN LITTÉRATURE MUSICALE.

Tout ce qui est nouveau et sans précédent dans la musique est rarement immédiatement apprécié par la majorité des musiciens, aussi beau soit-il. D'où la diversité d'opinions concernant certaines compositions musicales importantes que nous rencontrons dans notre littérature.

Les « Lettres sur le goût musical » écrites par JB Schaul (« Briefe über den Geschmack in der Musik. Carlsruhe, 1809 ») contiennent de nombreuses observations sensées qui sont entachées d'attaques déraisonnables contre Mozart, car le nouveau compositeur de l'époque ne le faisait pas dans ses opéras. se limiter au même traitement de l'orchestre auquel les maîtres précédents avaient habitué l'oreille. Schaul était un grand admirateur de Boccherini. "Quelle différence entre un Mozart et un Boccherini !" s'exclame-t-il. "Le premier nous conduit parmi les rochers escarpés dans une forêt épineuse mais peu parsemée de fleurs; tandis que le second nous conduit dans un paysage souriant avec des prairies fleuries, des ruisseaux clairs et murmurants et des bosquets ombragés, où notre esprit s'abandonne avec délices à un doux mélancolie, qui lui procure une agréable récréation même après avoir quitté ces agréables régions.

Il y a plusieurs autres remarques de ce genre dans le livre, qui ont suscité la colère de Carl Maria von Weber et l'ont incité à prendre la plume pour défendre Mozart [37], ce qu'il aurait probablement jugé inutile si le livre avait été publié. pas autrement plutôt intelligent.

Lorsque, en 1790, « Don Giovanni » de Mozart fut joué pour la première fois à Berlin, le nouvel opéra trouva la faveur du public, mais en aucun cas de la critique. L'extrait suivant est traduit de la « Chronik von Berlin », Vol. IX., p. 133 : — « Ce n'est pas en surchargeant l'orchestre, mais en exprimant les émotions et les passions du cœur, que le compositeur réalise quelque chose de grand et transmet son nom à la postérité. Grétry, Monsigny et Philidor sont et seront toujours, Des exemples de cette vérité. Mozart, dans son "Don Giovanni", a voulu produire quelque chose d'extraordinaire, donc beaucoup de choses sont sûres, et il n'a sûrement rien produit d'extraordinaire qui ne puisse être imité ou qui ne soit grand. , mais la fantaisie, l'excentricité et la fierté sont les sources d'où émane « Don Giovanni ». Cet opéra s'est néanmoins avéré rémunérateur pour le directeur et la galerie, les loges et la fosse ne seront pas non plus vides à l'avenir ; les fantômes en armure et les furies crachant du feu sont un puissant aimant. [38]

L'accord à l'octave augmentée, qui apparaît plusieurs fois dans l'ouverture de Don Giovanni de Mozart :

a fait secouer la tête plus d'un théoricien honnête. Sans aucun doute, vu dans une notation déconnectée des mesures précédentes et suivantes, cela semble suffisamment dissuasif ; mais faut-il le juger ainsi ? Pourtant, Schilling, dans son Dictionnaire Musical, [39] a cru nécessaire d'excuser Mozart d'avoir utilisé cet accord. Dans l'article intitulé "Accord", il remarque : "Türk dit que nous ne possédons aucun accord avec une octave augmentée. Jusqu'à Mozart, cet intervalle n'était utilisé que comme suspension. Mozart, cependant, le rend suffisamment stable en le remplissant d'une mesure entière de Temps 4/4. Le maître sait toujours pourquoi il agit d'une certaine manière particulière et pas autrement ; et comme dans « Don Giovanni » l'extraordinaire est prédominant, cet intervalle prolongé longtemps – ce coup de poignard prémédité – peut rester là comme un avertissement à nos libertins. Nous, pour notre part, ne connaissons rien de plus effrayant que cet accord soutenu et l'énergie soudaine avec laquelle il est destiné à être exécuté.

Si Mozart pouvait susciter des critiques négatives, il n'est pas surprenant que Beethoven l'ait fait, compte tenu de sa grande originalité. Le Dr Crotch ne devrait donc pas être considéré comme un pire critique que beaucoup d'autres lorsqu'il dit (dans ses « Lectures », Londres, 1831, p. 146) de Beethoven : « Qu'il ait toujours méconnu les règles de composition est à regretter. , car il ne semble pas avoir obtenu le moindre bien dans aucun cas.

Rochlitz, critiquant les derniers quatuors pour violon de Beethoven, qu'il n'aimait visiblement pas, observe prudemment : « Lorsque Beethoven eut publié ses trois premiers Trios pour pianoforte, violon et violoncelle — et peu après, sa première Symphonie en do majeur — un certain critique pensa Il est juste et bon de parler des Trios presque en plaisantant, en les traitant plutôt comme des explosions confuses de l'audace insensée d'un jeune homme de talent ; et il déclara avec sérieux et avertissement que la symphonie était une étrange imitation du style de Haydn, s'élevant presque à caricaturer. Pourtant, ce critique était en réalité un musicien compétent, très expérimenté et solide comme un roc dans son époque et sa théorie. Il avait également produit de nombreuses œuvres qui sont à juste titre appréciées, et il aimait cet homme dans une certaine mesure. étant donné son nom, ou ne devions-nous pas faire preuve de réticence envers les morts, tout lecteur l'admettrait, et plus encore si nous le nommions à nouveau, lorsque Beethoven aurait terminé sa deuxième symphonie en ré majeur et que le prince Lichnowsky aurait apporté le manuscrit à Leipzig. , Spazier, après l'exécution de la symphonie, a donné son avis à ce sujet dans son nouveau journal intitulé « Zeitung für die Elegante Welt ». Il l'appelait un monstre grossier, un dragon transpercé se tordant indomptablement, qui ne mourrait pas, et qui, en saignant jusqu'à la mort (Finale), brandit furieusement sa queue dressée dans toutes les directions en vain. Or, Spazier était un homme intelligent, aux multiples facettes. et polyvalent, et en aucun cas inexpérimenté, en tant que musicien, il connaissait toutes les compositions considérées à son époque comme supérieures. Ayant été un élève et un fidèle assistant de Reichardt, il jouissait en tant que critique d'une réputation non négligeable. et était même redouté. Depuis lors, vingt-cinq ans se sont écoulés ; et que pense maintenant de ces œuvres dans le monde entier ? [40]

Un recueil de critiques musicales émanant de critiques de réputation, qui condamnent nos chefs-d'œuvre, pourrait être amusant, mais serait probablement plus ridicule qu'instructif. L'Angleterre surtout pourrait apporter une grande part de ces curiosités à la littérature musicale. Sans aucun doute, certains juges étaient assez intelligents ; On ne peut pas dire exactement qu'ils aient été incapables de comprendre ce qu'ils critiquaient ; mais ils avaient compilé un certain code de règles pour leur propre jugement, tirées des œuvres de quelque compositeur préféré, règles qu'ils considéraient comme les seules justes. En conséquence, ils dénoncèrent tout ce qui leur paraissait en désaccord avec le code qu'ils avaient adopté.

JN Forkel, l'auteur érudit et justement estimé d'une « Histoire de la musique » et de plusieurs autres ouvrages utiles, avait pour JS Bach une admiration si intense, qu'il n'avait finalement plus d'oreille pour aucun compositeur différent de son idole. D'où ses attaques injustifiées contre Gluck dans sa « Musikalisch-Kritische Bibliothek », Gotha, 1778.

Nous possédons en langue allemande un livre intelligemment écrit intitulé "Ueber Reinheit der Tonkunst" (Sur la pureté de la musique), dont la première édition parut en 1825. L'auteur de ce livre, ACJ Thibaut, éminent professeur de droit. à Heidelberg, il avait étudié les vieux compositeurs de l'Église italienne et hollandaise de l'époque de Palestrina, dont il se réjouissait d'avoir interprété les œuvres lors de réunions régulières d'un certain nombre de choristes bien formés dans sa maison. L'enthousiasme de Thibaut pour les anciens auteurs de musique vocale sans accompagnement instrumental était si immense que les grandes compositions instrumentales de Beethoven et d'autres n'avaient pour lui que peu d'attrait. Il ridiculise avec beaucoup de sarcasme l'ouverture de Weber à « Obéron ». Les pianistes célèbres ne trouvèrent évidemment que peu de faveur auprès de lui. Pourtant, Thibaut a eu une influence bénéfique sur les musiciens, et son livre étrange et fougueux mérite une place de choix parmi nos curiosités en littérature musicale.

Les compositeurs distingués se révèlent parfois des juges peu fiables des mérites des autres compositeurs, surtout si ces derniers sont leurs contemporains, et peut-être leurs rivaux. Les biographies des compositeurs nous apprennent à quel point Weber n'aimait pas Rossini ; avec quelle légèreté Spohr appréciait « Le Freischütz » de Weber alors que tout le monde était en extase devant cet opéra ; comment Spohr a critiqué les symphonies de Beethoven. Et nous savons ce que Beethoven, dans un moment d'inattention, a dit de ces compositeurs. On se souvient des opinions défavorables de Mozart à l'égard de Clementi, de l'abbé Vogler et de quelques autres célébrités musicales de son temps ; de même les plaisanteries de JS Bach à son fils Friedemann au sujet de leur voyage à Dresde pour écouter les « jolies petites chansons » de Hasse ; et les paroles dures de Haendel à propos de Gluck : « Il ne connaît pas plus le contrepoint que mon cuisinier ! » – sans parler d'autres ragots de ce genre qui sont plutôt scandaleux. Au souvenir de ces discordes musicales, il est d'autant plus agréable de se rappeler la sincérité avec laquelle nombre de nos grands musiciens ont reconnu les mérites de leurs confrères. L'estime de Haydn pour Mozart n'avait d'égale que l'estime de Mozart pour Haydn. La grande appréciation que Beethoven accorde à Cherubini est notoire. De même, l'admiration de Schubert pour Beethoven. Mais il est inutile ici de signaler des exemples de ce genre.

Les amateurs de musique manifestent souvent une préférence pour un certain compositeur simplement parce qu'ils se sont accidentellement familiarisés avec ses œuvres plus qu'avec celles d'autres compositeurs. Il n'est pas étonnant que dans leurs productions littéraires faisant référence à la musique, ils aient largement contribué aux curiosités. En remarquant ici la « Vie de Haendel » de M. Victor Schœlcher, c'est avec une sincère estime pour son enthousiasme et sa persévérance, qui lui ont permis de recueillir d'intéressantes informations sur le grand compositeur. Cependant, pour écrire la « Vie de Haendel », il ne suffit pas d'être un admirateur enthousiaste de ses œuvres. Il faut bien connaître les musiciens contemporains du grand compositeur, et connaître l'état d'avancement de l'art à l'époque où le petit garçon Haendel prenait ses leçons initiatiques. Il faut également avoir une expérience pratique en composition musicale. L'opinion suivante exprimée dans l'ouvrage en question peut servir d'exemple de curiosité littéraire chez un amateur de musique : « Lorsqu'un grand artiste comme Haendel est accusé de vol, les preuves doivent être exposées ouvertement... Ces prétendus vols sont rien que des ressemblances accidentelles, fugitives et tout à fait involontaires... Si l'on en croit le Dr Crotch, Haendel n'a jamais été qu'un plagiaire, qui a passé sa vie à chercher des idées de tous côtés ! et ainsi de suite. Or, c'est un fait bien connu que Haendel a utilisé à plusieurs reprises les compositions d'autrui. Mais aucun biographe avisé ne le considérerait pour cette raison comme un voleur. Le chercheur vraiment musical trouverait intéressant d'examiner attentivement comment le grand compositeur a traité et ennobli les idées émanant des autres.

L'autobiographie d'un musicien célèbre peut être instructive si l'auteur possède le courage moral de consigner franchement ce qu'il a pensé et ressenti. Il doit dire la vérité, et rien que la vérité. Comme c'est rarement le cas ! Que ce soit par considération louable pour autrui, ou peut-être par vanité personnelle, les déclarations d'erreurs commises, de luttes infructueuses et de faits similaires sont souvent omises ou dorées. Les lettres des musiciens célèbres, publiées après leur mort par leurs amis, sont généralement si raffinées, et les phrases jugées préjudiciables à la réputation du grand artiste si soigneusement effacées, que nous n'avons qu'occasionnellement un aperçu de la vie réelle du grand artiste. homme. Les publications de ce genre les plus aimables, mais aussi les plus faibles, sont peut-être généralement les notices biographiques éditées par la veuve d'un musicien célèbre. Pour en citer un exemple : « L'Autobiographie de Spohr » est intéressante, même si elle est quelque peu teintée d'autosatisfaction. Après la mort de Spohr, sa veuve publia l'Autobiographie, la complétant par des remarques élogieuses telles que celles-ci :

"Au cours des dernières années de sa vie, il a souvent exprimé sa conviction qu'il devait certainement y avoir de la musique au Ciel, même si elle pouvait être très différente de notre propre musique. Lorsque sa femme répondait de tout son cœur : 'Oui, peut-être différente ; mais il ne peut pas être plus beau que le vôtre ! » - Puis, un sourire de contentement heureux et d'espoir bienheureux s'étala sur son visage. » [41]

Le musicien familier avec les répétitions fréquentes dans les œuvres de Spohr de certaines modulations et maniérismes en faveur du compositeur, peut bien être excusé s'il frémit à l'idée de devoir les écouter éternellement.

Attardons-nous maintenant un instant sur les livres relatifs à la controverse musicale. Le lecteur connaît probablement la dispute suscitée par Gluck et Piccini, en France, vers la fin du siècle dernier, et le grand nombre de brochures qu'elle fit publier, dont certaines furent écrites par les penseurs les plus éminents de l'époque. le temps. La controverse sur l'authenticité du Requiem de Mozart fournit également quelques curieux spécimens de littérature musicale. La guerre du papier commença avec un article de Gottfried Weber, publié dans la revue musicale Cæcilia en 1825. Le défi lancé fut repris la même année par l'abbé Stadler. Après ce début de polémique, d'autres champions, *pour* et *contre* , font leur apparition ; et la querelle, conduite non entièrement sans insultes personnelles, devint bientôt aussi formidable que la bagarre entre les Montaigu et les Capulet, lorsque, heureusement pour l'amour de la concorde, le MS de Mozart. La partition du Requiem a été découverte et a révélé quelles parties de l'œuvre avaient été écrites par lui-même et lesquelles avaient été écrites après sa mort par son disciple instruit, Süssmayr.

Une autre controverse d'un genre particulier, à laquelle participèrent de nombreux musiciens et sur laquelle plusieurs dissertations furent publiées, eut pour origine une violente attaque de Giovanni Spataro contre Franchino Gafori, au début du seizième siècle. Un compte rendu de cette dispute, qui concernait certaines questions théoriques, est donné dans « History of Music » de Hawkins, Londres, 1776, Vol. II., p. 335. Quant au style de langage des combattants, il rappelle davantage les poings et les massues que les fusils à aiguilles ; mais ce n'est que ce à quoi on pouvait s'attendre.

Encore une fois, en ce qui concerne les recherches savantes concernant l'origine et l'usage de la musique, on peut remarquer quelques traités curieux.

L'opinion selon laquelle l'homme a appris l'art de la musique grâce aux chants des oiseaux est très ancienne et était déjà soutenue par le poète romain Lucrèce, près d'un siècle avant notre ère chrétienne. Guido Casoni, dans son "Della Magia d'Amore", Venise, 1596, trouve l'origine de la musique dans l'Amour. JC Ammon, un pasteur allemand, écrivit en 1746 un essai intitulé « Gründlicher Beweis dass im ewigen Leben wirklich eine vortreffliche Musik sei » (« Une preuve claire qu'il y a dans la vie éternelle une musique vraiment excellente »). Mattheson également, dont plus d'une production littéraire pourrait être classée parmi les curiosités, a écrit de manière circonstanciée sur la musique du Ciel. Un de ses livres sur le sujet, publié en 1747, porte le titre : « Behauptung der himmlischen Musik aus den Gründen der Vernunft, Kirchen-Lehre, und Heiligen Schrift » (« Une affirmation selon laquelle il y a de la musique au ciel, prouvée par conclusions de la raison, de l'enseignement de l'Église et de l'Écriture Sainte'). Latrobe, dans son traité intitulé « The Music of the Church », Londres, 1831, règle cette question en citant des passages de l'Apocalypse ; par exemple, la nature des accompagnements instrumentaux de la musique vocale au Ciel est, à son avis, clairement révélée par le passage « Les harpistes harpaient leurs harpes ». (Rév. XIV., 2).

La conjecture erronée, selon laquelle l'art de la musique s'est suggérée à l'origine à l'homme, par le fait qu'il entendait les divers sons de la nature, au lieu d'être innée en lui, a été entretenue par plusieurs écrivains. Il suffit de remarquer deux livres sur cette hypothèse, écrits au siècle présent : « La Musique de la Nature ; ou une tentative de prouver que ce qu'il y a de passionné et de plaisant dans l'art de chanter, de parler et de jouer sur des instruments de musique dérive des sons du monde animé », par William Gardiner ; Londres, 1832. 'La Harpe d'Eole et la musique cosmique ; études sur les rapports des phénomènes sonores de la nature avec la science et l'art;

par JG Kastner; Paris, 1856. — Kastner est l'auteur de plusieurs traités musicaux qu'on pourrait énumérer avec les curiosités littéraires.

Feyoo y Monténégro, un ecclésiastique espagnol, écrivit vers le milieu du XVIIIe siècle une dissertation dont le titre, traduit en anglais, est : « Les délices de la musique accompagnées de la vertu sont sur la terre l'avant-goût du ciel. A titre de contraste, on peut remarquer le « Discorso sopra la Musica » de Francesco Bocchi, Florence, 1580, dans lequel le savant auteur soutient que la musique est préjudiciable à la morale et aux bonnes manières. Vicesimus Knox, dans ses « Essais moraux et littéraires », Londres, 1778, recommande l'acquisition de connaissances musicales comme moyen de se protéger dans la vieillesse du mépris et de la négligence.

Les bizarreries des ouvrages anglais suivants sont suffisamment indiquées par leurs titres : « The Schoole of Abuse contenant une agréable instruction contre les poètes, les cornemuseurs, les plaiers, les bouffons et autres comme les chenilles d'un Commonwealth », par Stephen Gosson ; Londres, 1579. 'Histrio-mastique ; Le fléau du joueur ou la tragédie des acteurs, de William Prynne ; Londres, 1633. Pour la publication de cet ouvrage, qui contient une satire contre la musique vocale, l'auteur fut condamné par le roi Charles Ier à avoir les oreilles coupées et au pilori.

De curieux spécimens de traités anglais sur la musique sacrée sont : « A Treatise concern the legalities of Instrumental Musick in Holy Offices », par Henry Dodwell. Deuxième édition; Londres, 1700. « Le Temple Musick ; ou un essai concernant la méthode de chant des Psaumes de David, dans le Temple, avant la captivité babylonienne, par Arthur Bedford ; Londres, 1706. « Le grand abus de la musique », par Arthur Bedford, Londres, 1711.

Un philosophe allemand, au début du siècle actuel, écrivait « Sur notre inclination à chanter lorsque nous sommes de bonne humeur. » D'autres ont montré qu'une musique joyeuse rend certaines personnes tristes. Shakespeare le savait, pour conclure des paroles de Jessica (Le Marchand de Venise, Acte V., Scène I.) : « Je ne suis jamais joyeux quand j'entends une douce musique.

En ce qui concerne les curieuses illustrations d'instruments de musique, les ouvrages suivants méritent particulièrement d'être remarqués :

« Musica getutscht und ausgezogen », Bâle, 1511, par Sebastian Virdung. — « Musica instrumentalis », Wittenburg, 1529, par Martin Agricola. — « Musurgia seu Praxis Musicæ », Strasbourg, 1536, par Ottomarus Luscinius. — Ce dernier l'œuvre est écrite en latin ; les deux autres sont en allemand. Tous ceux-ci contiennent des illustrations des instruments décrits par les auteurs. Le livre de Sebastian Virdung est écrit en dialogue. Virdung et Luscinius (dont le nom allemand était Nachtigall) étaient prêtres. Martin Agricola était un musicien professionnel et chef de chœur et d'orchestre à

Magdebourg. Son livre est écrit sur de misérables rimes de doggerel, mais les gravures sur bois sont très exactes et ses explications sont lucides. Le fait que Martin Agricola ait été pratiquement expérimenté dans l'art et ait vécu, pour ainsi dire, au milieu des instruments dont il traite, rend ses observations particulièrement fiables.

On peut en dire autant de Michael Prætorius, un éminent maître de chapelle de Brunswick, qui est l'auteur de « De Organographia », Wolfenbüttel, 1619. Ce précieux traité constitue le deuxième volume d'un ouvrage intitulé « Syntagma Musicum », etc. le volume traite de l'histoire de la musique, principalement sacrée ; il est écrit en latin et fut publié en 1615. Le troisième volume, écrit comme le deuxième en allemand, contient un compte rendu des différentes compositions vocales en usage à l'époque où l'œuvre fut écrite. Les gravures sur bois de 120 instruments appartenant au tome II. ont été publiés sous le titre séparé : « Theatrum Instrumentorum seu Sciagraphia », Wolfenbüttel, 1620. Le nom allemand propre de Prætorius est Schulz. Il n'était pas rare que les anciens auteurs allemands latinisent leurs noms sur la page de titre de leurs livres.

Les œuvres qui viennent d'être remarquées sont aujourd'hui si rares que le musicien trouve rarement l'occasion de les consulter. À peine plus accessible est l'Harmonie universelle, Paris, 1636, de F. Marin Mersenne, ouvrage particulièrement apprécié en raison de son exhaustivité. Le deuxième volume contient des descriptions et des illustrations des instruments de musique utilisés vers 1600. Mersenne était moine, tout comme Athanasius Kircher, dont la "Musurgia universalis" parut à Rome en 1650. L'œuvre de Kircher est moins rare que cela. de Mersenne, mais aussi moins important. Les illustrations de « Musurgia universalis » sont cependant intéressantes, et c'est principalement grâce à elles que l'ouvrage est encore apprécié par les historiens de la musique. La « Musurgia universalis » est écrite en latin. Athanasius Kircher s'occupa également de faire des expériences acoustiques, et il écrivit sur le sujet un traité illustré de gravures. Il construisit également divers instruments acoustiques qui, après sa mort, furent déposés avec d'autres curiosités laissées par lui dans un musée de Rome. Le Dr Burney, qui les vit à Rome en 1770, remarque dans son Journal : « Ils sont maintenant presque tous hors d'usage ; mais leur construction est vraiment curieuse et témoigne de l'ingéniosité ainsi que du zèle de ce savant père dans son travail. enquêtes et expériences musicales.

Filippo Bonanni, qui, comme Athanasius Kircher, était un père jésuite, publia à Rome en 1722 un ouvrage intitulé « Gabinetto armonico pieno d'istromenti sonori », qui contient 138 gravures sur cuivre d'instruments de musique, la plupart avec des représentations de les interprètes. C'est écrit en italien. Une deuxième édition, en italien et en français, parut en 1776. L'ouvrage de Bonanni est un livre d'images amusant plutôt qu'un traité scientifique. Les illustrations sont inexactes et les explications sont maigres et peu satisfaisantes. L'auteur n'avait évidemment jamais vu la plupart des instruments qu'il décrit, et de nombreuses illustrations semblent avoir été tirées de sa description et non de spécimens réels.

C'est cependant de Bonanni et d'écrivains apparentés que Laborde a compilé son Essai sur la Musique, Paris, 1780. Il serait plus facile qu'agréable de citer des déclarations erronées copiées d'anciens auteurs par Laborde et qui ont été récapitulées presque verbalement par écrivains ultérieurs jusqu'à Fétis. En consultant l'Essai sur la Musique avec ses illustrations, dont beaucoup sont fantaisistes, il faut garder à l'esprit que Laborde était un dilettante musical plus distingué par son enthousiasme pour l'art que par une qualification particulière d'auteur sur la musique. sujet en question.

Sir John Hawkins, également dilettante musical et ardent amateur de cet art, parvint, grâce à une diligence persévérante, à accumuler une grande masse de matériaux pour la compilation d'une histoire de la musique, publiée en 1776, qui contient de nombreux récits intéressants d'ouvrages rares sur la musique. avec des extraits de ceux-ci ; mais il n'était évidemment pas un grand musicien, et les informations qu'il propose sont disposées sans discernement ni ordre suffisants.

Hawkins ne connaissait probablement pas les œuvres allemandes originales dont il donne des extraits en traduction. En tout cas, il a commis de drôles d'erreurs. Par exemple, en remarquant la publication d'une série de lettres sur la musique de Steffani, il dit (Vol. IV., p. 303) : « Mattheson, dans son 'Orchestra', mentionne deux personnes, à savoir John Ballhorn et ( ) Weigweiser, comme les auteurs des observations sur ces lettres de Steffani ; mais, selon Mattheson, aucun d'eux n'était capable ni de lire l'original, ni de distinguer dans la traduction le sens de l'auteur tel qu'il est exprimé dans le texte, ou les opinions. du traducteur contenu dans les notes."

Or, le fait est que ni John Ballhorn ni Wegweiser – ou Weigweiser comme Hawkins épelle le mot – n'étaient des hommes distingués méritant une place dans une « Histoire générale de la musique ». « Johann Ballhorn » signifie simplement « un gaffeur », tout comme « touche-à-tout » signifie une personne qui peut se tourner vers n'importe quoi. Le vieux Mattheson était un écrivain pittoresque et sarcastique. Il appelle le traducteur du traité de Steffani de l'italien vers l'allemand un « Johann Ballhorn » en raison des erreurs de traduction ; et un autre écrivain, qui a commenté le sujet, et qui s'est présenté comme un véritable Mentor, qu'il surnomme Wegweiser, ce qui signifie simplement « Guide ». L'étudiant devrait cependant reconnaître le scrupule littéraire de Hawkins, manifesté par le fait qu'il laisse un petit espace vide avant "Weigweiser" pour permettre à tout lecteur qui pourrait être informé du prénom de ce monsieur, de l'insérer ici. Pourtant, Hawkins peut très bien être excusé, étant donné que même Nagler, dans son célèbre Lexicon of Artists, écrit en allemand, expose un « John Ballhorn » quelque peu similaire. Il mentionne un M. "Quelqu'un" parmi les graveurs anglais, et précise que cet artiste a gravé la Mort du Général Wolfe peinte par West.

Un écrivain sur l'histoire de la musique doit avant tout être un musicien possédant une expérience pratique, un interprète accompli sur au moins un instrument, de sorte qu'il soit en mesure de se familiariser avec les compositions des différents maîtres plus à fond qu'il ne serait possible autrement ; et un compositeur afin de former un jugement correct sur les compositions des autres. L'opinion sur Haendel ou Bach d'un écrivain qui n'est qu'imparfaitement exercé au contrepoint et qui est incapable de produire correctement une fugue ou une autre composition complexe construite selon des règles fixes, n'est pas susceptible de s'avérer utile à l'étudiant en histoire musicale. Burney possédait bon nombre des qualités requises pour un historien de la musique. C'était un musicien professionnel systématiquement formé à cet art et un chercheur intelligent, sans pédantisme ni préjugés. De plus, il a eu le courage moral d'annuler une opinion lorsqu'il a découvert qu'elle était erronée. Par exemple, concernant une opinion qu'il avait autrefois sur la musique allemande, il avoue franchement ('History of Music' Vol. IV., p. 606) : « Elle a été inconsidérément insérée dans la première édition de ma « Tournée allemande » avant que je J'ai pu examiner la vérité... Jusqu'à présent, donc, loin de laisser un préjugé de seconde main fausser mon jugement, ou influencer mes opinions en écrivant mon Histoire générale, j'ai longtemps gardé une double garde sur ma plume et mes principes.

Les productions littéraires les plus précieuses se trouvent généralement parmi les recherches limitées à une certaine branche de l'art. Les œuvres qui prétendent embrasser toute sa science ne sont souvent que de simples compilations d'écrivains qui, comme Bottom le tisserand, veulent jouer non seulement Pyrame, mais en même temps Thisbé et le lion. [42]

Parmi les curiosités répréhensibles de la littérature musicale, on pourrait aussi ranger certaines compilations qui contiennent des observations aiguës entrecoupées de remarques idiotes. Dans la préface, l'auteur déclare qu'il considère comme un devoir agréable de reconnaître ses obligations envers les autres écrivains ; mais, comme il n'indique pas au cours du livre les sources où il a puisé, la plupart des lecteurs ignorent que les observations aiguës auraient dû à juste titre être données entre guillemets.

Tout aussi répréhensibles sont certaines productions portant sur l'esthétique de la musique, dans lesquelles l'auteur montre avec des mots grandiloquents qu'il n'est pas lui-même tout à fait clair sur ce qu'il propose. Il semble certainement étrange que de telles productions sans valeur soient souvent précédées de la remarque que le sujet du livre n'a jamais été correctement traité auparavant, alors qu'il existe généralement des œuvres bien meilleures sur le même sujet, bien connues des musiciens.

Ici aussi, on peut faire allusion à certaines publications bouffantes, qui ressemblent aux productions littéraires des charlatans. Certains sont curieux, aussi répréhensibles soient-ils. Nous avons des guides qui prétendent enseigner comment devenir un brillant joueur sans avoir la peine de pratiquer un instrument ; comment composer de la bonne musique à l'aide de dés au lieu de connaissances musicales ; comment chanter en chœur sans avoir de voix ; et de telles propositions alléchantes.

Il ne faut pas non plus laisser inaperçus les projets fantaisistes de réforme relatifs à la théorie de la musique, à la notation musicale, à la construction des instruments, etc. Certains d'entre eux sont très extravagants, tandis que d'autres se sont révélés d'une utilité pratique plus grande que prévu. L'espace ne peut être accordé ici que pour trois exemples curieux d'innovations proposées, dont deux seront choisis dans des publications anglaises de cette description.

"Un essai pour l'avancement de la musique, en rejetant la perplexité des différentes falaises et en unissant toutes sortes de musique - luth, viole, violon, orgue, clavecin, voix, etc. - en un seul personnage universel ; » par Thomas Salmon, Londres, 1672.

« Un nouveau système de musique, à la fois théorique et pratique, et pourtant non mathématique ; écrit d'une manière entièrement nouvelle; c'est-à-dire dans un Style plan et intelligible ; et calculé pour rendre l'art plus charmant, l'enseignement non seulement moins fastidieux, mais plus profitable, et l'apprentissage plus facile des trois quarts. Tout cela se fait en arrachant le voile qui a suspendu pendant tant de siècles devant cette noble science ; par John Francis De La Fond, Londres, 1725. — L'auteur propose d'abolir entièrement les clés, car il les trouve seulement gênantes.

Wilhelm Kühnau a publié à Berlin, en 1810, un livre intitulé "Die Blinden Tonkünstler", qui contient les biographies de soixante-dix musiciens aveugles. L'auteur écarte tous les mots étrangers utilisés dans la musique allemande et leur substitue des mots allemands de sa propre invention. Pour Kapellmeister, il propose « Tonmeister » ; pour Clarinette, 'Gellflöte;' pour Harmonika, « Hauchspiel ; » et ainsi de suite. Il n'est cependant pas le seul à être un innovateur aussi fantaisiste. Beethoven, dix ans plus tard, inventa le mot « Hammer-Klavièr » pour Pianoforte et l'utilisa sur la page de titre de sa grande sonate en si bémol majeur, op. 106.

Comme spécimens de Lampoons, on peut citer : « Musical Travels through England » de Joel Collier, Londres, 1774, écrit pour ridiculiser le Dr Charles Burney ; et « Henriette, oder die schöne Sängerin » de L. Rellstab, Leipzig,

1826, qui caricature certains admirateurs de la célèbre chanteuse et estimable dame Henriette Sontag, à Berlin. Ces passionnés de musique comprenaient plusieurs nobles de la plus haute position et un ambassadeur étranger à la cour de Prusse, qui étaient décrits sous des noms fictifs afin d'être facilement reconnaissables. Les rumeurs scandaleuses ainsi suscitées incitèrent le gouvernement à confisquer le livre odieux, quoique plein d'esprit, et à condamner Rellstab à être emprisonné trois mois dans la forteresse de Spandau. Bien entendu, la punition de l'auteur a considérablement accru la popularité du livre. Interdit par les hautes autorités, il était lu partout, même à haute voix dans les cercles d'invités des cafés et des caves à vin de Berlin, jusqu'à ce que la curiosité soit satisfaite.

En ce qui concerne les romans musicaux, ceux qu'on peut qualifier de curieux le sont surtout en raison de leurs excentricités et de leurs invraisemblances. Quelques exceptions intéressantes pourraient cependant être signalées. Les héros des romans sont souvent tirés du vivant, dans la mesure où ils représentent certains musiciens célèbres.

ETA Hoffmann, romancier fougueux et très imaginatif, a pris, croit-on généralement, le musicien excentrique Louis Böhner comme modèle pour son célèbre « Kapellmeister Kreisler ». Après avoir voyagé plusieurs années à travers l'Allemagne et interprété ses propres compositions lors de concerts dans différentes cours, Louis Böhner, artiste plus estimable qu'autrement, se retira dans son village natal de Thuringe, où il mourut dans une grande pauvreté. Son concerto en ré majeur pour pianoforte, op. 8, qui fut publié environ dix ans avant que Weber ne compose « Der Freischütz », contient le passage suivant :

où l'on reconnaît la mélodie de la grande scène d'Agathe. En outre, on trouve dans le concerto de Böhner d'autres légères ressemblances avec des phrases de «Der Freischütz». On raconte qu'à une certaine occasion, Böhner joua le concerto en présence de Weber. Les ressemblances ne sont pas très frappantes et peuvent être fortuites. Leur découverte n'a cependant pas manqué de susciter quelques apports à nos curiosités littéraires.

Les journaux de musiciens voyageant dans des régions lointaines du monde contiennent souvent, comme on pouvait s'y attendre, des observations intéressantes sur la musique, que l'on ne trouvera probablement pas dans les journaux d'autres voyageurs. S'ils ne sont pas particulièrement instructifs, ils sont du moins souvent amusants pour les musiciens qui préfèrent lire sur leur art quelque chose de plus nouveau et rafraîchissant que ce qu'ils sont susceptibles de trouver dans leurs traités sur la contrebasse complète. A. Anton, Allemand de naissance, qui était chef d'orchestre dans l'armée du Bengale, publia, après son retour dans la Patrie, quelques extraits sans prétention de son journal, sous le titre : Von Darmstadt nach Ostindien ; Erlebnisse et Abenteuer eines Musicers auf der Reise durch Arabian nach Lahore. Die denkwürdigen Ereignisse der letzten Jahre nach seinem Tagebuch wahrheitsgetreu geschildert.' (« De Darmstadt aux Indes orientales ; vie et aventures d'un musicien lors de son voyage à travers l'Arabie jusqu'à Lahore. Les événements mémorables des dernières années décrits avec vérité dans son journal ; » Darmstadt, 1860.)

M. Hauser, violoniste accompli, a raconté ses voyages à travers le monde dans une série de lettres publiées sous le titre : « Aus dem Wanderbuche eines österreichischen Virtuosen ; Briefe aus Californien, Südamerika et Australien.' (« Extrait du Journal de voyages d'un virtuose autrichien ; Lettres de Californie, d'Amérique du Sud et d'Australie ; » Leipzig, 1859.) La grande pièce maîtresse de Hauser était évidemment une sorte de composition descriptive qui lui était propre, intitulée « Le petit oiseau dans l'Arbre", dans lequel il imite habilement le gazouillis du petit chanteur à plumes. Qu'il l'ait imité en s'inclinant au-dessus ou au-dessous du pont, il ne le précise pas. A Tahiti, il le joua avec succès à la reine Pomare ; et dans les champs d'or, il en charma les creuseurs à un tel degré, qu'ils le récompensèrent avec des pincées de poussière d'or et des pépites fraîchement sorties du sol. Ayant lui-même été complètement las de "Le petit oiseau dans l'arbre", bien qu'il s'agisse de sa propre composition, et désireux de régaler le peuple avec de la très bonne musique, il osa, lors d'un concert dans une ville de l'isthme de Panama, jouer le célèbre concerto pour violon de Beethoven. Son public était d'abord perplexe, ne sachant que penser de la musique ; Bientôt, cependant, le silence se transforma en conversation générale sur les nouvelles de la ville et d'autres sujets semblables. Pour gagner de l'audience et de l'argent, le *virtuose n'avait d'autre choix* que de recourir au « Petit oiseau dans l'arbre ». Avec cette conviction, il abandonna la musique classique, tout en décidant d'en profiter d'autant plus chaleureusement chez lui après avoir fait fortune. Ses notes contiennent des déclarations intéressantes concernant la culture de la musique dans les différents pays qu'il a visités.

On peut peut-être penser que le journal d'un musicien vagabond ne possède que peu d'attrait. Mais si le musicien vagabond est un homme intelligent qui a eu l'avantage d'une formation universitaire, ses observations peuvent être bien plus intéressantes que celles d'un *virtuose à la mode* qui évolue dans les plus hautes sphères de la société, mais dont les connaissances sont presque entièrement confinées. à son métier. Ernst Kratz était un tel homme. Il a publié son journal en deux volumes intitulés « Kunstreise durch Nord-

Deutschland » (« Randonnées d'un artiste à travers l'Allemagne du Nord » ; Sonderburg, 1822). Cet étrange journal, que l'auteur a édité à ses frais, n'est mentionné ni par Fétis ni par Forkel. Il est probable que cela n'ait jamais été connu par le canal habituel du commerce du livre. Ce sera la dernière des productions remarquées dans la présente enquête de curiosités littéraires ; mais, étant donné qu'il est aussi rare que singulier, un récit plus détaillé que celui des publications extraordinaires signalées précédemment peut intéresser le lecteur musical.

Ernst Kratz était un Prussien né dans la seconde moitié du siècle dernier. Son journal commence par le récit de ses tentatives infructueuses, en 1813, pour obtenir une commission dans l'armée prussienne contre les Français. Il venait alors de quitter l'Université de Halle. La raison pour laquelle il aurait souhaité renoncer à sa profession d'avocat n'apparaît pas ; peut-être que son énergie débordante et son amour de l'aventure lui faisaient apparaître la vie tranquille et régulière d'un citoyen paisible comme une existence misérable. Bien que d'un caractère généreux, il était évidemment un homme volontaire et querelleur, peu disposé à suivre docilement les diktats des autres, qui pourraient peut-être être ses supérieurs en position, mais ses inférieurs en talent et en connaissances. Ayant une belle voix de basse et une certaine habileté à jouer du pianoforte et du violon, il eut l'idée, lors d'une visite chez un riche beau-frère résidant dans une petite ville de la province de Brandebourg, d'organiser un concert pour le au profit des soldats blessés et mutilés lors de la guerre avec Napoléon Ier.

Le zèle avec lequel il s'est engagé dans ce projet louable lui a assuré la coopération des dilettanti musicaux de la noblesse et de la petite noblesse de la ville et de ses environs. Le concert fut un franc succès et, à la grande satisfaction de tous, une belle somme d'argent fut versée au fonds pour les soldats blessés.

Le résultat de sa première tentative incita Kratz à donner des concerts similaires dans différentes villes de province dans le même but caritatif. Les préparatifs lui causaient d'innombrables ennuis, car il devait généralement s'entraîner au préalable avec chacun des chanteurs amateurs, son rôle seul, pour leur permettre de jouer avec une justesse passable. Le résultat fut parfois peu satisfaisant, non seulement musicalement, mais aussi financier, puisque les dépenses inévitables engloutirent presque les recettes. Pendant ce temps, Kratz reçut de la princesse Guillaume de Prusse, patronne de la Société de secours aux soldats blessés, le titre de « Kammersänger », en reconnaissance de ses efforts bienveillants. L'honneur qui lui était conféré augmentait son goût pour une vie errante, alors qu'il ne lui était que peu ou pas utile pour gagner ses moyens de subsistance.

Bientôt, il parcourut de vastes régions de l'Allemagne centrale et du nord, donnant des concerts auxquels il combina des performances déclamatoires. L'expérience lui apprit à limiter presque exclusivement ses visites aux petites villes et aux points d'eau, où ses dépenses étaient faibles et où il n'avait aucune rivalité à craindre. Au cours de ces pérégrinations, il rencontrait occasionnellement un ecclésiastique, un médecin ou un avocat avec lequel il avait étudié à Halle ; et la manière hospitalière avec laquelle la plupart de ses anciennes connaissances l'ont reçu, suggère qu'elles ont dû avoir d'agréables souvenirs de sa compagnie.

Il oublie rarement de noter dans son journal le nombre de visiteurs à son concert ; ses produits et dépenses ; avec d'autres petits détails commerciaux. Il entrecoupe ces mémoires de diverses observations, dont voici un spécimen :

"Je peux profiter de cette occasion pour réfuter l'opinion erronée, entretenue par beaucoup, selon laquelle un directeur musical intelligent peut entendre tous les faux sons qui se produisent dans l'orchestre. Cela peut être possible s'il n'y a qu'un seul instrument pour chaque partie, mais pas autrement. et pas non plus lorsque l'orchestre joue *du forte* . Le directeur musical Türk, à Halle, connu comme un grand théoricien et comme un bon compositeur, avait généralement l'aide de quelques étudiants, car cela ne lui occasionnait aucune dépense et il rendit son orchestre plus complet. Je lui proposai de l'aider comme violoniste ; mais comme le nombre de violonistes était suffisant, alors qu'il n'y avait qu'un seul ténor, il me nomma au ténor, ce qui me plaisait beaucoup, car les représentations étaient composées. principalement de musique d'opéra et d'oratorios, cela m'a permis de suivre superficiellement les paroles avec la musique. Sans connaissance des paroles, la musique des chansons est à peine compréhensible. Il n'est pas rare que nous soyons si absorbés par cela. que nous avons mal joué, voire perdu notre rôle, sans que Türk s'en aperçoive. D'un autre côté, il n'était pas rare qu'il nous crie : « *Die Prätschel !* » [43] lorsque nous jouions correctement. Cela s'explique facilement. Si, par exemple, cinq chanteuses soprano exécutent à l'unisson un passage assez rapidement, et que l'une d'elles introduise un ton faux, pas très fort, le meilleur directeur musical ne s'en apercevra pas ; encore moins quand l'erreur se produit dans les parties médianes où les autres parties couvrent le faux ton. Bien sûr, c'est différent si le ton est longtemps soutenu et chanté fort. »

Lorsque Kratz s'est rendu un peu ridicule, il peut philosopher sur l'événement pour qu'il lui paraisse très intéressant. Prenez, par exemple, le récit d'une répétition au cours de laquelle il s'est aventuré à jouer un concerto pour violon au-delà de ses forces :

"Lorsque l'orchestre eut joué le Tutti d'introduction et que je devais commencer le Solo, tout à coup il devient brumeux devant mes yeux, tout mon corps tremble, je ne vois pas clairement les notes, je ne peux pas commander mes doigts, je ne peux pas manier l'archet. Nous recommencez, et une troisième fois ; mais ce n'est pas beaucoup mieux, bien que nous fassions quelques progrès. Peu à peu, je deviens plus calme ; mon jeu reste jusqu'au bout une misérable tentative, ne provoquant aucun rire sourd et bruyant des musiciens. des passages un peu difficiles, que je connaissais par cœur, pourrais-je jouer. Je ne suis pas un *virtuose* du violon mais si l'on a atteint une certaine dextérité, il faut pouvoir jouer les morceaux qu'on a bien appris ; la répétition a enrichi ma psychologie, dans la mesure où elle m'a servi d'exemple pour la proposition : — Il est très difficile, sinon impossible, de se présenter plus tard devant le public dans une qualité dans laquelle on ne s'est pas présenté dans sa prime jeunesse. car le maître supprime chez la jeunesse la timidité envers le public et nous habitue à y résister et à ne pas lui permettre de devenir un obstacle. La peur pour le professeur est un appui qui nous manque plus tard, tandis que la timidité qui nous envahit est d'autant plus forte que nous avons appris la valeur de l'opinion qui autrefois se concentrait uniquement chez le professeur, et que nous connaissions bien auparavant. Alors qu'en tant que chanteur et déclamateur, je me sens le plus à l'aise lorsque je me présente devant un public nombreux, à la répétition, en présence d'un orchestre seulement, je ne pourrais pas jouer un concerto pour violon, simplement parce que le premier que j'ai fait en public dès la prime jeunesse, et cela jamais auparavant."

Il partageait le produit de ses concerts en deux parts égales, dont l'une était régulièrement reversée après le concert au fonds de secours aux soldats blessés, conservant l'autre moitié pour couvrir ses frais de voyage. Mais ses concerts étaient souvent si peu fréquentés qu'ils ne rapportaient aucun revenu à partager et à peine des moyens suffisants pour sa subsistance. Il craignait d'être soupçonné de s'être approprié plus que ce qui lui était dû ; et il était vexé des implications qu'il croyait parfois déceler dans les propos d'étrangers, laissant entendre que les soldats blessés lui étaient plus utiles que lui à eux.

Réduit à cette extrémité, Kratz résolut de ne plus s'inquiéter des soldats blessés et de donner désormais ses divertissements musicaux-déclamatoires pour son propre bénéfice. Et avec cette étape commence une nouvelle époque de sa vie, dans laquelle il se décrit dans son journal comme un véritable musicien vagabond. Après deux années d'errance, il écrit : « Je dois dire que ma bourse est actuellement dans un état très bas. C'est une chose très commune à tous les artistes itinérants, avec ou sans réputation, et cela n'arrive pas maintenant pour la première fois à moi. En Silésie et dans d'autres provinces, j'avais déjà éprouvé les mêmes ennuis, étant donné la nature particulière de ma vocation, je ne m'attendais pas, dès le début de mes promenades, à gagner beaucoup d'argent, ce que je dois. à mes habitudes très modérées, et aussi au fait que ma forte condition physique me permet de braver toutes les adversités. Chaque fois que mes efforts pour obtenir une audience dans une ville échouaient, je me soumettais aussitôt à des restrictions et à des privations. Je pense que cela mérite d'être mentionné, cela n'a-t-il pas montré à quel point j'ai dû souffrir à cause du festival musical de Frankenhausen. En fait, c'est à cause de cela que je suis devenu pour la première fois complètement démuni. Cela s'est produit en 1815. Le festival musical de Frankenhausen était dirigé par le directeur musical GF Bischoff. Une nouvelle cantate de Spohr, interprétée en présence du compositeur, qui joua ensuite un concerto pour violon, en constitua la principale attraction. Le fait que Kratz, malgré sa situation misérable, ait réalisé son intention d'assister au festival en dit long sur l'amour de la musique. Sa demande d'autorisation d'assister à l'orchestre, ou au chœur, se heurta à un refus sous prétexte qu'elle arrivait trop tard, toutes les places étant remplies. Déçu, il se dirigea vers Heringen, une petite ville voisine, avec l'intention de donner un spectacle musical et déclamatoire qui pourrait lui permettre de gagner un peu de nourriture et le prix d'un billet d'entrée au concert de Frankenhausen. Ses luttes, il les rapporte fidèlement ainsi : -

" A Ashausen, village à trois quarts d'heure de marche d'Heringen, je suis entré dans l'auberge pour la nuit. C'était dimanche. La salle du dessous était pleine. J'ai entendu de la musique dans la chambre haute, je suis monté et j'y ai trouvé J'ai longtemps observé les danseurs. Puis, par simple amour de la musique, je me suis placé parmi les musiciens et j'ai joué de temps en temps avec eux. Lorsqu'ils m'ont ainsi reconnu comme musicien, ils m'ont traité... mais, malheureusement, avec de l'alcool. Cependant, on leur servait parfois du pain et du beurre, et plus souvent du gâteau, qu'on me demandait également de partager, et cela me convenait mieux. Après la danse, plusieurs paysans se rassemblèrent autour du nouveau musicien. et je leur jouai des airs de danse au violon, qu'ils aimaient mieux que les airs de leur propre orchestre. Je pris un cor, ayant appris l'instrument autrefois, et leur soufflai un morceau ou deux. Ils voulaient maintenant me régaler. avec des eaux-de-vie, que je me suis pourtant cru obligé de refuser, bien que ce fût une belle liqueur ; car je ne suis pas un buveur d'alcool. Le gâteau, malheureusement, fut consommé. J'ai appris maintenant qu'ils célébraient le baptême d'un enfant. Je souhaitais seulement qu'ils puissent continuer toute la nuit, car cela m'éviterait les frais d'un lit. Cependant, vers trois heures du matin, le dernier de la compagnie partit, et je dus descendre dans la salle publique, où je me jetai sur un banc pour éviter de payer un lit. Cependant l'hôte déraisonnable me demanda de le payer pour avoir couché chez lui ; mais je ne l'ai pas fait, parce que je n'avais que deux groschens en ma possession et que je ne pouvais pas me débarrasser entièrement de mon argent. Je ne lui ai donc payé qu'un demi groschen pour une tasse de café le matin. »

Arrivé lundi à Heringen : « Dans l'après-midi, il me arrive de passer devant l'église qui est ouverte. J'entre et je m'assois en restant près de mon Unique Ami. Là, je reste longtemps seul, occupé de mes réflexions ; car je suis si seul au monde. — Le soir, l'heure décisive approche ; le concert de Frankenhausen est en jeu, et — Voici, j'ai un public de dix-neuf personnes, peu de dépenses, l'hôte de l'hôtel de ville veut dire ! tout va bien pour moi, et Frankenhausen est en sécurité ! »

Kratz se montre toujours à son meilleur quand sa situation est très mauvaise. Dès qu'il gagne un peu d'argent, il devient généralement querelleur. Il serait seulement pénible de retracer ses hauts et ses bas, les premiers n'étant que occasionnels et légers, jusqu'à son arrivée à Cassel. Dans cette ville, le directeur du théâtre, peut-être dans un moment de compassion involontaire, lui donne l'espoir d'un engagement comme chanteur. Le directeur musical Guhr prodigue les mêmes encouragements, qui s'apparentent presque à une promesse. Ils découvrent ensuite que leur intention ne peut pas être réalisée. Kratz, très déçu, intente une action contre eux pour rupture de promesse. D'autres personnes sont impliquées dans ce formidable procès qui dure environ deux ans. Pendant tout ce temps, Kratz fait des tournées pédestres constantes à travers le pays, donnant des divertissements musicaux et déclamatoires dans les petites villes et villages, vivant de la nourriture la plus simple et dormant sur la paille. Lorsqu'il a rassemblé quelques thalers, il revient à Cassel pour les remettre à son avocat. On ne peut qu'admirer son énergie ; s'il n'en avait employé que la moitié à une noble cause, il aurait pu faire beaucoup de bien. Il perd son procès et quitte Cassel.

La veille du Nouvel An 1816, nous le trouvons en grande tenue à un bal donné par un ancien condisciple, aujourd'hui haut placé à Quedlinbourg, qui l'a accueilli pendant une semaine chez lui et l'a habillé. . Le lendemain, Kratz réfléchit ainsi à l'événement dans son journal :

"1er janvier 1817. Tout change dans la vie. L'hiver mordant est suivi du printemps vivifiant ; des yeux humides rayonne à nouveau le rayon de soleil de la joie. Le premier jour de l'année dernière m'a trouvé dans la cabane d'un paysan, dormant sur un lit de paille, et mon repos désagréablement troublé par les tirs de volées des jeunes paysans ; le premier jour de cette année me trouve éveillé dans un salon brillamment éclairé, où je suis entouré de personnages multicolores se déplaçant dans l'éclat de lumière, où le son de la musique flotte agréablement à mes oreilles, pendant que je valse avec bonheur avec la fille la plus charmante de la pièce.

Malheureusement pour Kratz, cet état de bonheur ne dura que de courte durée. Bientôt nous le retrouvons comme auparavant dans ses « Randonnées d'un artiste », sauf qu'il se déplace maintenant progressivement vers le Nord, jusqu'à atteindre Hambourg, où il entre et où nous le perdons de vue.

Dans la présente étude, nous avons mentionné plusieurs livres qui n'ont que peu de valeur. Pourtant, ils méritent une place parmi les publications fantaisistes, paradoxales, extravagantes et surannées liées à l'art musical. D'autres auraient pu être cités ; mais la liste est probablement suffisamment longue pour convaincre l'amateur de musique que nous ne manquons nullement de curiosités dans notre littérature musicale.

LES INSTRUMENTALISTES ANGLAIS.

Vers la fin du XVIe siècle et au début du XVIIe, des compagnies d'acteurs anglais se rendirent en Allemagne pour se produire à la cour des princes et lors des festivités publiques. Les Allemands appelaient ces acteurs « Die englischen Comödianten » (Les comédiens anglais) ; et les musiciens qui les accompagnaient étaient appelés « Die englischen Instrumentisten » (les instrumentistes anglais). Beaucoup de choses ont déjà été écrites sur les comédiens anglais par les érudits shakespeariens. Les réalisations musicales de ces troupes ambulantes n'ont cependant pas reçu suffisamment d'attention pour satisfaire les musiciens. Bien qu'ils ne semblent pas avoir été remarquables, ils sont intéressants dans la mesure où ils étaient associés aux représentations des drames de Shakespeare, et aussi parce que les instrumentistes anglais ont été, à quelques exceptions près, les seuls musiciens anglais à avoir jamais visité l'Allemagne dans le but d'acquérir des connaissances. gagner leur vie dans ce pays en démontrant leurs compétences.

On en trouve quelques mentions dans les archives historiques des théâtres allemands, publiées au cours du siècle actuel.

Qu'est-ce qui a poussé ces acteurs et musiciens à quitter leur pays natal ? — Manque de soutien au pays. Il y en avait trop en Angleterre. Au XVIe siècle, beaucoup étaient au service des nobles anglais. C'était une coutume habituelle dans la noblesse de tenir une compagnie d'instrumentistes ainsi que d'acteurs ; et à ceux-ci s'ajoutaient souvent d'habiles gobelets ou acrobates, qui semblent avoir joui d'une grande popularité. Des troupes ambulantes de ces derniers visitaient les villes de province. W. Kelly, dans ses « Avis illustratifs du drame et d'autres divertissements populaires à Leicester, aux XVIe et XVIIe siècles », déclare : « Le premier avis que nous ayons concernant les visites de compagnies de gobelets dans la ville remonte à 1590. " Ces personnages jouaient sans doute aussi d'instruments de musique. Dans les disques allemands mentionnés, ils sont appelés *Springer* (*c'est-à-dire* "Jumpers" ou "Dancers"), et il semblerait que tous les instrumentistes anglais, mais seulement la classe la plus basse d'entre eux, combinaient l'art de la danse et du tumbling avec cet art. de musique. La majorité étaient des acteurs musicaux plutôt que des musiciens professionnels ; tandis que d'autres s'occupaient presque exclusivement de jouer d'instruments de musique, tels que le luth, la viole aiguë, la viole de gambe, la flûte à bec, le cornet, la trompette, etc.

Dans une proclamation de la reine Elizabeth, publiée en 1571, ces artistes ambulants sont mentionnés en compagnie plutôt peu recommandable : « Tous les escrimeurs portent des joueurs communs d'enterludes et de ménestrels, n'appartenant à aucun baron de ce royaume, ni envers aucun autre personnage honorable. de plus grand degré ; tous les Juglers Pedlers Tynkers et Petye Chapmen ; qui ont dit Fencers Bearewardes Comon Players dans Enterludes Minstrels Juglers Pedlers Tynkers et Petye Chapmen, doivent errer à l'étranger et n'ont pas de licence de deux juges de paix à la fête, dont un doit être. du Quorum, où et dans quoi Shier ils erreront... shalbee pris adjudjed et considéré comme Roges Vacaboundes et Sturdy Beggers ; " etc. [45]

Certains détails intéressants concernant la nature des performances des musiciens ordinaires anglais à l'époque où cette proclamation parut peuvent être recueillis dans "A Dialogue between Custome and Veritie, concerne the use and abuse of Dauncinge and Mynstralsye, by Thomas Lovell, Londres, 1581.' Le livre est écrit en vers. La coutume défend et excuse la danse et le ménestrel, que Vérité attaque et abuse. En ce qui concerne les ménestrels, Verity remarque :

"Ils sont considérés comme des vagabonds
par un acte du Parlement, pour quelle raison ils ne devraient pas être
envoyés en prison comme Roges, sauf qu'ils appartiennent à des hommes
qui sont d'un haut degré, comme dans cet acte par des mots écrits
expressément, nous pouvons voir. À tels, Je pense que peu de ces Vain
Pipers doo appartiennent : Pour les hommes, c'est une honte si grave qu'il
s'agissait de fidèles fidèles à entretenir. C'était une grande honte pour eux,
leur tissu abrogé pour envoyer sur le dos de ceux qui font leur vie si
obscènement dépensée. »

Concernant les performances des ménestrels, tant vocales qu'instrumentales, Verity dit : -

"Leur chant, si vous le respectez,
doit être abhorré : c'est contraire à la parole sacrée et à l'Écriture du
Seigneur. Mais ces ménestrels oublient: ils ont des chants pieux, des
ballades méchantes et insatisfaites, comme les compagnies en ont envie.
Car les sales ils ont des chansons sales, pour les rimes lascives de Baudes ;
pour le bien honnête, pour les chansons graves sobres ; ainsi ils surveillent
leur temps
parmi les amoureux de la vérité,
ils chantent des chansons de la vérité ; parmi les papistes, comme le
printemps de leur légende impie. celui qui ne peut pas plaisanter et se
moquer, se moquer et se moquer impie, est considéré comme inapte à jouer
avec Pipe, sur tabret ou à cogner. Les ménestrels font avec des instruments,
avec des chansons, ou des els avec des plaisanteries, s'entretiennent eux-
mêmes, mais comme ils utilisent, ce rien n'est le meilleur.

Ce Dialogue, dont l'auteur est censé avoir été un puritain, se termine par une Vérité convaincante et convertissante. [46]

Une concession sous le sceau privé de James I. pour la délivrance de lettres patentes en faveur de Thomas Downton et autres, sur le transfert de leurs services en tant que joueurs à l'électeur Frédéric, datée du 4 janvier 1613, contient les noms suivants d'acteurs et de musiciens : Thomas Downton, William Bird, Edward Juby, Samuell Rowle, Charles Massey, Humfrey Jeffs, Franck Grace, William Cartwright, Edward Colbrand, William Parr, William Stratford, Richard Gunnell, John Shanck et Richard Price. Ceux-ci, ainsi que « le reste de leurs associés » étaient autorisés et autorisés en tant que serviteurs de l'Électeur Palatin « à utiliser et à exercer l'art et la faculté de jouer des comédies, des tragédies, des histoires, des enterludes, des morales, des pastoralls, des pièces de théâtre et autres comme ils ont déjà étudié, ou utiliseront ou étudieront désormais.

Dans un brevet de James I., autorisant l'exécution de pièces de théâtre par les serviteurs de Sa Majesté dans la maison privée de Blackfriars, ainsi qu'au Globe, le 27 mars 1620, sont mentionnés : John Hemings, Richard Burbadge, Henry Condall, John Lowen , Nicholas Tooley, John Underwood, Nathan Feild, Robert Benfeild, Robert Gough, William Ecclestone, Richard Robinson et John Shancks. Dans un brevet de Charles Ier, daté du 24 juin 1625, qui renouvelle celui de Jacques Ier, nous avons, outre les noms que nous venons de mentionner, Joseph Taylor, William Rowley, John Rice, Elliart Swanston, George Birch, Richard Sharpe et Thomas Pollard. [47]

Les noms sont donnés ici pour permettre au lecteur de les comparer avec les noms, souvent orthographiés arbitrairement, des acteurs et instrumentistes anglais dans les disques allemands.

Le premier récit de l'apparition de ces étrangers en Allemagne date de 1556, lorsqu'une troupe d'acteurs anglais visita la cour du margrave de Brandebourg. Ils trouvèrent à Berlin une troupe musicale bien organisée, appartenant à l'électeur Joachim II, dont le règlement, datant de l'année 1570, existe encore. Dans un ensemble de règlements plus complets publiés par l'électeur Johann Georg, en 1580, les instruments suivants sont spécifiés comme étant joués par les musiciens de l'électeur :— *Positif , Zimphonien , Geygen , Zinckenn , Qwerpfeiffen , Schalmeyenn , Krumbhörner , Dultzian , Trummeten. , Posaunen , Bombarten* , ("Orgue, épinettes, instruments joués avec un archet, cornets, petites flûtes allemandes, shalms, cormornes, un petit basson, trompettes, trombones, bombardos." [48]).

Au début du XVIIe siècle, on trouve au service de l'Électeur de Brandebourg des musiciens anglais probablement venus en Allemagne avec les acteurs anglais. Les documents suivants sont mentionnés dans les archives prussiennes, avec leurs noms plus ou moins germanisés.

Johann Kroker (John Croker), Berlin, 1608. Il devait être un musicien assez distingué ; car l'électeur Joachim Friedrich le nomma vice-kapellmeister, ou deuxième chef d'orchestre.

Johann Spencer. Dans une lettre datée de "Königsberg, 14 juillet 1609", l'électeur Johann Sigismond recommande Johann Spencer à l'électeur de Saxe comme musicien anglais qui lui avait été recommandé par le duc Franz von Stettin et qui résidait depuis quelque temps à Berlin. . L'Électeur ajoute que la musique de Johann Spencer lui avait plutôt plu. [49] Il ne fait guère de doute que ce musicien est le même John Spencer qui était le directeur d'une compagnie de comédiens anglais voyageant en Hollande et en Allemagne.

Walter Rowe (également écrit Roe) Berlin, 1614. Un joueur de viole de gambe d'une certaine réputation. Il doit avoir été au moins trente-trois ans au service de l'électeur, car il est encore mentionné comme membre de l'orchestre en 1647. Vers 1626, il résida quelque temps à la cour du duc de Mecklembourg-Güstrow. . Son fils, Walter Rowe, était également musicien dans l'orchestre des électeurs de Berlin.

Lambert Blome (probablement Bloom) est mentionné en 1621 comme *Clarin-Bläser* (trompettiste) dans l'orchestre de Berlin.

Valentin Flood était, en 1627, engagé à Berlin comme joueur de viole triple.

John Stanley, joueur de théorbe, se trouvait, à l'automne de l'année 1628, à la cour de l'électeur de Brandebourg, et, en 1631, entra au service du landgrave Guillaume de Hesse-Cassel.

Johann Boldt (probablement John Bolt), Berlin, 1635. Joueur de cornetto.

Ces musiciens n'étaient pas les seuls étrangers dans la fanfare de l'Électeur à Berlin. Plusieurs Italiens sont mentionnés dans les archives, et même un ou deux joueurs polonais. Dès 1564, on parle d'un virtuose italien, Antonio Bontempi, qui était engagé comme joueur de luth, de théorbe et de cornetto.

Bien que les comédiens anglais aient très probablement visité les Pays-Bas avant de faire leur apparition en Allemagne, nous les rencontrons en Hollande au plus tôt en 1604. Une troupe qui, en 1605, se produisait à Leyde, se trouvait auparavant à Berlin et reçut avec des lettres de recommandation de l'électeur de Brandebourg. [50] De plus, il y avait une compagnie de comédiens anglais au Danemark pendant la seconde moitié du XVIe siècle. Cinq d'entre eux, qui dans les documents anciens sont mentionnés comme instrumentistes, probablement parce qu'ils étaient principalement musiciens, arrivèrent en 1586 à la cour de Christian II, électeur de Saxe. Laissant inaperçus ceux qui ne sont mentionnés que comme acteurs, nous trouvons enregistrés à Dresde les instrumentistes anglais suivants, dont les noms sont copiés tels qu'épelés dans les documents allemands :

Tomas Konigk (Thomas King), Dresde, 1586. Il avait déjà vécu au Danemark.

Tomas Stephan (Thomas Stephen), Dresde, 1586.

George Bryandt (George Bryant), Dresde, 1586 ; également connu comme acteur.

Thomas Pabst (Thomas Pope), Dresde, 1586. Il est censé avoir été une connaissance personnelle de Shakespeare. [51]

Rupert Persten (probablement Rupert Pierst). Dresde, 1586.

Ces musiciens sont dans leur nomination désignés sous le nom de *Geyger und Instrumentisten* (« Violoneux et Instrumentistes ») et leurs devoirs sont prescrits comme suit : — « Ils doivent être attentifs et obéissants, de bonne conduite à notre Cour ; ils doivent nous suivre dans nos voyages si nous le désirons. Chaque fois que nous organisons un banquet, et aussi à d'autres occasions, aussi souvent qu'ils sont commandés, ils doivent y assister avec leurs violons et autres instruments nécessaires, et ils doivent aussi nous amuser avec leur art du culbutage. , et d'autres choses gracieuses qu'ils ont apprises. Ils sont censés se comporter envers nous comme il convient à des serviteurs fidèles et attentifs ; ce qu'ils ont également promis et se sont engagés à observer. " [52]

John Price, arrivé à Dresde en 1629, était un *virtuose* de la flûte. L'Électeur de Saxe lui donna une nomination supérieure dans son orchestre. Mersenne (« Harmonie universelle », Paris, 1636) le mentionne comme un brillant musicien. La petite flûte dont il se servait principalement n'avait que trois trous pour les doigts ; mais on dit qu'il a pu, par divers expédients ou astuces, y obtenir une étendue de trois octaves. Il avait auparavant eu un engagement à la Cour de Wurtemberg, en compagnie de John Dixon, mentionné comme instrumentiste anglais, et de John Morell, David Morell et de deux autres Anglais, probablement comédiens.

En 1626, une compagnie de comédiens anglais joua à Dresde, entre autres pièces, « Roméo et Juliette », « Hamlet », « Le Roi Lear » et « Jules César » de Shakespeare. [53] Une troupe de comédiens anglais, qui visita Königsberg en 1611, se composait de trente-cinq membres, dont dix-neuf sont désignés dans les archives comme acteurs et seize comme instrumentistes. [54] Sans doute la plupart de ceux désignés comme acteurs étaient-ils aussi musiciens ; mais le fait que près de la moitié de la troupe était composée de musiciens professionnels montre suffisamment à quel point les divertissements consistaient en performances musicales. Une autre preuve de cela peut être trouvée dans un document indiquant qu'à Hildesheim une compagnie d'acteurs anglais a donné des représentations en anglais. [55]

Il n'y avait probablement que peu de personnes parmi le public qui comprenaient l'anglais. On peut donc supposer que la musique constituait l'attraction principale du divertissement. Il y avait cependant aussi des sauts et des danses amusants, et le drôle de clown : le Jack-Pudding anglais, le Pekelharing hollandais, la Hanswurst allemande, le Jean Potage français, le Signor Maccaroni italien. Le clown tire son surnom du plat préféré de la foule.

Il est inutile, pour retracer les activités des acteurs et instrumentistes anglais, de les suivre dans leurs visites dans toutes les villes allemandes qui conservent des traces d'eux. Il suffit de signaler leur séjour à Cassel, où ils arrivèrent en 1600. Le landgrave Moritz de Hesse Cassel les prit à son service et, en 1605, leur fit construire un théâtre en forme de cirque, auquel il donna le nom Ottoneum, en l'honneur de son fils aîné, Otto. Les murs de cet édifice étaient magnifiquement ornés de fresques.

Cependant, en 1607, le landgrave Moritz se déclara fatigué des « maudits danseurs et sauteurs », comme il les appelait ; et il renvoya la compagnie de son service, à l'exception de quelques membres intelligents, qu'il conserva jusqu'en 1613. Le landgrave Moritz était un savant, et également un poète et un compositeur de musique. Son avis n'est donc pas sans poids. La compagnie, après son départ de Cassel, erra pendant plusieurs années à travers l'Allemagne, et semble avoir trouvé partout un bon accueil, notamment à Nuremberg, où, en 1612, leurs « nouvelles belles comédies » étaient très admirées.

On peut citer ici quatre noms d'acteurs anglais qui, en 1591, entreprirent de se rendre en Allemagne avec l'intention avouée d'améliorer leur situation de pauvreté. Il s'agit de : Robert Brown, John Broadstreet (ou Breadstreet), Thomas Sackville et Richard Jones. Comme dans la lettre de recommandation de ces hommes, découverte dans les archives de La Haye, leurs réalisations musicales sont mentionnées avant leurs autres réalisations, étant précisé qu'ils avaient l'intention de voyager dans le but « d'exercer leur profession en interprétant de musique, de prouesses d'agilité et de jeux de comédies, de tragédies et d'histoires » [56] — il est évident que la musique doit avoir été l'un de leurs arts les plus pratiqués, sinon réellement leur profession d'origine.

En 1603, Lord Spencer fut envoyé par Jacques Ier en ambassade spéciale auprès du prince Frédéric, duc de Wurtemberg, pour l'investir de l'Ordre de la Jarretière. Parmi la suite de Lord Spencer se trouvaient quatre musiciens habiles, qui semblent avoir été choisis comme instrumentistes anglais, à en juger par les éloges que leur fit Erhardus Cellius dans son récit de la visite, publié à Tübingen en 1605. La citation suivante est une traduction, le récit d'Erhardus Cellius étant écrit à l'origine en latin : — « Les musiciens royaux anglais que l'illustre ambassadeur royal avait amenés avec lui pour rehausser la magnificence de l'ambassade et la cérémonie actuelle [l'investiture du duc de l'Ordre de la Jarretière], bien que peu nombreux, étaient éminemment habiles dans cet art. Car l'Angleterre produit de nombreux excellents musiciens, comédiens et tragédiens très habiles dans l'art histrionique dont certaines compagnies, quittant pour un temps leur propre demeure, ont l'habitude de visitant les pays étrangers à certaines saisons, exposant et représentant leur art principalement à la cour des princes, il y a quelques années, quelques musiciens anglais venus dans notre Allemagne dans ce but, restèrent quelque temps à la cour des grands princes ; et leur talent, tant dans la musique que dans l'art histrionique, leur valut une telle faveur qu'ils revinrent chez eux généreusement récompensés et chargés d'or et d'argent. " [57] Erhardus Cellius était professeur de poésie et d'histoire à Tübingen.

Il reste à remarquer quelques musiciens anglais venus en Allemagne à l'époque des visites des comédiens anglais, mais qui ne semblent avoir été liés à aucune des compagnies.

John Dowland, *virtuose* du luth et également compositeur, visita vers 1585 les cours de Hesse-Cassel et de Brunswick-Wolfenbüttel. Par la suite, il fut quelque temps luthiste au service du roi du Danemark, où il fréquenta peut-être les comédiens anglais. John Dowland était évidemment une connaissance personnelle de Shakespeare, qui l'a immortalisé dans son « Pèlerin passionné » :

"Si la musique et la douce poésie s'accordent,
comme ils doivent le faire, la sœur et le frère, alors l'amour doit être grand
entre toi et moi, parce que tu aimes l'un et moi l'autre. Dowland t'est cher,
dont le toucher céleste sur le luth ravit le sens humain ; pour moi, Spenser,
dont la vanité profonde est telle qu'elle dépasse toute vanité, n'a besoin
d'aucune défense.
Tu aimes entendre le doux son mélodieux
que fait le luth de Phœbus, la reine de la musique ; Dans un profond plaisir,
je me noie surtout quand il se met à chanter. Un dieu est le dieu des deux,
comme le prétendent les poètes ; un chevalier aime les deux, et les deux
demeurent en toi.

Conclure que Shakespeare devait être un musicien pratique, parce qu'il écrivait de belles poésies sur les charmes et le pouvoir de la musique, serait aussi audacieux que de supposer, à partir de certains passages de ses drames, qu'il était à l'origine avocat, soldat, bricoleur ou un marchand de chevaux. En effet, considéré comme une opinion critique, son beau sonnet sur Dowland a moins de valeur que le jugement du Dr Burney, qui remarque : « Après avoir pris soin de composer plusieurs compositions de Dowland, j'ai été également déçu et étonné de ses faibles capacités. en contrepoint, et la grande réputation qu'il a acquise auprès de ses contemporains, qui lui a été courtoisement entretenue soit par l'indolence, soit par l'ignorance de ceux qui ont eu l'occasion de parler de lui, et qui tenaient pour acquis que son titre de gloire, en tant que musicien profond, était bien fondé. [58]

John Bull, un autre musicien anglais d'une certaine réputation, était un virtuose du clavecin et de l'orgue. Peut-être que le fait qu'il jouait de ces instruments le tenait à l'écart des comédiens anglais du continent ; sinon, sa vie agitée et instable l'aurait bien préparé à leur compagnie. Né dans le Somersetshire, vers le milieu du XVIe siècle, John Bull fit en 1601 son premier voyage en Hollande, en France et en Allemagne, où ses interprétations d'orgue et même ses compositions trouvèrent des admirateurs. De retour en Angleterre, il se rendit, en 1607, une seconde fois sur le continent dans le but, raconte-t-on, de rétablir sa santé brisée, ou peut-être, comme le suppose le Dr Burney, d'améliorer sa situation financière brisée. Il est mort en Allemagne. Sir John Hawkins, dans son « Histoire de la musique », donne deux Riddle Canons de John Bull, écrits en forme de triangle. L'anecdote sur l'habileté merveilleuse de ce musicien, manifestée en ajoutant quarante parties supplémentaires à une chanson composée en quarante parties [59], est si absurde qu'elle ne fait guère sourire quiconque est familier avec la théorie de la musique. John Bull a également été félicité pour avoir composé pour le Virginal des pièces si difficiles que même les pianistes d'aujourd'hui sont surpris par ses passages rapides en tierces et sixtes. Mais, compte tenu de la grossièreté et du manque de mélodie de ces artifices, il mériterait de plus grands éloges si sa musique était facilement exécutable, impressionnante et mieux adaptée à l'instrument pour lequel elle a été composée, que ce n'est le cas. Si la déclaration de R. Clark, selon laquelle John Bull était le compositeur de l'hymne national anglais, était exacte, il aurait droit à une considération plus grande qu'il ne le mérite actuellement. Les compositeurs de vieux airs populaires sont rarement connus ; il ne convient donc de considérer la nation entière que comme le compositeur de sa principale mélodie nationale, si son origine n'est pas définitivement établie ; et en ce sens, il est peut-être juste de confier la composition de l'hymne national anglais à John Bull.

Un autre musicien anglais, Thomas Cutting, partit au Danemark en 1607. Il était luthiste. Il n'y a aucune trace de son séjour en Allemagne. John Abell, chanteur et luthiste anglais, donna des concerts en Hollande, en Allemagne et en Pologne, à l'époque de Charles II, donc après la période de visite des comédiens anglais sur le continent.

C'est un fait remarquable qu'avant l'apparition de ces musiciens en Allemagne, l'Angleterre avait déjà été visitée par des musiciens étrangers, dont les talents, compte tenu des positions obtenues par plusieurs d'entre eux, ont dû avoir une influence considérable sur le goût de leurs collègues anglais. . Il y avait cinq musiciens allemands au service de Richard III, en 1483 ; dix-huit musiciens étrangers au service d'Henri VIII ; et pour autant que l'on puisse le déduire de l'orthographe corrompue des noms, les bandes d'Édouard VI. et de la reine Elizabeth contenait à peu près autant d'étrangers que celui d'Henri VIII. Les luthistes hollandais Philip van Welder et Peter van Welder occupaient une position supérieure dans l'orchestre d'Édouard VI. Le premier avait déjà été engagé par Henri VIII. comme professeur de luth aux enfants royaux. L'éminent luthiste Jacques Gaulter (ou Gouter), au service de Charles Ier, était français.

La supériorité généralement reconnue des musiciens étrangers explique le mécontentement à l'égard du goût populaire exprimé dans les œuvres de plusieurs musiciens anglais. Déjà John Dowland se plaint dans ses Préfaces d'être négligé. Matthew Lock, dans son « Little Consort of three parts, contain Pavans, Ayres, Corants, and Sarabands, for Viols or Violins », Londres, 1657, remarque : « Pour ces saltimbanques d'esprit qui croient nécessaire de dénigrer tout ce qu'ils rencontrent avec leurs propres compatriotes, parce qu'il y a eu et qu'il y a eu d'excellentes choses faites par des étrangers, j'oserai leur dire (et j'espère que mon expérience connue dans cette science les forcera à me reconnaître comme un juge compétent), que je n'ai jamais mais j'ai vu aucune composition instrumentale étrangère (à l'exception de quelques Corants français) digne d'une transcription anglaise. John Playford, dans son « Musick's Delight on the Cithren », Londres, 1666, se plaint : « On a observé que ces dernières années, toute musique solennelle et grave est beaucoup mise de côté, étant jugée trop lourde et terne pour les soins légers et le cerveau des gens. cet âge agile et dévergondé ; et aucune musique n'est rendue acceptable, ou estimée par beaucoup, que ce qui est présenté par les étrangers : pas une dame de la ville, bien que femme de claquettes, mais qui ait l'ambition de faire instruire ses filles par Monsieur La Novo Kickshawibus sur le Gittar, qui n'est qu'un instrument neuf et ancien, utilisé à Londres à l'époque de la reine Mary. Encore une fois, dans son "Introduction to the Skill of Musick", John Playford se plaint : "Notre musique tardive et solennelle, à la fois vocale et instrumentale, est maintenant juste hors d'estime par les nouveaux Corants et Jigs des étrangers, au grand dam des tous des compréhenseurs sobres et judicieux de cette musique autrefois solide et bonne. Ceci est copié de l'édition publiée en 1683 ; la première édition parut en 1655. Christopher Simpson, dans son « Compendium of Practical Musick », Londres, 1667, affirme hardiment : « Vous n'avez pas besoin de chercher des auteurs étranges, surtout pour la musique instrumentale ; aucune nation, à mon avis, n'est égale à la Anglais de cette manière ; aussi bien pour leur excellent, que pour leurs divers et nombreux Consorts à trois, quatre, cinq et six parties, faits convenablement pour les instruments, " etc. Ainsi aussi Christopher Simpson, à la conclusion de son " The Division Vilist ", ou une introduction au jeu sur un terrain »,

Londres, 1659, dit : « Et ici, je pourrais mentionner (si ce n'était pas hors du Rode de ma conception,) divers autres [outre M. John Jenkins] ; les hommes les plus éminents de c'est notre nation, qui, pour ses compositions excellentes et diverses, notamment pour instruments, a, à mon avis, surpassé de loin ces nations, tant vantées pour leur excellence en musique.

La préférence donnée par ces musiciens à leur propre musique n'éclaire cependant pas beaucoup la question : de quelle sorte était la musique jouée par les instrumentistes anglais qui accompagnaient les comédiens sur le continent ?

Une réponse satisfaisante à cette question peut être obtenue en examinant la musique profane populaire en Angleterre il y a environ trois cents ans et en examinant les mises en scène des drames joués par les acteurs ambulants.

En ce qui concerne la diffusion des connaissances musicales en Angleterre à l'époque de la reine Elizabeth, les documents historiques contiennent des déclarations contradictoires, qui peuvent cependant, avec une certaine discrimination, être conciliées les unes avec les autres. Il est bien connu que l'Angleterre possédait à cette époque quelques compositeurs de musique sacrée estimables qui auraient probablement été entendus sur le continent, s'ils n'avaient pas été occultés par les excellents compositeurs d'église flamands et italiens. Quelques étrangers intelligents qui firent un voyage en Angleterre, à l'époque de la reine Elizabeth, vantent la musique qu'ils entendaient dans les principales églises du pays. Paul Hentzner, un érudit allemand qui visita l'Angleterre en 1598, remarque dans son journal : « Les Anglais excellent dans la danse et la musique, car ils sont actifs et vifs, bien que d'une constitution plus épaisse que les Français. » Il exprime ensuite une opinion moins favorable du goût musical des Anglais : « Ils sont très friands des grands bruits qui remplissent l'oreille, comme les coups de canon, les tambours et les tintements des cloches. [60] Cette déclaration concorde avec une remarque du Dr Burney dans son History of Music, Vol. III., p. 143 ; et de même avec le conseil de Haendel à Gluck, lorsque celui-ci, après la représentation de son opéra "Caduta de' Giganti" à Londres, en 1746, se plaignait du manque de succès : "Pour l'Anglais, vous devez composer quelque chose qui soit puissant, et qui agit sur son tympan." [61] La musique était aussi appelée bruit. Par exemple, dans Henri IV de Shakespeare, partie II, acte 2, scène 4 : -

« Et vois si tu peux trouver le bruit de Sneak ; Maîtresse Tearsheet aimerait entendre de la musique.

On peut supposer que le goût populaire pour la musique forte était il y a quelques siècles à peu près le même qu'aujourd'hui, où l'on pense souvent plus à la quantité qu'à la qualité. Mais il existe certains documents qui semblent indiquer que la culture de la musique était universelle parmi les classes instruites. Henry Peacham, dans son « Complete Gentleman », Londres, 1634, énumère, parmi les nombreuses réalisations requises d'un gentleman, certaines connaissances pratiques et théoriques de l'art de la musique. Cependant, il ne décrit pas l'homme tel qu'il le trouve, mais comme il devrait l'être à son avis. Conclure de sa description qu'au XVIIe siècle tout gentleman anglais était musicien serait aussi injustifiable que de conclure du conseil bien connu de Lord Chesterfield à son fils de laisser le jeu du violon aux musiciens professionnels, qu'au XVIIIe siècle les Anglais de l'éducation considérait comme péjoratif de jouer d'un instrument de musique.

Dans « Introduction to Practical Musick » de Thomas Morley, Londres, 1597, qui est écrit sous forme de dialogue, Philomathes dit à Polymathes, au début du discours, que récemment, lors d'une fête, il ne pouvait pas se joindre à leur chant de madrigal après le souper « chaque jour ». on a commencé à se demander. Oui, certains chuchotaient à d'autres, se demandant comment j'avais été élevé : de sorte que, honteux de mon ignorance, je vais maintenant chercher mon vieil ami, le maître Gnorimus, pour faire de moi son élève. Cette affirmation semble cependant être en contradiction avec celle faite à peu près à la même époque dans un autre livre d'instructions, intitulé « L'École de Mvsicke ; où est enseignée la méthode parfaite de doigté du luth, du pandore, de l'orpharion et de la viole de gambe ; avec des règles générales des plus infaillibles, à la fois faciles et délicieuses. Aussi une méthode pour que vous puissiez être votre propre instructeur de chant de piqûre, avec l'aide de votre luth, sans aucun autre professeur : avec des leçons de toutes sortes pour votre enseignement plus approfondi et meilleur. Nouvellement composé par Thomas Robinson, luthiste ; Londres, 1603.' Ce livre est également écrit sous la forme d'un dialogue, les personnes en conversation étant "Chevalier" et "Timothev". Au début du dialogue, Knight remarque : « À mon avis, je pense qu'il est impossible d'être un bon Musitien, à moins d'être vu dans toutes les sciences libérales ; car je connais beaucoup de grands Clarke en Diuinitie, Phisicke, Law, Philosophie, etc., qui ont peu ou pas de connaissances du tout en Musicke, et même, certains le rejettent tout à fait.

Sans doute, ces déclarations contradictoires de deux musiciens professionnels quant à la culture de la musique par les gentlemen anglais vers la fin du règne de la reine Elizabeth, ne doivent pas être prises au pied de la lettre, mais plutôt comme ce que les auteurs considéraient comme une solution ingénieuse et élégante. manière de prouver que leurs œuvres répondaient à un besoin. Ainsi, Thomas Morley, enseignant la musique vocale, soutient que tout jeune homme est censé être chanteur ; et Thomas Robinson, enseignant le luth et la cithare, exprime son mécontentement de ce que beaucoup de messieurs ne connaissent rien aux instruments de musique, — en fait, rien à la musique. De plus, Thomas Robinson est un « étudiant dans toutes les sciences libérales » ; nous le savons par sa propre déclaration sur la page de titre de ses « New Citharen Lessons », Londres, 1609 ; et étant un homme instruit, il considère qu'il est impossible d'être un bon musicien sans être versé dans « toutes les sciences libérales ».

Le fait qu'il n'existe aucun livre anglais datant du XVIe, du XVIIe ou du XVIIIe siècle, qui contienne des descriptions et des illustrations des différents instruments de musique autrefois utilisés en Angleterre, alors qu'un nombre considérable de ces livres ont été publiés sur le continent, prouve suffisamment , s'il manquait d'autres témoignages, que la musique instrumentale n'était pas tant cultivée en Angleterre que sur le continent. Les manuels anglais d'instruction pour certains instruments n'étaient généralement que de pauvres compilations réalisées par les éditeurs eux-mêmes. Les illustrations d'instruments de musique données dans « History of Music » de Hawkins ont pour la plupart été copiées de Luscinius et Mersenne. Hawkins semble ignorer que ces instruments, dont il donne des descriptions tirées de sources étrangères, étaient autrefois également utilisés en Angleterre. En tout cas, il en mentionne plusieurs sous leurs noms allemands, sans donner leurs noms anglais.

Certains musiciens anglais qui, à l'époque de Jacques Ier, visitaient le continent, ont Italianisé leurs noms, acte plutôt antipatriotique auquel ils n'auraient probablement pas pensé à recourir s'ils n'avaient pas été convaincus de la supériorité de la musique continentale. John Cooper s'appelait Giovanni Coperario ; et Peter Phillips, qui a vécu un certain temps aux Pays-Bas, a changé son nom en Pietro Philippi.

En ce qui concerne la musique nationale de l'Angleterre à l'époque des instrumentistes ambulants, le chercheur peut obtenir des informations fiables en examinant un vieux recueil d'airs populaires intitulé « The Dancing Master » ; ou Instructions pour danser les danses country, avec les airs de chaque danse, pour le violon triple. La première édition a été publiée par John Playford, vers le milieu du XVIe siècle. L'ouvrage, composé d'un seul volume, devint populaire et connut de nombreuses éditions avec des agrandissements, jusqu'à ce que, vers 1700, il s'étende à trois volumes contenant près de mille airs. On peut supposer que ce recueil comprend presque tous les airs des chansons profanes qui étaient populaires en Angleterre à l'époque des instrumentistes. Il faut se rappeler que la plupart des airs de chansons étaient également utilisés comme airs de danse, et que relativement peu d'airs de danse dans les éditions antérieures du recueil sont des pièces instrumentales non dérivées de la musique vocale. Que toutes ces mélodies soient d'origine anglaise est une autre question. Certains sont connus pour être gallois, d'autres irlandais, d'autres écossais ; et certains semblent provenir du continent. Certaines de ces danses sont d'origine étrangère et, très probablement, elles furent connues pour la première fois grâce aux airs qui leur appartenaient lorsqu'elles furent introduites en

Angleterre. Par la suite, de nouveaux airs leur furent composés, qui ressemblaient plus ou moins aux anciens. Indépendamment de tous ces airs du « Dancing Master », qui ne sont apparemment pas anglais, il reste encore un nombre considérable de spécimens qui peuvent être acceptés comme de véritables airs anglais. Ils doivent être examinés tels qu'ils sont publiés, sans harmonie moderne ni aucun autre arrangement qui obscurcisse leur caractère original. Certains d'entre eux sont certainement étranges. Prenez par exemple la « Danse du coussin », avec son air mélancolique, dans laquelle les danseurs conversent en chantant avec les musiciens.

JOAN SANDERSON, OU LA DANSE DU COUSSIN.
UNE VIEILLE DANSE EN ROND.

" *Remarque.* — Le premier filtre deux fois, le second une fois, et le dernier aussi souvent qu'il est nécessaire. "

"Cette danse est commencée par une seule personne (homme ou femme) qui, prenant un coussin à la main, danse dans la pièce ; et à la fin de la mélodie, ils s'arrêtent et chantent : *Cette danse n'ira pas plus loin* . Les musiciens *Répondez, je vous en prie, bon Monsieur, pourquoi le dites-vous ?* Mec, *parce que Jean Sanderson ne viendra pas aussi* . *Elle doit venir aussi, et elle viendra aussi, et elle doit venir qu'elle le veuille ou non* . le coussin devant une femme, sur laquelle elle s'agenouille, et il l'embrasse en chantant : *Bienvenue Jean Sanderson, bienvenue, bienvenue* . Puis elle se lève, prend le coussin, et tous deux dansent en chantant, *Prinkum-prankum est une belle danse, et. allons-nous le danser encore, encore et encore, et allons-nous le danser encore une fois*, puis s'arrêtant, la Femme chante comme avant, *La Danse* , etc. Musicien, *je vous prie Madame* , etc. Femme , *Parce que John Sanderson* , etc. Musicien, *Il le faut* , etc. Et ainsi elle dépose le Coussin devant un Homme, qui à genoux dessus la salue, elle chante, *Bienvenue John Sanderson* , etc. Puis il prend le Coussin, ils prennent les mains et dansent en rond en chantant, comme avant ; et ils le font ainsi jusqu'à ce que toute la Compagnie soit emmenée dans le Ring. Et s'il y a suffisamment de compagnie, faites un petit anneau au milieu, et à l'intérieur de cet anneau, placez une chaise et posez-y le coussin, et le premier homme s'y installe. Alors le Coussin est posé devant le premier Homme, la Femme chantant *Cette Danse* , etc. (comme auparavant) seulement au lieu de — *viens aussi* , ils chantent — *va-t-en* ; et au lieu de *Welcome John Sanderson* , etc., ils chantent *Farewell John*

Sanderson, Farewell, Farewell ; et ainsi ils sortent un par un à mesure qu'ils entraient. *Remarque :* la femme est embrassée par tous les hommes du ring à son entrée et à sa sortie, et de même l'homme par toutes les femmes.

Les airs populaires de presque toutes les nations européennes possèdent certaines caractéristiques qui leur sont propres, que l'étudiant en musique nationale peut constater et définir. Se prononcer sur le pays d'origine d'une chanson nationale est bien entendu souvent aussi hasardeux que se prononcer sur le pays natal d'un homme à partir de sa physionomie. Il y a des Allemands qui ressemblent beaucoup aux Anglais, mais un certain nombre d'Allemands vus ensemble ne seraient pas facilement confondus avec des Anglais. La même chose peut être observée dans chaque nation. On rencontre parfois un Anglais qui a l'apparence d'un Français, d'un Chinois ou d'un Tzigane ; mais une assemblée d'Anglais révèle un certain air de famille propre à la race anglaise. Ainsi aussi, un recueil d'airs populaires d'une nation présente généralement certaines particularités prédominantes qui permettent de déterminer d'où proviennent ces airs. Les membres du « Maître dansant », considérés collectivement, ne présentent aucun air de famille qu'il serait possible d'indiquer par des mots ou par une notation musicale. Ils semblent provenir d'autant de sources que les mots de la langue anglaise. La langue a cependant un caractère individuel fortement marqué du fait que les différents mots adoptés sont devenus anglicisés ; tandis que les compositions musicales des Anglais ne portent aucun cachet permettant de les reconnaître comme anglaises.

Les instrumentistes anglais jouaient bien entendu principalement les airs populaires de leur époque. Il n'est pas nécessaire d'expliquer en détail comment la musique a été introduite dans les représentations dramatiques. Les œuvres de Shakespeare, que le lecteur connaît sans doute, le montrent suffisamment. Ils contiennent également de nombreux exemples d'admission de chansons ou de ballades populaires, telles que « Chantez le saule, le saule, le saule » de Desdémone ; "Comment devrais-je savoir que ton véritable amour est d'Ophélie ?" ou le "Ô ma maîtresse, où vas-tu ?" dans Douzième nuit. De plus, de la musique vocale composée pour deux voix ou plus était occasionnellement introduite, — même la plaisanterie, qui était particulièrement appréciée en Angleterre, et que Shakespeare ridiculise (Twelfth-night, Act II., Scene 3) : —

" *Monsieur Toby Belch.* — Devons-nous réveiller l'oiseau de nuit dans une prise qui fera sortir trois âmes d'un seul tisserand ? allons-nous faire ça ?

Après quelques jeux de mots, Sir Toby, Sir Andrew Aguecheek et le Clown chantent ensemble un catch.

Entre Maria.

" *Marie.* — Quel miaulement faites-vous ici ? Si ma dame n'a pas appelé son intendant, Malvolio, pour lui demander de vous expulser, ne me faites jamais confiance.

Dans « Hamlet », acte III, scène 2, des acteurs ambulants sont présentés, et avec eux des musiciens jouant des hautbois et des flûtes à bec. Dans les représentations des comédiens anglais à l'Ottoneum, à Cassel, en 1606, les instrumentistes entonnaient toujours après chaque acte. [62] Sans doute ils jouaient, outre leurs airs anglais, aussi les airs les plus populaires d'Allemagne, ce qui leur assurerait un accueil plus favorable. Les musiciens itinérants qui se produisent en public trouvent presque invariablement avantage à répondre ainsi aux goûts de leur public. Et il semble également très probable que les instrumentistes anglais, à leur retour chez eux, divertirent leur public en Angleterre avec les airs populaires, et peut-être quelques pièces plus élaborées, avec lesquelles ils avaient fait la connaissance sur le continent et que les Anglais le public aurait le charme de la nouveauté.

Quoi qu'il en soit, la situation des instrumentistes dans leur pays, après qu'ils eurent interrompu leur tournée continentale, n'était en aucun cas enviable, à en juger par la remontrance des acteurs ou leur plainte pour la réduction au silence de leur profession et le bannissement de leur pièce respective. - houses, Londres, 1643 », dans lequel les acteurs abattus remarquent : « Notre Musicke, qui était si délicieuse et si précieuse, qu'ils ont dédaigné de venir dans une taverne avec un salaire de vingt shillings pendant deux heures, erre maintenant avec leurs instruments sous leurs manteaux. , je veux dire ceux qui en ont, dans toutes les maisons de bonne camaraderie, saluant chaque pièce où il y a de la compagnie, aurez-vous de la musique, messieurs ? [63]

Les comédiens anglais en Allemagne se produisaient généralement en langue allemande. Cela devait être drôle, et peut-être pas le moins dans les passages pathétiques, les remontrances solennelles ou les monologues réfléchis, où la moindre prononciation étrangère est susceptible de transformer le sublime en ridicule. Ici, la brièveté a dû être souvent souhaitable, et la mise en place du groupe a peut-être apporté un soulagement. Ainsi, les instrumentistes anglais, bien qu'ils n'aient exercé aucune influence sur la culture de l'art musical, sont certainement intéressants, dans la mesure où ils ont contribué aux premières représentations des drames de Shakespeare.

FÉES MUSICALES ET LEURS PARENTS.

Les fées possèdent notoirement un grand penchant pour la musique. On peut les voir danser dans les prés la nuit au clair de lune ; et les gens trouvent souvent le matin des traces dans la rosée, appelées Anneaux de Fées. Dans les pays européens, leurs instruments de musique préférés sont évidemment la harpe et le violon. Ils excellent aussi souvent en tant que chanteurs, et nous les trouvons réputés comme chanteurs enchanteurs dans presque toutes les régions du monde.

Leur musique ressemble, comme on pouvait s'y attendre, aux vieux airs des paysans du pays qu'ils habitent. L'air suivant des fées irlandaises est copié des « Légendes et traditions des fées du sud de l'Irlande » de T. Crofton Croker :

The linked image cannot be displayed. The file may have been moved, renamed, or deleted. Verify that the link points to the correct file and location.

Cet air, que l'on dit naturellement être d'une haute antiquité, est communément chanté par tout narrateur habile d'un certain conte de fées irlandais auquel il appartient, pour rehausser l'effet de l'histoire.

LES FÉES DES MAORIES.

Les fées de Nouvelle-Zélande sont décrites comme un peuple très nombreux, joyeux et chantant toujours comme des grillons. En apparence, ils sont très différents des Maories, indigènes de la Nouvelle-Zélande ; ils ressemblent plutôt aux Européens, leurs cheveux et leur teint étant remarquablement clairs.

Un jour que Te Kanawa, chef d'une des tribus Maori, rencontra par hasard une troupe de fées sur une colline du district de Waikato, il les entendit chanter distinctement des vers mystérieux, qu'il répéta ensuite à ses amis : et qui sont encore conservés dans la poésie des Néo-Zélandais.

Te Kanawa était mort avant l'arrivée des Européens en Nouvelle-Zélande, mais les détails de sa rencontre avec les fées ne sont pas oubliés par la population. On dit qu'il était sorti avec ses chiens pour attraper des kiwis, [64] quand la nuit tomba et qu'il se retrouva juste au sommet de Pukemore, une haute colline. C'est là que les fées s'approchèrent du brave chef et l'effrayèrent presque jusqu'à la mort. Il alluma un feu et leur fit un peu peur. Chaque fois que le feu flambait vivement, les fées s'en allaient et se cachaient, regardant derrière les souches des arbres ; et quand la flamme s'éteignit, ils s'en approchèrent en chantant et en dansant joyeusement.

La pensée soudaine frappa le chef tremblant qu'il pourrait peut-être faire partir les fées s'il leur donnait les bijoux qu'il avait sur lui ; il ôta donc une belle petite figure taillée dans du jaspe vert, qu'il portait en guise de parure de cou ; puis il sortit sa boucle d'oreille en jaspe finement sculptée, ainsi que sa boucle d'oreille faite d'une dent de requin tigre. Craignant que les fées ne le touchassent, il prit un bâton et, le fixant en terre, y suspendit les précieux présents. Immédiatement après que les fées eurent terminé leur chant, elles examinèrent les bibelots ; et ils leur prirent l'ombre, qu'ils se passèrent les uns aux autres à travers tout le groupe. Soudain, ils disparurent tous, emportant avec eux les ombres des bijoux, mais laissant derrière eux les bijoux eux-mêmes.

Les vers que Te Kanawa entendait chanter les fées sont, comme on l'a déjà dit, encore connus, et les Maories les citent pour prouver que tout est arrivé à leur brave chef Te Kanawa, comme on le raconte. [65]

AVENTURES DANS LES HAUTES TERRES.

Les fées des Highlands d'Écosse ont généralement leurs habitations dans des précipices escarpés et des cavernes rocheuses, que l'on trouve dans des régions particulièrement remarquables par la nature sauvage de leurs paysages. Leurs divertissements favoris sont la musique et la danse, et on dit que leurs reels durent parfois une année entière et même plus, sans entracte.

Un paysan du quartier de Cairngorm, à Strathspey, qui s'était établi avec sa femme et ses enfants dans la forêt de Glenavon, envoya par hasard ses deux fils, tard dans la soirée, dans la forêt pour garder des moutons égarés. Les jeunes gens, traversant le bois dans toutes les directions, tombèrent sur une demeure de fées d'où émanait la musique la plus douce qu'on puisse imaginer, ou plutôt une musique bien plus douce qu'on ne puisse imaginer. Le frère cadet, complètement fasciné par ses charmes, entra d'un seul coup dans la demeure des fées, d'où, hélas ! il ne pouvait pas revenir. Le frère aîné, obligé de le déclarer perdu, courut chez ses parents pour leur raconter ce qui s'était passé.

Or, il y avait dans le quartier un « homme sage », qu'ils jugeaient préférable de consulter à ce sujet. Cet homme apprit au frère aîné quelques paroles mystérieuses de désenchantement, et lui dit de se rendre à l'endroit même où l'enfant avait été entraîné dans la falaise, et de prononcer solennellement ces paroles ; mais cela doit être fait exactement un an après la survenance de l'événement. Le frère aîné obéit très sérieusement à l'injonction. L'année écoulée, il se présenta devant la grotte des fées le même jour et précisément à la même heure où son frère l'avait quitté. La musique continuait et, grâce à ces paroles mystérieuses, il réussit effectivement à libérer son frère qui dansait toujours. L'audacieux petit garçon croyait bien qu'il n'avait dansé avec les fées que depuis une demi-heure ; car, dit-il, il avait dansé tout le temps, et le premier rouleau n'était pas encore terminé. Mais lorsqu'il revint à la maison, ses parents remarquèrent aussitôt combien ses bras, ses jambes et tout son corps avaient grandi au cours de l'année.

Non moins remarquable est l'aventure suivante d'un ecclésiastique de village racontée dans les Highlands d'Écosse.

Un curé qui jouissait de la réputation d'un homme très pieux, rentrait une nuit dans son village, après avoir administré une consolation spirituelle à un mourant de son troupeau. La nuit était très avancée et il devait traverser de nombreux terrains « étranges » ; cependant, lui, se sachant un ministre consciencieux de l'Évangile, ne craignait aucun esprit. En arrivant au bout du lac qui s'étend sur une certaine distance le long de la route menant au village, il fut très surpris en entendant soudain des accents de musique plus mélodieux qu'il n'en avait jamais entendus dans sa vie. Envahi de joie, le pieux ministre ne put s'empêcher de s'asseoir pour écouter les sons mélodieux ; d'ailleurs il était très désireux de découvrir, si possible, la nature et la source de cette charmante musique. Il n'était pas resté assis à écouter plusieurs minutes qu'il pouvait clairement percevoir l'approche progressive de la musique ; il observa également une lumière dans la direction d'où provenait la musique, glissant vers lui à travers le lac. Au lieu de prendre la fuite, comme l'aurait fait n'importe quel être infidèle, le pieux pasteur, sans peur, résolut d'attendre l'issue de ce phénomène singulier. À mesure que la lumière et la musique approchaient, il put enfin distinguer un objet ressemblant à un être humain marchant sur la surface de l'eau, accompagné d'un groupe de petits musiciens, les uns portant des lumières, et les autres des instruments de musique, sur lesquels ils continuèrent à interpréter ces airs mélodieux qui attirèrent d'abord son attention. Le chef de la bande renvoya ses serviteurs, débarqua sur la plage et donna au ministre toute l'occasion d'examiner son apparence.

C'était un petit homme aux cheveux gris, d'apparence primitive, vêtu de l'habit le plus grotesque jamais vu ; en effet, toute son apparence était de nature à faire soupçonner tout d'un coup au vénérable pasteur son véritable caractère. Il s'approcha du curé, le salua très gracieusement, s'excusant de l'intrusion. Le curé lui rendit poliment son compliment et, sans plus d'explications, l'invita à s'asseoir à côté de lui. L'invitation fut accédée ; sur quoi le ministre proposa la question suivante :

"Qui es-tu, étranger, et d'où es-tu ?"

A cette question, la fée, les yeux baissés, répondit qu'il était un de ces êtres parfois appelés « Doane Shee », ou « Hommes de paix », ou « Hommes bons », bien que l'inverse de ce titre soit peut-être un titre plus approprié.

appellation pour eux. À l'origine angélique dans sa nature et ses attributs, et autrefois participant aux joies indescriptibles des régions de lumière, il fut séduit par Satan pour le rejoindre dans une folle conspiration ; et en guise de punition pour sa transgression, il fut chassé de ces régions de félicité et était désormais condamné, avec des millions de compagnons de souffrance, à errer à travers les mers et les montagnes jusqu'à l'arrivée du grand jour. Quel serait leur sort par la suite, ils ne pouvaient le deviner. [66]

LES ELFES IMPORTUNS.

Au Danemark, un incident presque incroyable est survenu à un jeune homme non loin de la ville d'Apenrade dans le Slesvig. Le jeune homme s'était assis sur une colline appelée Hanbierre et s'était endormi. Près de cette colline se trouve un bosquet d'aulnes, exactement le genre d'endroit que l'on pourrait s'attendre à ce que les elfes fréquentent. Les jeunes ne se sont réveillés qu'à minuit. Bientôt, il entendit autour de lui la musique la plus ravissante ; et regardant autour de lui avec étonnement, il vit deux belles filles qui chantaient et dansaient au clair de lune. Peu de temps après, ils s'approchèrent de lui et lui parlèrent. Mais lui, sachant qu'il est dangereux de converser avec les elfes, resta silencieux. Ils lui posèrent beaucoup de questions pour l'inciter à parler ; et comme il persistait à ne pas leur répondre, ils le menacèrent en chantant : « Écoute, ô jeune homme ! Ne nous parleras-tu pas ce soir avant le chant du coq, ton couteau au manche d'argent reposera sûrement ton cœur ! — Encore une fois, ils chantèrent les airs les plus doux et les plus ravissants. Il ne pouvait plus résister et était sur le point de leur parler, lorsque, heureusement pour lui, le coq chanta et ils disparurent.

De cet événement, la colline est appelée Hanbierre, ou Hahnenberg, ce qui signifie « la colline du coq ».

MAUVAIS ESPRITS.

Un court extrait d'une discussion sur les Esprits, écrite il y a environ trois cents ans par un chercheur anglais sur leur nature et leurs penchants, pourrait trouver sa place ici. Cette description apparaît dans un ouvrage de Thomas Nash, Gentleman, intitulé « Pierce Penilesse his Supplication to the Deuill ; Décrivant la propagation du vice et la suppression de la vertu ; Agréablement entrelacé de délices variables ; et pathétiquement mélangé avec des réprimandes conçues. Londres, 1592.' Il n'apparaît pas clairement si les remarques de l'auteur visent spécialement les Esprits d'Angleterre ; mais c'est probablement le cas. Il est vrai qu'il les décrit comme étant plus de mauvaise humeur que l'on dit généralement de ceux du continent ; mais cela peut être simplement dû à la morosité du climat anglais. Cependant, ces Esprits gênants ne sont probablement pas aussi mauvais que nous les trouvons ici représentés ; car n'est-ce pas un fait bien connu, également mentionné par Thomas Nash, Gentleman, qu'ils aiment la musique ?

« Les esprits de la terre vivent, pour la plupart, dans les forêts et les bois, et font beaucoup de mal aux chasseurs ; et parfois dans les vastes champs, où ils détournent les voyageurs du droit chemin, ou effrayent les hommes avec des apparitions difformes, ou font des apparitions difformes. deviennent fous à cause d'une mélancolie excessive, comme Aiax Telamonious, et se révèlent ainsi nuisibles à eux-mêmes et dangereux pour les autres. De ce nombre, les principaux sont Samaab et Achymael, esprits de l'Est, qui n'ont aucun pouvoir de faire beaucoup de mal, en raison de la L'inconstance de leurs affections. Les esprits souterrains sont de ceux qui se cachent dans les tanières et les petits cauernes de la terre, et dans les crevasses creuses des montagnes, afin de pouvoir mourir dans les entrailles de la terre à leur guise : ceux-ci creusent des métaux et surveillent les trésors, qu'ils transportent continuellement d'un endroit à l'autre pour qu'on n'en ait pas besoin : ils soulèvent des vents qui crachent des flammes et ébranlent les fondations des bâtiments ; ils dansent en rond dans les pelouses agréables et verdissent les prairies, avec des bruits de musique et de minstralie, et ils disparaîtront quand quelqu'un s'approchera d'eux : ils prendront sur eux toute ressemblance autre que celle d'une femme, et ils terreront les hommes sous la forme de fantômes d'hommes morts pendant la nuit.

LE MUSICIEN ET LES NAINS.

L'aventure suivante fut racontée pour la première fois par un jeune Allemand joyeux, qui disait connaître un ami de la personne même à qui elle était arrivée.

Il était une fois un pauvre musicien qui vivait dans le quartier d'Hildesheim, une vieille ville de l'ancien royaume de Hanovre, rentrait tard dans la nuit d'un moulin solitaire où il jouait des airs de danse lors d'une fête de baptême. Le moulin existe toujours. Son nom est Die Mordmühle (le moulin à meurtre), probablement parce que quelque chose de terrible s'y est peut-être produit il y a des années. Son chemin le mena devant une falaise dans laquelle se trouvait un trou de nain. Lorsqu'il jeta un coup d'œil au trou, il aperçut, à sa grande surprise, assis devant lui un nain qui ne mesurait pas plus de trois pieds de haut. A peine était-il remis de sa première frayeur, qu'il se sentit soudain saisi par des mains invisibles et entraîné sous terre à plusieurs kilomètres de profondeur dans la montagne. Tout cela s'est produit en un instant. Immédiatement, le pauvre musicien s'aperçut qu'il avait été transporté dans une belle salle, éclairée par plusieurs milliers de lumières de diverses couleurs brillantes. Le parquet de la salle était en argent pur, et les murs étaient tous en or le plus pur : les lustres étaient en émeraudes et en diamants.

Bientôt, les nains demandèrent au musicien de jouer ses meilleurs airs. Pendant qu'il jouait, il entendait sans équivoque les petits gens danser sur sa musique ; il les entendit aussi tousser, rire et rire ; mais il ne vit aucun être hormis le nain qui l'y avait emmené. Au bout d'un moment, le même nain apporta une bouteille de vin d'une finesse exquise et la plaça devant le musicien. Lorsque le pauvre violoneux se fut servi à plusieurs reprises de la bouteille, il commença à se sentir plus à l'aise et devint un peu bavard.

« Eh bien, mon bon maître, dit-il, je joue et je joue ici un air après l'autre, et j'entends toutes sortes de bruits ; mais je ne vois aucune âme chrétienne à part vous-même : ne pourrais-je pas simplement jeter un coup d'œil aux gentilshommes que J'ai l'honneur de servir avec ma musique ?

A cette demande sensée, le nain répondit : "Bien sûr ! Il n'y a aucun danger à cela. Prends juste mon chapeau et mets-le sur ta tête."

Dès que le musicien eut mis sur sa tête le grand chapeau rond du nain, il aperçut la salle remplie de milliers de petits pygmées, dames et messieurs, très habillés, qui se promenaient de long en large, se saluant et se faisant la révérence ; et avec eux se trouvaient quelques petits enfants, certainement pas plus gros qu'un pouce. Après avoir joué une danse country pour conclure le bal, le musicien fut renvoyé, mais pas avant que le nain qui l'avait amené là n'ait rempli ses poches de copeaux de bois, dont un gros tas gisait entreposé juste près de l'entrée de la salle. .

"A quoi ça me sert, ce truc !" pensa le musicien ; et la première chose qu'il fit, lorsqu'il se retrouva libre en plein air, fut de vider ses poches et de jeter tous les copeaux dans la route. Très fatigué, il arriva chez lui. Le lendemain matin, il mit la main dans la poche de son manteau pour vérifier s'il restait des copeaux ; quand, Lo! que devrait-il en tirer, sinon une pièce d'or le plus pur ! Aussitôt il repartit vers la route où il s'était débarrassé des copeaux la veille. Mais il ne trouva rien ; toute trace du trésor avait disparu. [67]

LES PETITS GENS.

Une jeune fille qui travaillait dans une ferme de la province de Schleswig en Allemagne devait travailler si dur quotidiennement qu'elle finit par devenir assez insatisfaite de son sort.

Un matin, alors que son maître l'envoyait aux champs après les vaches, elle dut passer une colline où l'on avait souvent entendu les petits gens souterrains chanter et danser. La jeune fille se dit combien ces chers nains de la colline, qui travaillent tranquillement et chantent si joyeusement, doivent être enviables. "Hélas!" s'écria-t-elle, si je pouvais vivre avec eux, avec quelle joie je ferais mes adieux à ma maison actuelle !

Ses paroles furent entendues par l'un des nains, un jeune garçon qui venait de réfléchir sérieusement à quel point il serait judicieux pour lui de chercher une épouse. Ainsi, lorsque la jeune fille revint des champs, il se présenta à elle et la persuada bientôt de l'épouser. On dit qu'ils ont vécu très heureux ensemble sur la colline pendant de nombreuses années. Ils eurent aussi environ une demi-douzaine d'enfants ; Ces chères petites créatures, curieusement petites, devaient l'être, c'est sûr.

Les nains de cette région possédaient autrefois une sorte particulière de chants de berceau, dont quelques fragments ont été captés par les paysans qui les écoutaient et sont encore conservés.

La musique produite par les nains est, comme on pouvait s'y attendre, remarquablement douce et apaisante. La musique forte et bruyante n'est pas du tout du goût des petits gens. Un paysan qui était un jour allé en ville pour acheter du riz, des raisins secs et d'autres produits de luxe pour la fête du mariage de sa fille, qui devait avoir lieu le lendemain matin, rencontra l'un des nains près d'un vieux cimetière situé proche de la route. Au cours de la conversation qu'ils eurent ensemble, le nain exprima le souhait d'être autorisé à assister à la fête et promit d'apporter avec lui, pour un cadeau de noces, une pièce d'or grosse comme une tête d'homme.

Le paysan ravi dit qu'il serait très heureux d'accueillir ce généreux hôte ; en fait, il devrait considérer cela comme un véritable honneur.

" *A propos !* " remarqua le nain, au moment où ils se serrèrent la main en se séparant, " Quel genre de musique avez-vous demain ? "

Alors le paysan joyeux répondit avec vantardise : « Une musique de premier ordre ! Nous aurons des trompettes et des timbales !

Alors le nain demanda à être dispensé de venir ; car (dit-il) les trompettes et les timbales, il ne pouvait pas les supporter. [68]

LA CORNEMUSE DE MACRUIMEAN.

Il existe en Ecosse une famille de cornemuses héréditaires dont le nom est Macruimean (ou M'Crimmon). On sait désormais comment le célèbre joueur de cornemuse Macruimean a obtenu sa belle musique. Un jour, il labourait près d'une colline hantée, lorsqu'un des « Petits Gens », un petit homme vert, s'approcha et l'invita à entrer dans la montagne. Après être entrés dans une grotte, le petit homme vert donna à Macruimean une cornemuse d'une finesse exquise et lui dit que tant qu'une partie de l'instrument resterait, soit avec lui, soit avec sa progéniture, ils continueraient à être les meilleurs cornemuses d'Écosse. Lorsque l'heureux Macruimean arriva chez lui avec sa cornemuse, il découvrit avec surprise qu'il pouvait jouer magnifiquement dessus n'importe quel air qui lui venait à l'esprit. En effet, sa performance était si puissante et impressionnante qu'elle a étonné tout le monde ; et les gens des Highlands ont encore le dicton : *Coard ri Piob mhoir Mic-Chruimean* , — (« *Aussi fort que les flûtes de Macruimean.* »)

Il existe encore dans les Highlands une grotte appelée *Uamh na'm Piobairean* , *c'est-à-dire* « la grotte du joueur de cornemuse », dans laquelle le célèbre Macruimean et ses enfants se réfugiaient pour pratiquer la cornemuse. Cette grotte se trouve au sommet d'un brae, ou terrain surélevé, à huit milles au nord du château de Dunvegan. Même ses filles, disent les gens, se rendaient parfois furtivement à la grotte, si elles pouvaient s'emparer de la flûte préférée de leur père et s'adonner à une pratique vigoureuse pendant environ une heure. De plus, à quelle époque la famille Macruimean fut établie pour la première fois comme cornemuses héréditaires des Lairds de MacLeod, personne ne peut le dire maintenant ; car c'était il y a très longtemps. [69]

LA FAMILLE GYGUR.

Quant aux géants, il n'en reste aujourd'hui que très peu dans les pays européens. Autrefois, semble-t-il, ils étaient abondants, et de nombreuses traces de leurs habitations et de leurs actes sont encore signalées par le peuple. Cependant, en respectant la capacité des géants en matière de musique, peu de choses sont enregistrées. Jacob Grimm fait allusion aux charmants pouvoirs musicaux de Gygur, une géante et sorcière scandinave, et il pense qu'il est probable qu'un ancien nom allemand pour le violon, *Geige* , soit dérivé de Gygur. [70] S'il en est ainsi, on peut supposer que la *Gigue française* et la *Jig anglaise* tirent également leur origine du nom de ce monstre mystérieux. Il y avait évidemment autrefois toute une famille Gygur ; mais il est très douteux qu'aucun de ses membres existe encore. S'il y en a encore, ce doit être dans le Nord, peut-être en Norvège, en Suède ou en Islande ; en tout cas, les habitants de ces pays parlent encore occasionnellement de leurs vieux géants, ou trolls comme on les appelle aussi.

LINUS, FILS DU ROI.

Cette histoire est d'actualité en Islande. Il a été raconté à un voyageur allemand dans cette partie reculée du monde par un pauvre menuisier, évidemment un véritable Islandais, bien versé dans le folklore de son pays, mais un narrateur quelque peu proactif. L'histoire est ici racontée sous une forme condensée. Il est vrai qu'on n'y parle pas grand-chose de la musique ; mais ses principaux incidents sont provoqués par l'action des chants magiques. Le chant des cygnes endort le fils du roi dans un sommeil de mort, et c'est au moyen de la musique que la douce sœur de lait de Linus, lorsqu'elle le trouve reposant sur le canapé, — mais tout cela, le lecteur le verra dans l'histoire elle-même, et la raconter d'abord dans un préambule, puis une seconde fois, serait encore pire que la prolixité de l'honnête menuisier islandais. Passons donc à l'histoire.

Il était une fois un roi et une reine qui avaient un fils nommé Linus. Tout le monde dans tout le royaume admirait le jeune prince pour sa belle personne et ses nombreuses réalisations.

Il arriva que lorsque Linus, le fils du roi, eut atteint l'âge de vingt ans, il disparut subitement, et personne ne put dire ce qu'il était devenu.

Non loin du palais du roi vivait avec ses parents dans une petite cabane une jeune fille qui était la sœur de lait du prince ; et il l' avait toujours beaucoup aimé . Pas étonnant qu'il l'aimait tant, car elle était aussi belle qu'aimable.

" Mère, " dit la jeune fille, " priez, maintenant laissez-moi partir, afin que je puisse le chercher jusqu'à ce que je le retrouve ! "

Quand la mère l'entendit parler ainsi, elle fut convaincue que toute dissuasion serait inutile, et elle permit à sa fille de partir. Cependant, elle lui donna une pelote de fil magique et lui apprit comment la lancer devant elle comme guide vers la demeure cachée du fils du roi ; car la vieille dame n'était pas tout à fait inexpérimentée dans les mystères de la sorcellerie. La jeune fille prit la pelote de fil et la laissa courir devant elle ; et il roula et roula sur plusieurs kilomètres à travers les montagnes et les vallées, jusqu'à ce qu'il s'arrête brusquement près d'une falaise escarpée.

"Il doit être là !" » s'écria la jeune fille, et elle regarda avec inquiétude s'il n'y avait pas quelque part une entrée dans la falaise. Mais tout ce qu'elle put trouver, après une recherche minutieuse, fut une étroite crevasse, quelque peu cachée par un rocher en saillie, à peine assez large pour qu'elle puisse s'y faufiler. Lorsqu'elle eut réussi à pénétrer dans la falaise, elle se trouva dans une grande caverne dont les parois étaient doucement rabotées et sur lesquelles étaient suspendues toutes sortes d'ustensiles bizarres. Examinant la caverne avec une curiosité non sans mélange de crainte, elle découvrit d'un côté un court passage menant à une autre caverne, pas tout à fait aussi grande que la première, mais plus belle en apparence. Entrant dans la seconde caverne, elle aperçut un lit splendide dressé au milieu de la pièce. Tremblante d'espoir et de peur, elle s'approcha du lit, et voilà ! là, elle le trouva endormi, le bien-aimé Linus, le fils du roi !

Sa première pensée fut de le réveiller le plus vite possible, afin qu'il puisse s'envoler avec elle hors de la montagne. Mais tous ses efforts pour l'éveiller n'eurent aucun effet, bien qu'elle essayât divers moyens qui auraient dû, on pourrait le supposer, certainement l'éveiller. Tout en réfléchissant à ce qu'elle devait faire, elle fut soudain terrifiée par un grondement semblable à celui d'un tonnerre lointain, qui devint progressivement de plus en plus fort, jusqu'à paraître tout près de l'entrée de la caverne. Elle eut juste le temps de se cacher derrière quelques meubles dans un coin, lorsque la falaise s'ouvrit largement, et qu'elle entra une géante, assise sur un char d'ivoire incrusté d'or, et tenant un fouet d'or à la main.

Dès que la géante, qui était aussi une grande sorcière, fut entrée dans la caverne, l'ouverture de la falaise se referma. Bientôt elle se dirigea vers le lit sur lequel reposait le fils du roi, et, appelant deux cygnes du fond de la caverne, elle récita le sortilège :

"Chantez, chantez mes cygnes,
Pour réveiller Linus, le fils du roi !"

Immédiatement, les cygnes commencèrent à chanter une chanson charmante au-delà de toute description ; et pendant qu'ils chantaient, les jeunes se réveillèrent. Alors l'horrible géante s'assit à côté du fils du roi et lui dit combien elle l'aimait ; et qu'elle ne serait jamais heureuse tant qu'il ne serait pas son mari. Mais Linus, le fils du roi, sourit sans lui répondre ; et, détournant la tête, il pensa à sa sœur de lait dans la petite cabane non loin du palais de son père. Comme il ne se doutait pas que la chère jeune fille était près de lui, cachée dans la caverne !

Cependant la géante s'apercevant qu'elle parlait en vain, se décida enfin à attendre un moment plus propice. Alors elle appela de nouveau ses cygnes et récita le sortilège :

"Chantez, chantez, mes cygnes,
Pour charmer le fils du roi et l'endormir !"

Immédiatement, les cygnes chantèrent une chanson inexprimablement apaisante et le fils du roi se rendormit. Croyant le jeune homme en sécurité, la géante prit son fouet d'or, et s'asseyant sur le char d'ivoire incrusté d'or, elle récita le sortilège :

"Courez, conduisez mon précieux char,
et portez-moi au Lifsteinn !"

Dès qu'elle eut prononcé ces mots, la falaise s'ouvrit et le char s'envola comme un éclair. Maintenant, lorsque la jeune fille vigilante entendit le bruit du tonnerre se réduire progressivement à un faible murmure, elle comprit qu'elle pourrait s'aventurer hors de sa cachette. La première chose qu'elle fit fut de commander aux cygnes :—

"Chantez, chantez mes cygnes,
Pour réveiller Linus, le fils du roi !"

Immédiatement, les cygnes se mirent à chanter de manière très charmante et le bien-aimé Linus se réveilla. Oh! comme il était indiciblement heureux lorsqu'il aperçut sa chère sœur de lait debout devant lui ! Pendant un certain temps, la caverne fut pour eux un paradis ; mais bientôt se posa la question anxieuse de savoir comment échapper aux griffes de la géante.

Alors la jeune fille à l'esprit vif suggéra un plan que Linus, avec un peu de chance, adopta ; et après avoir appelé les cygnes pour endormir le jeune homme, elle se retira dans sa cachette ; car le grondement croissant du char l'avertissait du danger imminent.

La géante n'était pas longtemps revenue à la caverne qu'elle résolut de faire une nouvelle tentative pour gagner l'affection du fils du roi. Alors elle ordonna aux cygnes de le réveiller en chantant. Le prince se leva, parut beaucoup plus docile qu'auparavant, et lui exprima sa volonté de l'épouser le lendemain, s'il n'en était pas autrement prévu.

Alors la géante amoureuse, en réponse à ses questions, lui révéla divers secrets quant à ses pouvoirs magiques ; et comme il lui demandait de lui dire franchement où elle allait si souvent sur son char, elle répondit :

" Ah, mon cher garçon, il n'y a aucune raison d'être jaloux ! Le fait est que j'ai un frère qui est un grand géant, et nous deux, mon frère et moi, n'avons qu'une seule vie, et elle est liée dans un Lifsteinn. (« Pierre de vie »). Maintenant, vous devez le savoir, le Lifsteinn est très fragile, et s'il devait être brisé, notre mort serait certaine. Chaque jour, je rends visite à mon frère, qui vit au loin dans une vallée près d'une source profonde. trois grands arbres. Nous récupérons ensuite notre Lifsteinn, qui se trouve dans la source profonde, et l'examinons attentivement car rien ne nous procure une plus grande satisfaction que de trouver notre Lifsteinn indemne.

Ces précieuses informations étaient écoutées avec une attention haletante par la jeune fille dans sa cachette ; et lorsque la géante, après avoir ordonné aux cygnes de chanter le fils du roi pour qu'il s'endorme, fut partie dans le char, la jeune fille ne perdit pas de temps et se hâta de sortir de la caverne ; et, faisant rouler la pelote de fil devant elle, elle la suivit à travers les montagnes et les vallées jusqu'à ce qu'elle atteigne la source profonde sous les trois grands arbres. Le grand géant, dont la seule respiration faisait trembler toutes les feuilles des arbres, était en train de placer le Lifsteinn sur les genoux de la géante, lorsque la courageuse jeune fille surgit de derrière les arbres et, l'empoignant, le jeta par terre et l'a brisé en fragments. En un instant, le géant et la géante tombèrent morts.

La jeune fille monta alors sur le char d'or et d'ivoire, prit le fouet d'or et, le frappant, récita le sortilège :

"Courez, conduisez mon précieux char,
et emmenez-moi chez Linus, le fils du roi !"

Lorsque le char fut entré dans la caverne, elle ordonna aussitôt aux cygnes de réveiller le fils du roi ; et ils le faisaient sur des airs de musique si mélodieusement beaux qu'aucun mortel n'avait jamais entendu un pareil. Linus et sa chère sœur de lait, s'étant procurés autant de bijoux et autant d'or et d'argent de la caverne qu'ils pouvaient en transporter, prirent place dans le char et ordonnèrent de les conduire directement au palais du roi. Oh! comme ils se réjouissaient tous dans tout le royaume ! Les festivités n'étaient pas finies !

Mais la fête la plus glorieuse était celle où l'on célébrait le mariage de Linus, le fils du roi, avec sa douce sœur de lait. Ce jour-là, le vieux roi, dans son bonheur, renonça à la couronne en faveur de son cher fils. Bien sûr, le roi Linus et sa reine bien-aimée étaient très heureux à ce moment-là et pour toujours. [71]

COUS.

Les Necks, ou esprits de l'eau, sont réputés pour leur amour et leur talent pour la musique. Il existe, disent les gens, diverses espèces de ces créatures intéressantes. Les Suédois racontent des histoires merveilleuses sur le merveilleux jeu de harpe d'un Neck appelé Strömkarl, qui préfère généralement le voisinage des moulins à eau et des cascades pour sa demeure. Autrefois, avant l'introduction du christianisme en Suède, les gens sacrifiaient un agneau noir au Strömkarl, qui, en échange, leur enseignait sa charmante musique. Aussi les Norvégiens sacrifiaient autrefois à un Cou semblable, appelé Fossegrim. Il enseignait son jeu de harpe enchanteur à quiconque, un jeudi soir, jetait un jeune bélier blanc dans une rivière coulant vers le nord, tout en détournant son visage. [72]

The Neck, ou Nicker, est devenu tout à fait inconnu en Angleterre. Quelques Anglais cependant prennent soin de conserver son nom, l'appliquant à un esprit d'un autre élément que l'eau, et chacun sait tout de suite de qui ils parlent lorsqu'ils parlent de « Old Nick ».

On dit qu'il existe encore en Suède des ménestrels qui ont appris leur musique auprès des Necks. Une certaine ferme du Smaland, appelée Neckaryd, tire, selon la tradition populaire, son nom du fait qu'elle était habitée autrefois par une famille de ménestrels dont le nom était Neckar et qui apprirent leur musique d'un Neck. Les derniers survivants de cette famille remarquable restent dans la mémoire du peuple. C'étaient quatre frères qui jouaient lors des mariages et lors d'autres occasions festives. Leur grand-père aurait joué pour la première fois la Necken-Polska suivante, qui reste encore une danse nationale préférée en Suède.

Dans certains districts de Suède, cette mélodie est jouée en do naturel, au lieu de do dièse, dans la première mesure. La première est la forme la plus ancienne et peut donc être considérée comme présentant avec plus de précision l'air dérivé à l'origine du manche, que la notation actuelle avec do dièse, qui est cependant maintenant presque universellement adoptée. Un autre air, qui, dit-on également, a été entendu en l'entendant joué par un Neck, et qui est certainement un très vieux favori du peuple, est le suivant :

Cet air présente moins les caractéristiques des anciens airs de danse suédois que le premier, qui, comme la plupart d'entre eux, est en ton mineur.

LE COU CHRÉTIEN.

Les performances musicales du Neck ne se limitent plus à la musique profane. Les gens des campagnes, dans certaines régions de Suède, affirment l'avoir entendu occasionnellement jouer des airs sacrés sur sa harpe d'or. On nous parle ainsi d'un Neck près du pont Hornborga, qui jouait et chantait d'une voix douce : « Je sais, je sais, je sais que mon Rédempteur est vivant !

Des garçons qui l'entendaient par hasard lui criaient : « A quoi te sert de chanter et de jouer ainsi ? tu ne jouiras jamais du bonheur éternel !

Alors le pauvre Neck se mit à pleurer amèrement et se cacha sous l'eau.

Un ecclésiastique en Suède, traversant un soir un pont, entendit les sons les plus délicieux d'un instrument à cordes. Il regarda autour de lui et aperçut à la surface de l'eau un jeune homme portant un petit bonnet rouge et des cheveux dorés, longs et ondulés, qui tombaient sur ses épaules. Dans sa main, il tenait une harpe dorée. Le pasteur comprit immédiatement qu'il devait s'agir d'un Neck ; il lui cria donc dans son zèle :
"Comment peux-tu jouer si joyeusement de ta harpe ? Il est aussi probable que ce bâton sec, que je porte dans ma main, bourgeonne et s'épanouisse, que tu hérites de la vie éternelle !"
Le malheureux Neck jeta tristement sa harpe d'or dans le ruisseau et s'assit sur l'eau en pleurant pitoyablement.

L'ecclésiastique éperonna son cheval et poursuivit son chemin. Mais il n'était pas allé bien loin, quand, à sa grande surprise, il vit que son vieux bâton commençait à produire des feuilles ; et bientôt apparurent entre elles des fleurs plus belles qu'il n'en avait jamais vues. Il comprit que c'était un signe du Ciel qu'il devait enseigner la doctrine consolante de la réconciliation dans un esprit plus libéral qu'il ne l'avait fait jusqu'ici. Il se hâta donc de retourner directement au Neck, qui était toujours assis sur l'eau et se plaignait tristement ; et lui montrant le bâton vert, il dit :

"Vois-tu maintenant que mon vieux bâton bourgeonne et fleurit, comme une jeune plante dans un jardin de roses ? ainsi fleurit aussi l'espoir dans le cœur de tous les êtres créés, car leur Rédempteur est vivant !"

Consolé, le Cou reprit sa harpe d'or, et des sons de joie célestes résonnèrent au loin sur l'eau toute la nuit, et beaucoup de gens les entendirent le long des rives du ruisseau.

MAURICE CONNOR.

Comme la sirène, la femelle Neck enchante les jeunes avec une douce musique et les attire dans l'eau. Ainsi Hylas, fils d'un roi, est également commémoré dans la mythologie grecque comme ayant été entraîné dans l'eau par des nymphes amoureuses de la belle jeunesse.

Les Irlandais racontent une histoire à peu près similaire concernant un joueur de cornemuse célèbre, nommé Maurice Connor, et qui avait la réputation d'être le meilleur joueur de cornemuse de toute la province de Munster. Un jour, alors qu'il jouait au bord de la mer, dans un endroit isolé du comté de Kerry, une belle dame aux cheveux verts surgit de la mer, chantant et dansant de la manière la plus charmante ; et quand elle l'invita à l'accompagner et à l'épouser, il ne put résister. Ainsi Maurice Connor est devenu le mari de la dame aux cheveux verts au fond de la mer. Le syndicat s'est visiblement montré heureux. Pendant plusieurs années après, les marins entendirent souvent, par une nuit calme, les sons d'une cornemuse au large de la côte, et certains disent qu'ils sont tout à fait sûrs que c'était la musique de Maurice Connor qu'ils entendaient. [73]

NÉNUPHARS.

Le Nénuphar (*Nymphæa*) est considéré par les nations germaniques comme la fleur des Nixes, ou Nymphes des Eaux. Ces êtres charmants, dit-on, aiment tellement la musique et la danse qu'ils remontent parfois de l'eau vers les villages voisins de leur demeure, notamment à l'occasion d'une veillée funéraire, pour se joindre à la fête. Mais s'ils tardent trop à ces visites et ne reviennent pas chez eux avant le chant du coq, ils perdront la vie, et sur la surface vitreuse de l'eau dans laquelle ils sont de nouveau descendus, on peut voir une teinte de sang.

Un soir d'automne, après la vendange terminée, les jeunes gens de Jupille, en Belgique, dansaient joyeusement sur la place du village, lorsque trois belles jeunes filles arrivèrent soudain des bords de la Meuse et rejoignirent les fêtards. Ils étaient vêtus de vêtements d'un blanc éclatant ; et sur leurs cheveux blonds ondulés, elles portaient des couronnes de nénuphars à peine dépliées. S'ils marchaient ou flottaient simplement au-dessus de la terre, personne ne pouvait le dire ; mais certainement jamais la jeunesse de Jupille n'avait eu de pareils partenaires aériens.

Après avoir dansé, toute la compagnie s'assit en cercle et les trois jeunes filles se mirent à chanter avec des voix si belles que tout le monde écoutait avec une attention fixe, inconscient de la rapidité avec laquelle le temps passait. Cependant, dès que l'horloge sonna minuit, les trois jeunes filles se murmurèrent quelques mots, se saluèrent tout autour et disparurent hors de vue.

Le lendemain soir, alors que la lune se levait, ils revinrent. Les jeunes se précipitèrent directement pour les inviter à danser. Comme l'air était étouffant, l'une d'elles ôta ses gants et son compagnon s'en occupa pour elle. Ce soir-là, la danse s'est poursuivie avec encore plus d'entrain qu'auparavant, et ils y étaient encore occupés lorsque l'horloge a sonné midi. Surpris par le bruit, les trois jeunes filles cessèrent de danser, et l'une d'elles demanda précipitamment : « Où sont mes gants ?

Mais le jeune homme voulut conserver les gants en signe d'amour, et la jeune fille fut obligée de les quitter et de s'enfuir avec ses compagnes. Le jeune homme suivit rapidement les trois jeunes filles ; car il désirait avant tout savoir où habitait sa belle compagne. Il les poursuivit de plus en plus loin, jusqu'à ce qu'ils atteignent la Meuse. Les trois jeunes filles se jetèrent dans le ruisseau et disparurent.

Lorsque, le lendemain matin, le jeune homme en mal d'amour revint à la rivière où il avait perdu de vue sa compagne, il trouva l'eau à cet endroit rouge sang ; et les trois jeunes filles ne sont plus jamais réapparues. [74]

IGNIS FATUUS.

En ce qui concerne le « Feu follet » ou « Jack-in-a-Lanthorn », diverses opinions prédominent dans la tradition populaire. Les races germaniques considèrent généralement ces phénomènes ardents comme des âmes errantes qui, pour une cause coupable, n'ont pas participé au repos céleste. Parmi ceux-ci sont particulièrement classées les âmes des laboureurs cupides, qui, en labourant leurs champs, empiétaient sur la propriété de leurs voisins ; et aussi les âmes des enfants non baptisés. Un pasteur hollandais, rentrant chez lui dans son village tard dans la soirée, tomba sur trois feux follets. Se rappelant qu'il s'agissait d'âmes d'enfants non baptisés, il étendit solennellement la main et prononça sur eux les paroles du baptême. Mais quelle en a été la conséquence ? Un millier et plus de ces apparitions firent soudainement leur apparition, voulant évidemment toutes se faire baptiser. Ils effrayèrent si terriblement le brave homme, qu'il prit la fuite et rentra chez lui aussi vite qu'il le put. [75]

Sur la crête du haut Rhön, près de Bischofsheim, où se trouvent aujourd'hui deux marécages, connus sous le nom de marécage rouge et marécage noir, se dressaient autrefois deux villages qui se sont enfoncés dans la terre à cause de la vie dissolue menée par les habitants. Sur ces marécages apparaissent la nuit des jeunes filles sous la forme d'apparitions éblouissantes de lumière. Ils flottent et voltigent au-dessus du site de leur ancienne maison ; mais on les voit aujourd'hui moins fréquemment qu'autrefois. Il y a de nombreuses années, deux ou trois de ces jeunes filles fougueuses venaient occasionnellement au village de Wüstersachsen et se mêlaient aux danseurs lors des veillées funéraires. Ils chantaient avec une douceur inexprimable ; mais ils ne restaient jamais au-delà de minuit. Lorsque le temps qui leur était imparti était écoulé, une colombe blanche arrivait toujours en vol, qu'ils suivaient. Puis ils se dirigèrent vers la montagne en chantant et disparurent bientôt hors de la vue des gens qui les suivaient, les observant avec curiosité. [76]

LA MUSIQUE FÉERIQUE DE NOS COMPOSITEURS.

Les mythes anciens et les miracles ont toujours été des sujets de prédilection pour les opéras, et il n'est pas nécessaire de dire à l'amateur de musique que plusieurs de nos compositeurs dramatiques ont admirablement réussi à produire de la musique de fées et d'autres conceptions aériennes de la fantaisie. Ce n'est cependant pas seulement dans leurs grandes œuvres d'opéra, mais même dans les ballades accompagnées du pianoforte, que l'on rencontre des airs de musique féerique délicieusement enchanteurs. Prenez, par exemple, « Erl-King » de Franz Schubert ou « Herr Oluf » de Carl Lœwe. Certains compositeurs n'ont pas non plus été moins heureux dans une musique de cette description entièrement instrumentale. L'ouverture de Mendelssohn pour « Le Songe d'une nuit d'été », sa première œuvre orchestrale importante, et peut-être sa meilleure, semble représenter les fées dansant en cercle par une nuit au clair de lune. Mais il est probable qu'aucun compositeur n'a écrit aussi joliment que Beethoven des pièces instrumentales qui pourraient être classées dans la musique des fées. Le *Largo assai* dans son Trio pour pianoforte en ré majeur, op. 70, en est un exemple remarquable. Beethoven ne dirige pas ce mouvement avec des mots laissant entendre qu'il entend raconter un conte de fées avec des tons. Très probablement, il n'a même pas pensé aux fées lorsqu'il a composé cette merveilleuse musique. Quoi qu'il en soit, ses accords tremblants avec leurs passages tendrement vibrants, descendant la gamme *pianissimo* , s'enflant parfois jusqu'au volume puis s'apaisant à nouveau dans leur ancien doux murmure éolien - et, par-dessus tout, ses modulations mystérieuses et étranges - donnent une impression plus analogue à l'effet produit par certains de nos meilleurs contes de fées que ce n'est le cas de nombreuses compositions musicales qui ont été ouvertement suggérées par de telles histoires.

CHANTS SACRÉS DES SECTES CHRÉTIENNES.

Une collection de spécimens de chants sacrés, avec les airs utilisés par les différentes sectes chrétiennes, serait très intéressante et pourrait être instructive pour le musicien si elle était compilée selon le plan suivant.

Le recueil devrait contenir les chants les plus caractéristiques et les plus appréciés de nos jours, utilisés dans le culte public et dans la dévotion familiale. Il faudrait probablement au moins une douzaine de spécimens de chaque secte pour présenter clairement les caractéristiques des chants communs. Mais, en plus de cela, il faudrait donner des spécimens des chants exécutés lors des fêtes religieuses et autres occasions extraordinaires.

Les airs doivent être rendus exactement comme ils sont habituellement chantés. Si les gens les chantent à l'unisson, ils ne doivent pas être harmonisés ; et s'ils les chantent en harmonie, les différentes parties doivent être fidèlement écrites, quelles qu'elles soient, sans aucune tentative d'amélioration et sans ajouts injustifiés.

Si un accompagnement instrumental est utilisé, il ne doit pas être arrangé pour un autre instrument que celui sur lequel il est habituellement joué ; ses particularités originales doivent être strictement préservées.

Il n'est pas rare qu'il existe des lectures différentes du même air. Chaque fois que tel est le cas, la lecture la plus courante doit être donnée en premier ; et, parmi les déviations ou variétés de l'air, qui peuvent être préférées par certaines congrégations, les plus habituelles doivent être indiquées par de petites notes après la notation de l'air tel qu'il est le plus couramment chanté.

La plupart des airs appartenant aux chansons sont très anciens et plusieurs d'entre eux sont dérivés de chansons profanes. Un récit historique de ces chansons rehausserait considérablement la valeur de la collection. Les altérations qu'ils ont subies au cours du temps pourraient, lorsqu'elles sont traçables, être indiquées par des notations se référant à différents siècles ou périodes ; et si la mélodie profane dont est dérivé l'air sacré existe encore, elle pourrait également être donnée.

Les spécimens de chants appartenant à une secte doivent être précédés d'un récit des doctrines et des cérémonies religieuses particulières à la secte, et surtout d'une explication lucide de la manière dominante dont la musique est exécutée.

En outre, la valeur de la collection serait augmentée en admettant également des exemples des pièces instrumentales les plus populaires utilisées dans le culte divin ; ou, en tout cas, en en donnant une description, au cas où ils seraient trop longs pour être insérés. Le domaine de recherche et de sélection des matériaux pour la préparation d'une telle œuvre est si vaste qu'il faudrait beaucoup de discernement , afin d'exposer clairement les traits distinctifs de la musique de chaque secte sans agrandir l'œuvre à une taille qui serait gênante. .

L'immense nombre de recueils de cantiques destinés à l'usage de la congrégation, publiés avec ou sans notation musicale, parus depuis l'époque de la Réforme, est presque accablant pour l'étudiant et augmente plutôt qu'il ne facilite le travail de sélection des exemples les plus remarquables pour un travailler comme ça en question. Ici, cependant, une aide précieuse pourrait être obtenue en faisant soigneusement référence à certains ouvrages sur l'hymnologie de C. von Winterfeld, G. von Tucher, Hoffmann von Fallersleben, P. Wackernagel et d'autres.

Bien que le chant en congrégation ait été particulièrement cultivé depuis l'époque de la Réforme, il n'est pas étranger à l'Église catholique romaine ; en fait, on pourrait constituer une collection très intéressante de chants anciens avec la musique occasionnellement interprétée par les congrégations catholiques romaines. Avec leurs chants spirituels et leurs hymnes en latin, composés au Moyen Âge, ils disposaient de chants sacrés dans leur langue vernaculaire datant d'une période antérieure à la Réforme. Après avoir prospéré, notamment en Allemagne au cours du XVIIe siècle, le chant congrégationaliste de l'Église catholique romaine est tombé progressivement en désuétude jusqu'au siècle actuel, où des tentatives pour le faire revivre ont été faites dans certains diocèses. Le plus ancien livre de cantiques catholique romain connu en allemand date de 1517 et a été compilé par Michael Vehe. Il contient soixante-quatorze airs, dont certains ont été spécialement composés pour le livre ; les autres étaient des airs anciens et bien connus. Cependant, le plus complet des anciens recueils de chants sacrés à usage populaire date de 1625 et a été compilé par l'abbé David Gregorius Corner. Parmi les livres de cette description publiés ultérieurement, plusieurs contiennent des chants en langue allemande destinés à être chantés par le peuple lors des principales fêtes religieuses, lors des processions, des pèlerinages et également à la Sainte Messe. A cette dernière occasion, un hymne a été parfois introduit après la Transsubstantiation. Il n'était pas rare non plus, lors des grandes fêtes, que le prêtre chante en latin et que le peuple réponde en allemand. L'étudiant en musique ferait bien de se familiariser avec les publications modernes de chants catholiques romains, comme par exemple « Cantica Spiritualia », Augsbourg, 1825 ; « Kirchen und religiöse Lieder aus dem 12 dix bis 15 dix Jahrhundert », par J. Kehrein, Paderborn, 1853 ; les chants sacrés recueillis par Freiherr von Ditfurth, Leipzig, 1855 et autres.

Des exemples de compositions vocales élaborées, avec ou sans accompagnement instrumental, généralement interprétées par un chœur désigné de chanteurs et par des musiciens professionnels, exigeraient probablement trop de place dans un recueil comme celui suggéré ci-dessus ; mais, en tout cas, on pourrait rendre compte de telles compositions. Ceux qui appartiennent à l' Église catholique romaine sont particulièrement importants. Il convient de signaler les spécimens les plus populaires. Dans de nombreux cas, ils sont facilement accessibles. Il est vrai que les plus populaires ne sont en aucun cas aussi les meilleurs ; mais il serait désirable de connaître avec précision le goût populaire d'aujourd'hui.

En ce qui concerne les Chorals de l'Église luthérienne, il faudrait retracer les altérations qu'ils ont subies au cours du temps. À cette fin, les meilleurs livres de choral publiés en Allemagne aux XVIe et XVIIe siècles nécessiteraient une attention particulière ; comme par exemple ceux de Spangenberg, 1545 ; Prétorius, 1604 ; Hassler, 1607 ; Schein, 1627 ; Schütz, 1628 ; Crüger, 1640 et autres. La division de l'Allemagne en plusieurs petites principautés est peut-être la cause principale de l'énorme nombre de recueils de chants publiés à l'usage de la congrégation, car chaque petit souverain aimait avoir dans son domaine quelque chose d'exclusif, et le peuple l'aimait aussi. Ainsi, il n'existe pas de recueil de cantiques universellement adopté dans l'Église luthérienne d'Allemagne, et de nombreuses publications de ce genre ne sont que de pauvres compilations, du moins en ce qui concerne la musique. Le noble Choral du temps de Luther a progressivement perdu, en altérant son harmonie et son flux rythmique, une grande partie de sa dignité et de son caractère originel. Elle a surtout souffert des intermèdes répréhensibles que les organistes introduisaient et introduisent encore, non seulement entre les couplets, mais encore à chaque vers qui se termine par une pause dans la notation musicale. Ces intermèdes, qui sont souvent des effusions improvisées de l'organiste, peuvent lui fournir l'occasion de démontrer son habileté en contrepoint, et peut-être sa dextérité manuelle ; mais ils sont pour cette raison d'autant plus déplacés dans un Choral. Cependant, comme ils constituent une des caractéristiques de certaines représentations musicales congrégationnelles d'aujourd'hui, il convient d'en donner quelques exemples dans l'ouvrage.

De même, la notation d'un Choral avec une basse chiffrée ne doit pas être omise. Un nombre considérable de livres de choral contenant uniquement les airs avec la basse, l'harmonie produite par le ténor et l'alto étant indiquée par des chiffres, ont été publiés principalement à l'usage des organistes, qui bien sûr peuvent être supposés être familiers avec la basse complète. . En 1730, Georg Philip Telemann publia à Hambourg ses « Fast allgemeines Evangelisch-Musicalisches Lieder-Buch », qui contiennent 433 chorals ; les différentes lectures d'un même air, en usage à cette époque, sont indiquées par de petites notes, et les airs ont une basse chiffrée, avec quelques instructions à la fin du livre pour les contrebassistes inexpérimentés.

Les chorals des Hussites méritent particulièrement d'être étudiés. Luther les appréciait beaucoup et plusieurs d'entre eux furent adoptés par les protestants au moment de la Réforme. L'Enchiridion, anno 1524, déjà mentionné ailleurs [77], en contient deux de cette source. Les premiers recueils publiés des Chorals des Hussites, dans lesquels la poésie est en langue tchèque, sont : Jona Husa, Canional, 1564 ; Girjka Streyce, Chorals avec harmonie de Goudimel, 1593 ; DK Karlsperka, Chorales, 1618. Il convient également de noter les chants des Hussites rassemblés et publiés par KJ Erben, Prague, 1847. Également ce qui suit en allemand : Un livre de chorales des frères bohèmes et moraves, édité par Michael Weiss, 1531. Le même agrandi par Johann Horn, 1596. Un livre de choral des frères de Herrnhut, édité par Christian Gregor, 1784. Gregor, qui fut organiste et évêque à Herrnhut, est l'inventeur, ou l'initiateur, de la construction particulière de l'orgue en général adopté par sa secte, dans lequel le joueur est assis de manière à faire face à la congrégation. Sa publication, qui contient 467 chorals avec basses chiffrées, fut la première œuvre de ce type imprimée pour les frères de Herrnhut et constitua la partie musicale de leur recueil de chansons imprimé en 1778.

En ce qui concerne la poésie sacrée de l'Église réformée de Suisse et de France, on trouve un célèbre recueil de psaumes métriques en français, écrits à la demande de Calvin par Clément Marot et Théodore de Bèze, sur lesquels des airs furent composés ou adaptés, par Bourgeois, en 1547, et par Goudimel, en 1565. Certains historiens de la musique affirment que Bourgeois et Goudimel tiraient leurs airs d'un recueil allemand de Wilhelm Franck, publié à Strasbourg en 1545, de sorte que leur mérite consiste uniquement à les avoir mis en quatre parties. une partie d'harmonie. Il serait certainement souhaitable que les airs soient correctement retracés jusqu'à leur source originale.

Plusieurs de ces anciens Chorals furent progressivement adoptés par diverses confessions dans différents pays. Un recueil de poésie en langue tchèque, édité par G. Streyce en 1593, auquel nous avons déjà fait allusion, correspond exactement à une édition française publiée à Paris en 1567, qui porte le titre « Les CL. Pseaumes de David, mis en rime Françoise par Clément Marot et Théodore de Bèze, et dans lequel les syllabes de la Solmisation sont imprimées avec la notation des airs. Sur la poésie de Marot et sur la musique de Goudimel est également fondé le cantonal allemand intitulé « Psautier des Königlichen Propheten David », d'Ambrosius Lobwasser, Leipzig, 1574, publication très appréciée en Allemagne, en Suisse et en Hollande, et qui conserva sa popularité jusqu'à le XVIIIe siècle.

Le livre de chorale italienne intitulé « Sessanta Salmi di David, tradotti in rime volgari italiene, etc. De la stampa di Giovanni Battista », Pinerolo, 1566, contient, outre un certain nombre de nouveaux airs, plusieurs qui ont évidemment été empruntés au Travail français.

Encore une fois, la première édition des psaumes métriques avec notation musicale pour l'Église d'Angleterre, par Sternhold et Hopkins, Londres, 1562, contient plusieurs airs dérivés des calvinistes et des luthériens du continent. Cette édition ne contient que les mélodies sans aucun accompagnement harmonieux, pas même une basse. Ils étaient destinés, comme nous l'informe la page de titre, « à être chantés dans les églises du peuple ensemble, avant et après la prière du soir, ainsi qu'avant et après le sermon ; et de plus dans les maisons privées, pour leur réconfort et leur réconfort divins, apportant à part toutes les chansons et ballades impies, qui ne tendent qu'à nourrir le vice et à corrompre la jeunesse. Dans une édition datant de l'année 1607 les syllabes de la Solmisation sont annexées à la notation musicale, telle qu'on la retrouve dans la version de Marot avec la musique de Goudimel. Cela visait à aider les chanteurs peu musicaux; ou, comme le dit l'éditeur anglais, "que tu puisses plus facilement, par la visualisation de ces lettres, parvenir à la connaissance du solfayeng parfait grâce auquel tu pourras chanter les psaumes plus rapidement et plus facilement." Même la tablature du luth est utilisée en combinaison avec la notation, dans un curieux livre anglais intitulé "Sacred Hymns", composé de cinquante psaumes choisis de David et d'autres, transformés paraphrastiquement en vers anglais, et par Robert Tailovr destiné à être chanté en cinq parties. parties, comme aussi sur la Viole et le Luth ou l'Orpharion. Publié à l'usage de ceux qui aiment l'exercice de Mvsic en leur honneur original, Londres, 1615.

Le « Chorale Book for England », édité par WS Bennett et O. Goldschmidt, Londres, 1865, contient dans un supplément quelques airs de compositeurs anglais des XVIIe et XVIIIe siècles ; tandis que la grande majorité des airs dont l'œuvre est compilée ont été tirés des célèbres vieux livres de chorals de l'Église luthérienne. Il montre plutôt comment, de l'avis des compilateurs, la musique congrégationaliste de l'Église anglicane devrait être, plutôt que telle qu'elle est réellement aujourd'hui. En tout état de cause, il ne peut pas être considéré comme un dépositaire des airs préférés de la majorité des congrégations. Les airs préférés sont souvent sans originalité, plutôt morbides et sentimentaux, un peu comme des airs profanes modernes d'un genre bas. Il n'est pas rare que la collection d'airs utilisés par une congrégation soit une compilation réalisée par l'organiste. Beaucoup d'organistes ne sont que des musiciens superficiels, tandis que les ecclésiastiques ne connaissent généralement rien à la musique. Des interprétations de compositions élaborées sont tentées, ce qui mettrait à rude épreuve le pouvoir de musiciens professionnels bien formés et que les congrégations ne songeraient pas à tenter si elles possédaient des connaissances musicales. En fait, la seule musique vocale qu'une congrégation est compétente pour interpréter d'une manière édifiante est un simple air de petite envergure, comme les vieux chorals, chanté à l'unisson, ou, plus strictement parlant, chanté par des voix masculines et féminines en même temps. octaves, tandis que l'orgue accompagne en harmonie à quatre voix. Même ainsi, bien exécuter un air est plus difficile que beaucoup ne l'imaginent ; mais, si cela est accompli par toute la congrégation, l'effet est très solennel et impressionnant. Le chercheur devrait, bien entendu, examiner les recueils les plus populaires de nos jours, tels que « Hymnes anciens et modernes » ; « Church Hymns with Tunes », édité par A. Sullivan, publié sous la direction du Tract Committee de la Society for Promoting Christian Knowledge ; et le « Hymnary » complet édité par J. Barnby. De plus, il convient de tenir compte de la préférence accordée à certains types d'exécutions musicales par les diverses congrégations de fidèles appartenant à l'Église anglicane, telles que les hommes de l'Église haute, basse et large.

L'admission d'airs profanes dans l'hymnologie, qui trouve des partisans dans l'Église anglicane même au siècle présent, a provoqué la publication de plusieurs curieux recueils de poésie sacrée sur des mélodies tirées de compositions profanes de Haydn, Mozart, Beethoven et d'autres célèbres musiciens, et souvent douloureusement déformés pour les adapter à la mesure des couplets. Il est vrai que l'adaptation de mélodies profanes aux chants sacrés n'est pas une solution nouvelle. Nos estimables compositeurs de chorals et promoteurs du chant congrégationaliste y eurent recours à l'époque de la Réforme. Les anciens chants profanes dont certains des chorals sont dérivés sont encore connus, et il semble probable que plusieurs chorals, dont l'origine est obscure, émanent également de cette source. L'origine profane de ces airs anciens n'enlève rien à leur aptitude au service de dévotion, puisque leurs ancêtres laïcs ne sont plus populaires, et aussi parce qu'il y a trois cents ans il n'y avait pas de différence entre le style de musique sacré et profane qui existe dans notre jour. C'est une tout autre chose que d'appliquer à des paroles sacrées un air profane moderne dont les paroles profanes sont bien connues.

Pourtant, quelque chose de similaire a été fait par les compositeurs néerlandais de musique religieuse bien avant que les chorals ne soient construits à partir d'airs profanes. Ces compositeurs introduisirent des airs de chants populaires dans leurs messes, pour rendre leurs travaux de contrepoint plus attrayants pour la multitude.

Vers le milieu du XVIe siècle, quelques versions métriques remarquables des psaumes en néerlandais furent publiées à Anvers. Tous les airs de ces psaumes, donnés en notation, sont dérivés de chansons populaires hollandaises profanes. De cette description se trouve la publication de Symon Cock, intitulée « Souter Liedekens ghemaect ter eeren Gods op alle die psalmen van David » ; anno 1540. L'ouvrage le plus important de ce genre, cependant, fut publié par Tielman Susato. Il comprend probablement la plupart des airs et airs de danse profanes qui étaient populaires aux Pays-Bas au XVIe siècle. Tielman est censé être originaire de Soest, une ville de Westphalie, en Allemagne, que les citoyens appelaient en latin *Susatum* ; d'où son nom d'adoption Susato. Son œuvre se compose de six petits volumes, en in-8 oblong, contenant en tout 245 airs. Le premier volume est intitulé : « Het ierste musyck boexken mit vier Partyen daer inne begrepen zyn XXVIII ». de nouvelles amoureuses s'amusent à trouver des talents étrangers, composées par différents composants, qui chantent et jouent sur tous les instruments de musique. Ghedruckt Tantuuerpen de Tielman Susato vuonende uoer die new vuaghe Inden Cromhorn. Cum Gratia et Privilegio. Anno MCCCCCLI.' ("Le premier Livre de Musique, en quatre parties, dans lequel sont contenues 28 nouvelles belles chansons dans notre langue bas néerlandais, composées par différents compositeurs, très agréables à chanter et à jouer sur toutes sortes d'instruments de musique. Imprimé à Anvers par Tielman Susato, habitation dans le Cromhorn, à côté de la nouvelle maison de pesée, anno 1551.") Le Cromhorn (allemand, *Krummhorn* ; italien, *Cormorne*), un ancien instrument à vent de la famille des bassons, était évidemment utilisé par Tielman Susato comme enseigne pour son bureau. , tout comme on retrouve chez les marchands de musique anglais, il y a quelques siècles, le signe de la « Base Viol », de la « Golden Viol », etc. Tome II. contient également des chants profanes en harmonie à quatre voix. Tome III. contient un recueil d'airs de danse, intitulés sur la page de titre "Basse dansen, Ronden, Allemaingien, Pauanen, Gaillarden", etc., et parus avec les précédents en 1551. Les anciennes danses hollandaises étaient généralement marchées ou foulées , et les danseurs chantaient en même temps.

Tome IV. porte le titre : 'Sovter Liedekens, I. Het vierde musyck boexken mit dry Parthien, waer inne begrepen syn die Ierste XLI. psalmen van Dauid, Gecomponeert de Jacobus Clement non papa, den Tenor altyt houdende die voise van gemeyne bekende liedekens ; Voir lustich om chanter ter eeren Gods. Gedruckt Tantwerpen de Tielman Susato a gagné pour le Nyeuwe waghe Inden Cromhorn. Année 1556.' ("Sweet Songs, I. Le quatrième livre de musique, en trois parties, où sont contenus les 41 premiers Psaumes de David, composés par Jacobus Clement non papa, le Ténor ayant toujours l'air de chansons vulgaires ; très agréable à chanter à l'honneur de Dieu. Imprimé à Anvers, par Tielman Susato, demeurant dans le Cromhorn en face de la Nouvelle Pesée, anno 1556.") Les autres volumes contiennent également des psaumes avec des airs profanes disposés de la même manière. Clément était un compositeur musical célèbre, qui a obtenu l'ajout de *non papa* à son nom, pour se prémunir contre la possibilité qu'il soit confondu avec le pape Clément VII. son contemporain. Le chant profane à partir de l'air dont la musique à trois voix a été construite est toujours indiqué dans le titre, par la première ligne du chant profane. Par exemple : « Den eersten Psaume, *Beatus vir qui non* , etc. ; Nae die wyse, *Het was een clercxken dat ginck ter scholen* .' ("A l'air : C'était un petit érudit qui allait à l'école.") 'Den XVIII. Psaume; Nae die wyse, *Ick avait un ghestadich minneken* .' ("En l'air : j'avais un cœur majestueux.")

De plus, non seulement la musique profane, mais aussi parfois la poésie d'un chant populaire profane, était modifiée pour un usage sacré. H. Knaust a publié, en 1571, à Francfort : « Gassenhawer, Reuter vnd Berglidlin Christlich moraliter vnnd sittlich verendert », etc. (« Chansons des rues, chants des soldats et des mineurs, transformés en chants chrétiens et moraux. »)

Aucune secte n'a probablement été plus extraordinaire dans l'adoption d'airs profanes que les Muggletoniens en Angleterre. Lodowicke Muggleton et John Reeve fondèrent cette secte en 1651. Macaulay, dans son History of England (Londres, 1854, vol. I, chap. 2), remarque la première dans des termes nullement élogieux. Il raconte : « Un tailleur fou, nommé Lodowicke Muggleton, errait de taverne en brasserie, sirotant de la bière et dénonçant les tourments éternels contre ceux qui refusaient de croire, sur son témoignage, que l'Être suprême n'avait que six pieds de haut et que le soleil était à seulement six kilomètres de la terre. » En 1829, Joseph et Isaac Frost publièrent à Londres « Chants divins des Muggletoniens, en louange reconnaissante au Seul Vrai Dieu, le Seigneur Jésus-Christ. » Beaucoup d'hymnes sont écrits sur des airs profanes, tels que— *Près d'un ruisseau bavard la veille de la Saint-Jean ;— Quand j'ai dépensé tout mon argent que j'ai gagné dans les guerres ;— Cupidon, dieu des douces convictions ;— Chère Cloé, viens me donner doux baisers* ; etc. Les débuts suivants de quelques-uns des hymnes suffiront à montrer leur caractère : -

Chanson VI.

Heureux Muggletoniens, que seule
la vraie foi doit recevoir ; Révélation toujours nouvelle donnée aux grands
Muggleton et Reeve.

Chanson IX.

Grêle! grêle! deux grands prophètes,
dont le message se rapporte à l'état de la postérité d'Adam, etc.

Chanson CXXXIII.

Je crois en Dieu seul,
de même en Reeve et Muggleton, etc.

Dans un ouvrage illustrant les performances musicales des différentes confessions, même les plus petites et excentriques ne doivent pas être omises.

En ce qui concerne l'Église protestante des Scandinaves, les remarques suivantes pourront peut-être servir de guide pour la recherche : — Schiörring a publié en 1783 un livre de choral danois, dont une édition améliorée, avec basses chiffrées, par PE Bach, parut en 1794. Un récit des vieux livres de psaumes suédois de Swedberg et d'autres se trouve dans « Den Nya Swenska Psalmboken framställd uti Försök till Swensk Psalmhistoria, de Johan Wilhelm Wilhelm Beckman », Stockholm, 1845. Un livre de cantiques luthérien a été imprimé. à Skalholt, en Islande, en 1594, et a connu de nombreuses éditions.

Dans les provinces baltes de Russie, JLE Punschel publia à Dorpat, en 1839, un livre de choral contenant 364 mélodies différentes en harmonie à quatre voix. Une deuxième édition parut en 1843 et une troisième en 1850. Son titre est : « Evangelisches Choralbuch, zunächst in Bezug auf die deutschen, lettischen, und esthnischen Gesangbücher der russischen Ostsee-Provinzen, auf den Wunsch Livländischen Provinzial-Synode Bearbeitet und angefertigt ». ' La préface contient quelques notices intéressantes sur les vieux livres de cantiques autrefois utilisés en Livonie, en Estonie et en Courlande.

L'Église grecque de Russie tirait sa musique originaire de Grèce. Les performances sont entièrement vocales, sans accompagnement instrumental. Bien que la musique originale ait subi plusieurs réformes au fil du temps, elle est toujours très ancienne, caractéristique et belle. Parmi les ouvrages écrits sur la musique de l'Église grecque, on peut citer les suivants, qui sont plus facilement accessibles à la plupart des chercheurs en musique d'Europe occidentale que ne le sont les ouvrages écrits en langue russe : Prince N. Youssoupoff publié l'année 1862, à Paris, première partie de l'Histoire de la Musique en Russe, qui traite de la Musique sacrée, suivi d'un choix de morceaux de Chants d'Eglise anciens et modernes. Chaviara et Randhartinger publièrent en 1859, à Vienne, un recueil complet des chants liturgiques de l'Église grecque, avec les paroles grecques. Un autre ouvrage, « Introduction à la théorie et à la pratique de la musique d'église grecque », de Chrysanthos, écrit en grec, fut imprimé à Paris en 1821.

En Pologne, nous avons, outre les compositions habituelles de l'Église catholique romaine, quelques vieux livres de psaumes métriques avec musique. La publication la plus remarquable de ce genre est celle de Nicolas Gomolka, datant de 1580. Gomolka était un célèbre musicien polonais, qui composait lui-même les psaumes traduits dans sa langue maternelle. Une sélection d'entre eux a été publiée par Joseph Cichocki, Varsovie, 1838. Il faut également attirer l'attention sur un ouvrage d'Ephraim Oloff, écrit en allemand et intitulé « Liedergeschichte von Polnischen Kirchen-Gesängen », etc., Dantzig, 1744, qui contient un récit des vieux livres de cantiques polonais. Par ailleurs, l'abbé Michel-Martin Mioduszewski publia à Cracovie, en 1838, un recueil de chants anciens et modernes en usage dans l'Église catholique romaine de Pologne. Des suppléments à ces travaux ont été publiés plus récemment. Il publia également à Cracovie, en 1843, un recueil de chants de Noël polonais accompagnés des airs. On peut remarquer ici que des chants de Noël d'une haute antiquité et originalité se retrouvent dans plusieurs nations européennes. Des recueils intéressants en ont été publiés en France et en Angleterre.

En ce qui concerne l'Amérique, nous rencontrons aux États-Unis une remarquable variété de recueils de cantiques à l'usage de différentes sectes, dont beaucoup ne sont que de pauvres compilations, tant musicalement que poétiquement. Un petit traité de George Hood, intitulé « A History of Music in New England, with biographical sketches of Reformers and Psalmists », Boston, 1846, est la publication la plus ancienne et la plus remarquable contenant un compte rendu des recueils de cantiques populaires aux États-Unis . aux XVIIe et XVIIIe siècles. L'étudiant devrait également consulter « Church Music in America, comprenant son histoire et ses particularités à différentes époques, avec des remarques superficielles sur son usage légitime et ses abus ; avec les avis des écoles, compositeurs, enseignants et sociétés ; par ND Gould, Boston, 1853. Il existe également un récit circonstanciel de la psalmodie américaine dans « Encyclopædia of Music » de JW Moore, Boston, 1854. Le premier livre de psaumes utilisé en Nouvelle-Angleterre était une petite édition de la version de Henry Ainsworth du psaumes, que les puritains apportèrent avec eux lorsqu'ils arrivèrent dans ce pays en 1620. Il fut publié en Angleterre en 1618 et contenait des airs ressemblant au choral allemand, imprimés sur les psaumes, sans harmonie. La notation était en forme de losange ou de losange et sans barres. Le premier livre de psaumes métriques publié en Amérique fut compilé par trente ministres et parut à Cambridge en 1640. C'était, en fait, le premier livre imprimé dans les colonies anglaises d'Amérique. Il a connu de nombreuses éditions. G. Hood dit : « L'histoire de la musique en Nouvelle-Angleterre pendant les deux premiers siècles est l'histoire de la psalmodie seule », et cela explique pourquoi il a qualifié sa petite publication mentionnée plus haut d'« Histoire de la musique », bien qu'elle traite exclusivement de la psalmodie. . Mais si une histoire de la musique américaine devait être écrite, elle pourrait commencer par un récit de la musique, sacrée et profane, des aborigènes, qui, du moins au Mexique, en Amérique centrale et au Pérou, a fait certains progrès. bien avant l'arrivée des puritains ; et qui, bien qu'il n'ait exercé aucune influence sur la culture de la musique introduite en Amérique depuis l'Europe, mérite d'être examiné, dans la mesure où il illustre plusieurs questions curieuses relatives à l'ethnologie et à la musique nationale. De même qu'en Amérique du Sud et en Amérique centrale, les Indiens, peu après la découverte de leur pays, furent sollicités par les prêtres catholiques romains qui utilisèrent l'aide de la musique sacrée, ainsi aux États-Unis également, le missionnaire protestant John Elliot traduisit le psaumes en vers indiens et les fit imprimer à Cambridge en 1661. Les indigènes convertis les chantèrent avec beaucoup de ferveur. En effet, il est rapporté que de nombreux Indiens excellaient en tant que chanteurs dans l'interprétation des airs européens qui leur avaient été enseignés par les missionnaires.

Parmi les promoteurs enthousiastes du chant congrégationaliste dans ce pays, au XVIIIe siècle, mérite d'être mentionné, William Billings, qui, en 1770, publia à Boston « The New England Psalm-Singer, or American Chorister » ; contenant un certain nombre d'airs de psaumes, d'hymnes et de canons, en quatre et cinq parties ; jamais publié auparavant. W. Billings, dont les publications auraient « ouvert une nouvelle ère dans l'histoire de la psalmodie dans les colonies », était dans sa jeunesse tanneur de métier et ne connaissait que peu de choses en théorie musicale ; il ne s'en souciait pas non plus, bien qu'il composât des chants sacrés harmonisés pour différentes voix. La popularité obtenue par ses productions révèle le goût inculte de ses compatriotes contemporains. Dans son discours « À tous les praticiens de la musique », il dit : « La nature est le meilleur dictateur ; car toutes les règles dures, sèches et étudiées qui ont jamais été prescrites ne permettront à personne de former un air.... Pour ma part. , comme je ne me crois pas limité aux règles de composition établies par ceux qui m'ont précédé, je ne devrais pas non plus penser, si je devais prétendre établir des règles, que tous ceux qui sont venus après moi étaient obligés d'y adhérer. pas plus loin qu'ils ne le jugent approprié. Donc, en fait, je pense qu'il est préférable que chaque compositeur soit son propre sculpteur. Et quant à l'effet de la musique de sa propre « sculpture », il s'exclame : « Elle a plus de vingt fois la puissance des vieux airs lents ; chaque partie s'efforçant de maîtriser et de vaincre, le public diverti et ravi, leur esprit extrêmement agité et extrêmement fluctuant, déclarant tantôt pour une partie, tantôt pour une autre. Tantôt, la basse solennelle exige leur attention, tantôt le ténor viril, tantôt le contre-haut, tantôt ici, tantôt là, tantôt ici. encore une fois. Ô, ravis ! Dépêchez-vous, fils de l'Harmonie ! »

Afin de déterminer exactement l'état actuel de la musique d'église aux États-Unis, il est aussi nécessaire de se référer à certaines publications d'hymnes de mauvais goût que d'examiner les précieuses collections. Les premiers ne méritent cependant l'attention que s'ils sont très populaires, ou s'ils tendent à illustrer les particularités de certaines sectes religieuses. Le caractère des livres suivants est suffisamment indiqué par leurs longs titres : -

« L'harmonie du Sud et son compagnon musical ; contenant une collection de choix d'airs, d'hymnes, de psaumes, d'odes et d'hymnes, sélectionnés parmi les auteurs les plus éminents des États-Unis ; ainsi que près d'une centaine de nouveaux airs qui n'ont jamais été publiés auparavant ; adapté à la plupart des mètres contenus dans les hymnes et psaumes de Watts, Mercer's Cluster, Dossey's Choice, Dover Selection, Methodist Hymn Book et Baptist Harmony ; et une introduction simple aux fondements de la musique et des règles simples pour les débutants. Par William Walker. Nouvelle édition, entièrement révisée et grandement améliorée. Philadelphie, 1854.'

'L'encensoir d'or ; Une offrande musicale aux écoles du sabbat, ou Hosannas des enfants au Fils de David ; par WB Bradbury, auteur de Golden Chain, Golden Shower, Oriola, Jubilee, Key-Note, etc., etc. New York, 1864.'

« Chapel Gems for Sunday Schools, sélectionnés parmi Snow Bird, Robin, Red Bird, Dove et Blue Bird, par GF Root et BR Hanby ; et du Linnet, par FW Root et JR Murray. Avec des pièces supplémentaires de DP Horton de Brooklyn, NY Chicago, 1868.'

Les publications de chants sacrés pour enfants, enseignés à l'école, méritent particulièrement l'attention, dans la mesure où elles affectent le goût musical du peuple et assurent la popularité de certains hymnes.

Il convient également de remarquer les danses des Shakers, avec des exemples des chansons sur lesquelles elles sont exécutées. La danse sacrée était pratiquée par les Hébreux à l'époque du roi David, et est encore une des cérémonies observées par les prêtres catholiques romains dans la cathédrale de Séville, par les derviches mahométans et par plusieurs nations païennes. Il serait souhaitable de déterminer exactement la raison, ou la justification biblique, qui pousse les sectes chrétiennes à préconiser sa pratique.

Un intéressant recueil de chants nègres, pour la plupart sacrés, intitulé « Slave Songs of the United States », a été publié à New York en 1867. Les chants, qui proviennent de différents districts des États-Unis, contiennent la notation musicale avec les mots , et ont été collectés par WF Allen, CP Ware et LM Garrison. Cette curieuse publication nous fournit quelques renseignements sur les performances vocales religieuses des nègres américains et sur la ferveur intense dont font preuve les fidèles lorsqu'ils chantent. De plus, ils ont aussi une sorte de danse sacrée, appelée "Le Cri", qui consiste à se déplacer, l'un après l'autre, en rond, avec un mouvement saccadé et saccadé, qui agite tout le crieur, pendant qu'ils chantent en chœur. un « spirituel ». Ces représentations sont particulièrement appréciées des nègres baptistes. Les airs, dont certains présentent des traces d'origine africaine, sont extrêmement intéressants.

Les baptistes nègres de Richmond, en Virginie, ont dans leur église un chœur composé d'une quarantaine de chanteurs. Un Anglais, qui assistait à leur service, rapporte : « Les voix étaient d'une douceur exquise, méritant bien les éloges que j'ai entendu leur accorder. L'hymne choisi se terminait par ces paroles et cette direction :

"Donnez la main de l'amitié avant de nous séparer,
Que le ciel l'embaume maintenant dans chaque cœur!"

(*Lève-toi et serre les mains.*)

" Agissant sur cela, la grande congrégation, car l'église était pleine, se leva et se serra les mains. " [78]

D'après les rapports des missionnaires dans différentes parties du monde, il semblerait que les païens convertis se révèlent souvent d'excellents chanteurs de psaumes. Parfois, leurs propres airs ont été adaptés avec succès à la poésie sacrée traduite pour eux dans leur langue maternelle. Ceci, par exemple, a été fait dans le « Livre choral hindoustani, ou Swar Sangrah » ; contenant les airs de ces hymnes du Gi't Sangrah qui sont en mètres natifs ; compilé par John Parsons; Bénarès, 1861. Ce livre contient quatre-vingt-dix airs hindous, dont la plupart sont évidemment d'origine laïque. Nous trouvons donc ici un expédient utilisé à peu près semblable à celui que nous avons observé avec les Hollandais il y a plus de trois siècles.

Encore une fois, pour rendre l'étude plus complète, il serait nécessaire d'y incorporer quelques spécimens de musique d'église des chrétiens Abyssins, Coptes, Arméniens et autres sectes orientales qui possèdent des liturgies particulières et des notations de leurs chants ou chants sacrés.

La valeur de la collection pourrait être encore augmentée par un essai introductif passant en revue les performances musicales sacrées des religions non chrétiennes. Ici, les chants synagogiques des Juifs, les chants des mahométans et les représentations musicales dans les temples des bouddhistes et des brahmanes exigeraient une considération particulière : mais la musique utilisée dans les cérémonies des religions païennes des races les moins civilisées devrait ne pas passer inaperçu.

FIN DU VOL. JE.

Notes de bas de page

[1] *Vide* 'Musikalisch-Kritische Bibliothek', Groupe I., Gotha, 1778.

[2] L'opéra a été introduit en Angleterre depuis l'Italie vers 1660.

[3] « Notes et requêtes sur l'anthropologie, à l'usage des voyageurs et des résidents des terres non civilisées. Élaboré par un comité nommé par la British Association for the Advancement of Science. Londres, 1874.'

[4] Le livre contient la note : "Le Conseil de l'Institut Anthropologique de Grande-Bretagne et d'Irlande sera heureux de recevoir toute communication relative aux requêtes contenues dans ce volume. Les communications doivent être adressées au Secrétaire, 4, St. Martin's Place, Trafalgar Square, Londres." Il est entendu qu'un certain nombre d'exemplaires du livre seront distribués gratuitement par le comité aux agents consulaires, officiers de marine, missionnaires et autres personnes susceptibles d'en tirer profit.

[5] Un compte rendu des instruments d'Eisenberg a paru dans le journal viennois "Die Presse" du 27 novembre 1872.

[6] En Angleterre, le cither était autrefois appelé *cithare* , *cithern* , *cythorn* , *citharen* , etc.

[7] « Avis du Japon ». Le référentiel chinois, Vol. IX. Canton, 1840, p. 620.

[8] 'Deutsche Mythologie, von Jacob Grimm. Göttingen, 1854.' P. 860.

[9] 'Alt-isländische Volks-Balladen, übersetzt von PJ Willatzen. Brême, 1865.' P. 83.

[10] « Croquis relatifs à l'histoire, à la religion, à l'apprentissage et aux manières des hindous, [par Q. Craufurd.] Londres, 1790. » P. 153.

[11] 'Les Collections Orientales, Vol. I. Londres, 1797.' P. 70.

[12] 'Recherches polynésiennes, par William Ellis. Londres, 1829.' Vol. II., p. 415.

[13] 'Histoire de l'archipel indien, par John Crawfurd. Édimbourg, 1820.' Vol. I., P. 304.

[14] 'Une vue de l'histoire, de la littérature et de la religion des hindous, par le révérend W. Ward. Madras, 1863.' P. 62.

[15] « L'histoire du Groenland, par David Crantz. Londres, 1767.' Vol. I., P. 233.

[16] 'Journal d'une expédition pour explorer le cours du Niger, par Richard et John Lander. New York, 1844.' Vol. I., P. 366.

[17] 'Illustrations du Japon, par M. Titsingh. Londres, 1822.' P. 201.

[18] 'Sagenbuch der Lausitz, von Karl Haupt. Leipzig, 1862.' P. 124. La musique descriptive de la Chasse Sauvage dans l'opéra de Weber « Der Freischütz » est probablement dans la mémoire de la plupart des musiciens. Cela s'accorde remarquablement bien avec les traditions populaires.

[19] 'Une vue de l'histoire, de la littérature et de la religion des hindous, par le révérend W. Ward. Madras, 1863.' P. 160.

[20] 'Stimmen des Russischen Volks, von P. contre Götze. Stuttgart, 1828.' P. 17.

[21] 'La Mythologie des Nordens, von KF Wiborg; aus dem Dänischen von A. c. Etzel. Berlin, 1847.' P. 147.

[22] 'Volkslieder des Serben, übersetzt von Talvj. Leipzig, 1853.' Vol. II., P. 380.

[23] « Voyages en Asie du Sud-Est, par Howard Malcolm. Boston, 1839.' Vol. JE. , p. 205.

[24] «Premiers pas en Afrique de l'Est, 1856, par le capitaine Burton, Londres.» P. 142.

[25] 'Un récit des indigènes des îles Tonga, par Mariner et Martin. Londres, 1818.' Vol. II., P. 131.

[26] « Légendes islandaises, recueillies par Jón Arnason ; traduit par Powell et Magnússon. Londres, 1866.' P. 631.

[27] 'Stimmen des Russischen Volks, von P. von Götze. Stuttgart, 1828.' P. 58.

[28] 'Briefe de Felix Mendelssohn Bartholdy. Leipzig, 1863. Vol. ii., p. 440.

[29] 'Deutsche Sagen, herausgegeben von den Brüdern Grimm. Berlin, 1816.' Vol. I., P. 355.

[30] 'Sagen, Märchen und Lieder der Herzogthümer Schleswig, Holstein und Lauenburg, herausgegeben von Karl Müllenhoff. Kiel, 1845.' Pp. 116, 118.

[31] « Norddeutsche Sagen, Märchen und Gebräuche, herausgegeben von Kuhn und Schwartz. Leipzig, 1848.' P. 4.

[32] 'Die Sprichwörter der Polen, von C. Wurzbach. Vienne, 1852.' P. 135.

[33] 'Allemannisches Kinderlied und Kinderspiel aus der Schweiz; gesammelt von EL Rochholz. Leipzig, 1857.' P. 58.

[34] 'Niedersächsiche Sagen und Märchen, gesammelt von Schaumbach et Müller. Göttingen, 1855.' P. 57.

[35] 'Niederländische Sagen, herausgegeben von JW Wolf. Leipzig, 1843.' P. 562.

[36] « L'Islande, ses scènes et ses sagas, par Sabine Baring-Gould. Londres, 1863.' P. 194.

[37] 'Hinterlassene Schriften von CM von Weber. Zweite Ausgabe, Leipzig, 1850.' Vol. II., P. 14.

[38] 'Geschichte der Oper à Berlin, von L. Schneider. Berlin, 1850, p. 240.

[39] 'Lexique universel der Tonkunst. Stuttgart, 1835.'

[40] Rochlitz a écrit ceci en 1828. Voir « Allgemeine musikalische Zeitung », Jahrgang XXX, P. 489.

[41] « La biographie personnelle de Louis Spohr. Cassel, 1861.' Vol. II., p. 404.

[42] Le Songe d'une nuit d'été, acte I., scène 2.

[43] Le ténor (italien, *Viola di braccio*) est appelé en allemand *Bratsche* , ici corrompu en *Prätschel* .

[44] Un groschen correspond à un centime anglais.

[45] « Le drame et la scène anglais, sous les princes Tudor et Stuart, 1543-1664, illustré par une série de documents, traités et poèmes. Imprimé pour la bibliothèque Roxburgh, Londres, 1869.' P. 22.

[46] « Extraits des registres de la Compagnie des Papeteries des ouvrages inscrits pour publication entre les années 1570 et 1587 ; avec des notes et des illustrations de J. Payne Collier.' Vol. II., Londres, 1849. Imprimé pour la Shakespeare Society. P. 142.

[47] « Le théâtre et la scène anglais, sous les princes Tudor et Stuart ; Londres, 1869.' P. 50.

[48] « Geschichte der Oper et des Königlichen Opernhauses à Berlin, von L. Schneider ; Berlin, 1852.' Anhang, P. 15.

[49] 'Geschichte der Oper, etc., à Berlin, von L. Schneider ; Berlin, 1852.' Anhang, p.25.

[50] « Shakespeare en Allemagne, par Albert Cohn, Londres, 1865. » P. lxxviii.

[51] « Shakespeare en Allemagne, par Albert Cohn ; Londres, 1865.' P.xxvii.

[52] 'Zur Geschichte der Musik und des Theaters am Hofe zu Dresden, von Moritz Fürstenau ; Dresde, 1861.' Vol. I., P. 70.

[53] 'Zur Geschichte der Musik und des Theaters am Hofe zu Dresden, von Moritz Fürstenau ; Dresde, 1861.' Vol. I., P. 96.

[54] « Shakespeare en Allemagne, par Albert Cohn ; Londres, 1865.' P. lxxxiv.

[55] « Shakespeare en Allemagne », P. lxi.

[56] « Shakespeare en Allemagne », P. xxix.

[57] « L'Angleterre vue par les étrangers à l'époque d'Elizabeth et de Jacques Ier, par WB Rye ; Londres, 1865,' P. cvi.

[58] « Une histoire générale de la musique », par C. Burney ; Londres, 1789. Vol. III., P. 136.

[59] « Histoire de la musique » de Hawkins. Londres, 1776. Vol. III., p. 319.

[60] « L'Angleterre vue par les étrangers à l'époque d'Elizabeth et de James I. Par WB Rye ; Londres, 1865.' P. 3.

[61] 'CW Ritter von Gluck, von Anton Schmid; Leipzig, 1854.' P. 29.

[62] « Geschichte des Theaters und der Musik in Cassel », von W. Lynker ; Cassel, 1865. P. 243.

[63] « Le drame et la scène anglais, sous les princes Tudor et Stuart, 1543-1664, illustré par une série de documents, traités et poèmes. Imprimé pour la bibliothèque Roxburgh, Londres, 1869.' P. 263.

[64] Kiwi, ou Aptéryx ; également appelé Wingless Emu. Cet oiseau est capturé à la lueur d'une torche.

[65] « Mythologie polynésienne, par Sir George Grey ; Londres, 1855.' P. 292.

[66] Presque littéralement tiré de « Les superstitions populaires et les divertissements festifs des Highlanders d'Écosse, par W. Grant Stewart ; Londres, 1851.'

[67] « Sagen, Märchen, Schwänke und Gebraüche aus Stadt und Stift Hildesheim, gesammelt von Seifart ; Göttingen, 1854.' P. 30.

[68] 'Sagen, Märchen und Lieder der Herzogthümer Schleswig, Holstein et Lauenburg, herausgegeben von Karl Müllenhoff ; Kiel, 1845.' Pp. 189, 300, 310.

[69] « La femme blanche, avec d'autres histoires ; » recueilli par Cuthbert Bede; Londres, 1865 ; p. 220. « Une collection d'anciens Piobaireachd », par Angus Mackay ; Édimbourg, 1838.

[70] « Kinder und Hausmärchen, gesammelt durch die Brüder Grimm ; » Göttingen, 1856. Vol. III. P. 192.

[71] « Isländische Volkssagen der Gegenwart, gesammelt von Konrad Maurer ; » Leipzig, 1860, p. 277.

[72] Deutsche Mythologie, von Jacob Grimm;' Göttingen, 1854. Vol. IP461.

[73] 'Légendes et traditions féeriques du sud de l'Irlande. Par T. Crofton Croker. Londres, 1862 ; P. 215.

[74] « Niederländische Sagen, herausgegeben von JW Wolf ; » Leipzig, 1843, p. 611.

[75] « Niederländische Sagen, herausgegeben von JW Wolf ; » Leipzig, 1843, p. 617.

[76] 'Beitrag zur deutschen Mythologie, von F. Panzer;' Munich, 1848, p. 184.

[77] Ci-dessus, p. 15 .

[78] « Une tournée de vacances aux États-Unis et au Canada », par CR Weld ; Londres, 1855, p. 295.